DESCRIPTION GÉNÉRALE

DE LA

# VILLE DE LYON

ET DES ANCIENNES PROVINCES

Du Lyonnais & du Beaujolais.

# PLAN DE LYON AU XVI SIÈCLE

L. Charvet, del.

# DESCRIPTION GÉNÉRALE

DE LA

# VILLE DE LYON

ET DES ANCIENNES PROVINCES

## Du Lyonnais & du Beaujolais

PAR

N. DE NICOLAY

PUBLIÉE ET ANNOTÉE PAR LA

## Société de Topographie historique de Lyon

Et précédée d'une notice sur N. DE NICOLAY

PAR

M. VICTOR ADVIELLE

LYON

IMPRIMERIE MOUGIN-RUSAND

3, rue Stella, 3

1881

# AVANT-PROPOS

L'ouvrage consacré par le géographe du Roi, Nicolas de Nicolay, à la description de la ville de Lyon & des provinces du Lyonnais & du Beaujolais, porte la date de 1573, c'est-à-dire de l'année même que Guillaume Paradin publiait ses Mémoires de l'Histoire de Lyon. Le premier travail de statistique que nous possédons sur notre ville & les deux provinces qui ont formé, plus tard, le département du Rhône, est ainsi contemporain de la plus ancienne Histoire de Lyon.

Mais pendant que les presses d'Antoine Gryphe livraient au public l'œuvre de Paradin & que son livre se retrouve encore, de nos jours, dans toutes les bibliothèques lyonnaises, le travail de Nicolay demeurait complètement inédit, comme les Mémoires des Intendants de la fin du xviie siècle, dont la publication n'a été décidée qu'en 1879.

Nous ne connaissons, en effet, que deux exemplaires manuscrits du livre de Nicolay. Le premier, provenant du fonds Gaignieres, fait partie actuellement, sous le numéro

24,106 de la Bibliothèque nationale. Orné d'un fort beau frontispice & de lettres capitales en couleur, cet exemplaire se compose de VII-271 pages in-folio de texte, que précède une dédicace à la Reine Catherine de Médicis. Le second appartient à la bibliothèque de la Société de la Diana de Montbrison, à laquelle l'un de ses membres, M. Gustave de la Nœrie en a fait don en 1862. Il comprend seulement IV-240 pages de texte, plus 12 pages de table. A la différence du premier, au lieu de la dédicace à la Reine, il renferme une dédicace adressée au Roi Charles IX.

Il est permis de supposer ainsi, que si l'exemplaire de la bibliothèque nationale fut offert par l'auteur à la Reine Mère, celui de la Diana a dû faire partie de la bibliothèque du Roi. Il est certain, tout au moins, que la richesse de la reliure de ces deux volumes les rendait dignes de figurer l'un & l'autre dans une collection royale.

Bien que d'une écriture différente, ces deux manuscrits présentent peu de variantes dans le texte. Mais les deux premiers feuillets de l'exemplaire de la Diana, sur lesquels était reproduit, sans aucun doute, le discours en vers de Mathé de Laval, ont été enlevés, d'une manière évidente depuis longtemps ; & il en a été de même du nom de l'auteur, qui figurait dans un cartouche, sur le titre même de l'ouvrage. Aussi, bien que ce manuscrit fut conservé dans une bibliothèque de notre région, ignorait-on à Lyon son existence, & à Montbrison le nom de son auteur, jusqu'au jour où l'annonce de la présente publication, dans les journaux, révéla au conservateur de la bibliothèque de la Diana, M. le baron de Rostaing, l'origine de ce précieux volume.

Quant à l'exemplaire de la bibliothèque nationale, il était signalé, dès l'année 1826, par M. l'abbé Sudan, dans un mémoire publié sur quelques manuscrits de la bibliothèque du Roi, concernant l'histoire de Lyon & de la Province. Au nombre de ces manuscrits l'ancien archiviste de notre ville avait remarqué notamment l'ouvrage de Nicolay. Les chapitres traitant de la justice ancienne & moderne, du commerce & des manufactures de la ville de Lyon, lui avaient paru surtout présenter le plus grand intérêt. Aussi proposait-il de faire copier ce manuscrit « qui pourrait, disait-il, offrir un objet « curieux de comparaison avec les mémoires sur le gou- « vernement de Lyon de M. d'Herbigny, intendant en « 1698 & avec les statistiques modernes. » (1)

Mais la proposition de l'abbé Sudan semble n'avoir pas été entendue & si, depuis cette époque, le travail de Nicolay a été consulté, à plusieurs reprises, par nos érudits lyonnais, qui en désiraient vivement la publication, le dernier historien de notre ville, M. Monfalcon, repoussait, au contraire, avec dédain, dans son Histoire monumentale de la ville de Lyon, publiée en 1866, l'idée d'une reproduction de cet ouvrage (2).

(1) Archives historiques & statistiques du département du Rhône. V. 151.
(2) Monfalcon. *Histoire monumentale de la ville de Lyon*. T. IV. Table.

La question en était là, quand, à la fin de l'année 1875, M. Victor Advielle, qui avait déjà publié, en 1865, la description que Nicolay nous a laissée de l'ancienne province du Berry, proposa à l'administration municipale de la ville de Lyon de se faire l'éditeur de cet ouvrage, au moyen d'une subvention qui serait votée par le conseil municipal, pour couvrir les frais d'impression. Cette proposition, renvoyée à l'examen de la Commission des archives & des bibliothèques fut favorablement accueillie. Mais la Commission, considérant avec raison qu'une publication de cette nature devait être accompagnée de notes & d'éclaircissements indispensables pour l'intelligence d'une œuvre, qui se ressent du défaut de critique de l'époque où elle fut composée, estima qu'il était de toute nécessité que ce livre fût imprimé à Lyon & que sa publication fût confiée à la direction d'une société savante de notre ville.

Conformément à cet avis, le conseil municipal, désireux d'encourager l'impression de l'ouvrage manuscrit de Nicolay, vota dans sa réunion du 28 septembre 1876, une subvention de 1500 francs à la Société de topographie historique de Lyon, qu'il chargea du soin de diriger cette publication.

Cette Société a accepté cette mission. Mais en se réservant la tâche d'éclairer & de rectifier, au besoin, par des notes, le texte de l'ouvrage, dont les deux manuscrits ont été mis avec empressement à sa disposition, d'une part par M. Léopold Delisle, administrateur de la bibliothèque nationale, & de l'autre, par M. le préſident de la Société de la Diana, elle a cru auſſi devoir placer en tête du volume, une notice biographique ſur ſon auteur, due à la plume de M. Victor Advielle, dont l'initiative a provoqué le vote du conſeil municipal & qui, depuis longtemps, s'eſt livré à de nombreuſes recherches ſur la vie & les travaux de Nicolas de Nicolay.

C'eſt ainſi qu'après de longues années d'oubli, peut être livré aujourd'hui au public un travail de ſtatiſtique, qui nous donne la plus haute idée des richeſſes & de la proſpérité commerciale de Lyon, au XVIᵉ ſiècle. A ce ſeul titre, l'œuvre de Nicolay ſe recommande donc particulièrement à l'attention de tous nos concitoyens. Auſſi ne doutons-nous point de l'accueil empreſſé qui lui eſt réſervé dans notre ville & dans le département du Rhône.

A. VACHEZ,
Vice-Préſident de la *Société de Topographie Hiſtorique de Lyon.*

# NOTICE

SUR

# NICOLAY

LES premiers essais de statistique remontent, en France, au XVIe siècle. Ils sont dus à l'initiative de Catherine de Médicis, qui, vers 1560, chargea le dauphinois Nicolas de Nicolay, alors géographe & valet de chambre du Roi, de la « visitation & des-« cription generalle & particulière de ce Royaulme », & qui, dès l'année suivante, lui facilita les moyens de parcourir le pays sans danger. De 1565 à 1567, Nicolay fit sa « *Description du Berry* », ce qu'il appelait « son premier eschantillon. » Ses *Descriptions du Bourbonnais & du Lyonnais & Beaujolais* datent de 1569 & de 1573, & ce sont probablement ses seuls travaux en ce genre. Grâce au concours généreux du Conseil municipal & de la Société de topographie historique de Lyon, nous pouvons, enfin, voir publier cette dernière œuvre, si remarquable, de notre plus ancien statisticien.

La description du Lyonnais & Beaujolais, de Nicolay, dont un exemplaire fait partie des fonds royaux de la Bibliothèque nationale de Paris, renferme en effet de nombreux détails intéressants pour l'histoire domaniale & la topographie lyonnaises. (1)

Nicolas de Nicolay, sieur d'Arfeuille & de Bel-Air, en Bourbonnais, valet de chambre & cosmographe du Roi, est né vraisemblablement à La Grave-en-Oisans, & non à Soizon, hameau de Bressieux (Dauphiné), en 1517. Il était parent du chevalier Bayard, mais il n'appartient, à aucun titre, à la famille des Nicolay du Vivarais, auxquels on a tenté de le rattacher. Il nous apprend lui-même qu'à l'âge de 25 ans il quitta sa province & passa par la gueule du Lyon; « qu'il assista au siége de Perpignan (2), à la suite

---

(1) Comme nous l'avons fait observer déjà dans l'avant-propos, il existe deux copies de la *Description du Lyonnois* par Nicolay. L'une est à la Bibliothèque nationale; c'est l'exemplaire qui a été dédié à Catherine de Médicis, mère du roi. L'autre exemplaire est celui qui fut dédié au roi. Il est la propriété de la bibliothèque de la *Diana* de Montbrison. (Note de l'éditeur.)

(2) C'est à ce même siége qu'aurait assisté, en 1542, Louise Labé, dite la Belle Cordière, s'il faut en croire un rimeur du XVIe siècle; mais nous croyons fort qu'il est fait, dans cette pièce de vers, allusion à un simple divertissement militaire. Le siége de Perpignan a dû naturellement faire le fond de cette sorte de représentation, assez minutieusement décrite par l'auteur des *Louanges de dame Louise Labé, Lionnoise*..

Il ne faut donc pas prendre à la lettre ces mots :

Et maint assaut leur donna (aux Espagnols),
Quand la jeunesse Françoise
Perpignan environna.

La richesse du costume de Louise Labé, la mise en relief de son habileté à diriger son coursier, & à se servir de ses armes, pique ou hache, la présence des princes & gentilshommes sur le théâtre de ses exploits, tout cela n'est en situation que dans l'hypothèse d'un véritable tournoi. Cette pièce de vers, qui ne contient pas moins de 47 strophes, ne sera jamais trop commentée, car il semble que si nous possédions la clef de toutes les allusions qu'elle renferme, nous aurions une biographie presque complète de la Belle Cordière.

On peut affirmer que plus les érudits lyonnais poursuivront leurs recherches historiques sur Louise Labé, plus ils feront ressortir l'exactitude des données fournies par ce louangeur ano-

du vaillant & magnanime seigneur d'Andoin; qu'il fit plusieurs campagnes dans les armées de terre & de mer, au service des rois très chrétiens, ses souverains & ses maîtres; & qu'enfin il consacra 16 années de sa vie à parcourir successivement la haute & basse Allemagne, le Danemark, la Livonie, la Suède, la Zélande, l'Angleterre, l'Ecosse, presque tous les pays du nord de l'Europe, en un mot; puis l'Espagne, la Barbarie, la Turquie, la Grèce & l'Italie.

Nicolay séjourna pendant tout ou partie de l'année 1546 en Angleterre chez lord Dudley, amiral, depuis duc de Northumberland. Ce voyage, dont il sut profiter, lui permit de faire une Description des côtes d'Ecosse (1), qu'il présenta au roi Henri II, peu de temps après l'avènement de ce prince au trône de France. Ce travail de Nicolay servit d'instructions à Léon Strozzi, lorsque ce général alla secourir l'Ecosse contre les Anglais. Nicolay fut, à cette occasion, délégué par la France auprès de ce personnage : « Et allâ« mes, — dit-il, — avec seize galères & autres forces, assiéger le « château de Saint-André, détenu par les rebelles.... & prîmes « ledit château à composition, après bresche faite sur le point qu'on « devoit donner l'assaut. »

Au mois de mai 1551, Nicolay, qui alors se trouvait à Blois, fut chargé d'accompagner à Constantinople l'ambassadeur français Gabriel d'Aramont, qui s'y rendait de nouveau en mission extraordinaire. On connaît l'importance des négociations, dont d'Aramont fut chargé, & l'on sait qu'elles aboutirent à donner à notre pays la prédominance en Orient. Nicolay utilisa son séjour dans ce pays

---

nyme. Mais celles-ci exigent encore un travail assez difficile d'interprétation pour que le tems véritable en soit bien fixé.   C. B.

(1) M. Rochas dit à tort : de l'Angleterre.

pour en étudier les mœurs & les usages, mais ce ne fut que seize ans après son retour (1567), qu'il publia le fruit de ses observations, sous ce titre : *Navigations & Pérégrinations orientales*. Ce livre obtint un succès prodigieux; il fut traduit en plusieurs langues: Ronsard (1), de Baïf, de Laval, chantèrent l'auteur, & le Titien fit, assure-t-on, ou du moins retoucha les gravures qui ornent ce livre.

Il n'est pas hors de propos de rappeler, à ce sujet, que Nicolay dit dans ses *Navigations* que « dès son premier aage », il a « esté instruit & exercé » en l'art du dessin, ce qui lui a permis de relever les costumes des divers peuples qu'il a visités. Et dans un autre endroit du même livre : « Es figures suyvantes, j'ai dépeint au vif les Felvianders (ainsy que je les ay veuz en Constantinople), en la forme qu'ils imitent. » La part du Titien dans l'ornementation du livre des *Navigations* se bornerait donc, si elle peut être prouvée, à quelques retouches faites aux dessins de Nicolay, soit sur le papier, soit sur le bois des gravures.

Après son retour des missions étrangères, Nicolay obtint un logement dans le château royal de Moulins, & comme nous l'avons dit ci-dessus, la charge de visiter & de décrire les provinces du royaume.

Plus tard, il fut nommé commissaire ordinaire de l'artillerie de France (2), pour la province de Lyon, fort probablement. Cette charge était très considérée, & les pouvoirs qui en dépendaient très étendus.

---

(1) Nicolay a fait imprimer en tête de ses *Pérégrinations* une épître à lui adressée par Ronsard.

(2) Un *Lyonnais*, aussi commissaire d'artillerie, a laissé un fort important manuscrit sur le service de l'artillerie au XVIIe siècle.

Nicolas de Nicolay avait époufé, en 1542, Jeanne de Steultinck, veuve de N. de Buckingham, gouverneur d'Utrech. Il en eût une fille nommé Suzanne qui mourut jeune & fut vivement regrettée d'Ifabelle, fa fœur utérine (1). Cette dernière « née aux terres hollandoifes », fut mariée à Antoine Mathé de Laval, poëte forézien, qui fit à fa louange plufieurs fonnets célèbres. De Laval, dont les vers, difait-il, « iront toufiours chantant ISABELLE, ISABELLE », était fi amoureux de fa femme, qu'il la qualifie de *déeffe*, de *nymphe*, de *douce guerrière*, de *fainte moitié !*

Il lui dit notamment :

*Beaux yeux, mes doux vainqueurs, lorfque vous m'obliez,*

*A voftre Idée alors plus fort vous me liez :*

*L'amitié pour l'abfence eft toufiours mieux cognëue.*

De Laval a confacré à la mémoire de fon beau-père ce touchant fouvenir :

« Je fçay combien vous a été grave & pefante la perte de feu M. de Nicolaï, qui fembloit avoir fuccédé à l'amour & foin paternel, dont il vous avoit veu chérir à votre père fon plus intime ami. Vous n'ignorez pas auffi que je ne l'aye regretté comme le meritoit l'extrême amitié qu'il m'a toujours portée, & mefme pour l'efperance qu'il avoit fur fes derniers ans que je rendrois aux fiens,

---

(1) De Chantelauze, *Portraits d'auteurs foréfiens*, p. 195 & 222.

comme j'avois fait à luy, tous les offices d'honneur & de piété qu'il eût peu défirer d'un fils (1). »

Nicolay paffa les dernières années de fa vie en Bourbonnais, près de fa nouvelle famille ; & c'eft dans un voyage à Paris qu'il y mourut le 25 juin 1583, âgé de 67 ans, du mal de gravelle ou calcul.

Il fut enterré dans l'ancienne églife St.-Sulpice, « à cofté gauche du grand autel », comme nous l'apprend La Croix du Maine, fon ami peut-être, dans tous les cas fon contemporain & fon biographe.

Malgré d'immenfes recherches faites dans toute l'Europe, il nous a été impoffible jufqu'ici de découvrir un portrait peint ou gravé, & un autographe de Nicolay. Pourtant, on fait qu'il laiffa, dans fa fucceffion, de nombreux portraits. Plufieurs de fes lettres autographes ont été vues dans des collections hollandaifes ; mais ces collections font aujourd'hui difperfées.

L'œuvre connue de Nicolay eft relativement importante. Elle fe compofe, en effet, de quatre volumes imprimés du vivant de l'auteur, de quatre volumes manufcrits, de cartes & deffins gravés ou encore inédits. La notice que lui a confacrée Lacroix du Maine fait vivement regretter la perte des autres manufcrits & cartes géographiques de Nicolay, qui paraiffent avoir été fort nombreux. On fait auffi qu'il avait rapporté de fes voyages un véritable mufée, que de Laval céda au roi Henri IV, & dont tous les objets ont dû périr dans l'incendie du château de Moulins.

Ainfi que la plupart des écrivains de fon temps, Nicolay croyait aux prodiges & à l'influence des aftres fur les événements de ce

(1) Antoine de Laval fuccéda à fon beau-père dans l'emploi de géographe du roi (de Chantelauze, loc. cit.).

monde. Auffi, le voyons-nous dans fa defcription du Berry, écrite pour Catherine de Medicis, dont il flattait de la forte les penchants à l'aftrologie, tracer de fa main, encore verte, ces lignes qui, de nos jours, ne pourraient qu'exciter le fourire :

« Quant à l'Hermaphrodit ou Androgyn, avec la plufpart des autres monftres, Sa Majefté très chrétienne les a peu voir & fçavoir, qui faict que ie n'en difcourray plus amplement, eftant affez notoire qu'ilz nous ont predictes les guerres civiles, mortalitez & famines qui, depuis, ont efté en ce royaulme, que Dieu veuille preferver & garentir. »

Nous l'avons vu tour à tour guerrier, voyageur hardi & infatigable, écrivain populaire, géographe, valet de chambre du Roi, ftatifticien, commiffaire d'artillerie, diplomate même.

Comme voyageur, il étonne par la multiplicité & par l'étendue des pérégrinations qu'il a entreprifes, dans un temps où les relations entre peuples étaient difficiles.

Comme écrivain & comme diplomate, il a étudié en détail & fait connaître par le récit & par la gravure, une contrée qui, de tout temps, a excité l'intérêt ; & l'on peut affirmer qu'il eft à peu près notre plus ancien écrivain fur l'Orient.

C'eft lui auffi qui, le premier, a traduit & propagé en France le célèbre ouvrage de Pierre de Médine fur l'art de naviguer.

C'eft lui encore qui jette les premiers jalons de la ftatiftique & de la cartographie françaifes.

Tant de titres lui ont mérité les fuffrages de la poftérité ; auffi, bien que fes phrafes foient mefurées, fa parole brève, fon ton peu élevé, les ouvrages qu'il nous a laiffés figurent toujours parmi les plus recherchés du XVIe fiècle. L'accueil empreffé fait aux éditions de ses Descriptions du Berry & du Bourbonnais, donnés par nous en 1865, & par M. le comte d'Hérisson en 1875, nous fait espérer qu'il en fera de même de cette édition de la description des belles provinces du Lyonnais & du Beaujolais.

V. ADVIELLE.

# BIBLIOGRAPHIE DE N. DE NICOLAY

OUVRAGES IMPRIMÉS. — *Double d'une lettre missive sur le recouvrement du pays de Boulonguoys*. Lyon, 1554, in-4. — *L'art de naviguer*, trad. de P. de Medine. Lyon, 1561, in-4. — *Les quatre premiers livres des navigations & pérégrinations orientales de N. Nicolay*. Lyon, 1567, in-fol. — *La navigation du roi d'Escosse, Jacques cinquiesme, autour de son royaume*. Paris, 1583, in-4.

OUVRAGES MANUSCRITS. — *Description du Berry*, 1567, in-fol. (Publiée par nous, en 1865.) — *Description du Bourbonnais*, 1569, in-fol. (Publiée par M. d'Hérisson, en 1875.) — *Description de l'antique & célèbre cité de Lyon*, etc., 1573, in-fol. (Objet de la présente publication.) — *Le breviaire des droictz.... du Daulphin de Viennoys*, s. d., in-8. (Publié par nous.)

CARTES. — *Nouvelle description du pais de Boulonnois*, grand in-fol., 1558 (gravée). — *Navigationi del mondo novo*. Venetia, 1560, (gravée).

V. A.

# GÉNÉRALLE DESCRIPTION
## DE L'ANTIQVE ET CÉLÈBRE
# CITÉ DE LYON
## DV PAÏS DE LYONNOIS
### ET DV BEAVIOLLOIS
#### SELON L'ASSIETTE
LIMITES ET CONFINS

D'ICEVX PAÏS

---

A la fin
ont
esté apposées
des Tables dont la
première denote les cha-
pitres, l'autre les articles,
l'autre les choses notables & vne
particuliere à chacun desdits païs.
Le tout dédié a tres haute
tres illustre & tres magnanime Princesse CA-
THERINE de Me-
dicis Royne mere
du Roy tres
chrestien
PAR
## N. DE NICOLAY
DAUPHINOIS Sr D'ARFEUILLE
premier & ordinaire cosmographe du
Roy, tres humble & tres obeissant serviteur

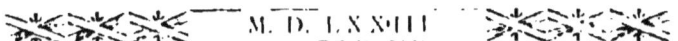

M. D. LXXIII

# DISCOURS
A LA
# ROYNE MERE DU ROY

A LA LOUANGE

De l'Auteur de la présente Description

Par A. Mathé de Laval, Forésien

---

'IL ne consloit assez, Magnanime
  Princesse,
Que du grand Dieu se voit l'image
  plus expresse
En ceulx qu'il luy a pleu souverains
  ordonner,
Pour commander au peuple & les loix luy donner,
 Qu'entre tout le parfaict de tout de créatures
Dieu, (dont les voluntez sont au mortel obscures).
A reservé ce plus, & veut en anoblir
Ceux que pour dominer il nous daigne establir,

Et que telle personne, aussi tost qu'elle est née,
Porte au plus haut du front si bien caracterée
Ceste image de Dieu, que pour son seul aspect
Chacun l'ayme, l'honnore & luy porte respect.
 Si cela, dis-je, estoit ores en controverse
Et qu'il fut agité d'opinion diverse,
Subtil ie resouldroi ces contradictions
Par la divinité de tes perfections.
Dautant (seconde Hester) que ta seule apparence
Te faict aymer, cherir & rendre obeissance,
Par ton port tout viril & Royal suffiroit
Pour vaincre l'argument qui me contrediroit.
 Et là i'aurois besoing m'ayder du tesmoignage
Des bien-heureux bourgeons de ton Royal lignage,
Là m'ayderoit aussi la grave Maiesté,
Qui maintient aujourd'hui JUSTICE ET PIÉTÉ.
Là ie proposeroi le soing & providence
Dont use ta grandeur aux affaires de France,
Et là i'allegueroi la gloire de ton nom
Qui decore ton chef d'un celebre renom,
Pourveu que le secours de ta main liberalle
En donna le moyen à ma muse ruralle.
 Mais puis qu'il est ainsi loing de contention
Qu'aux cœurs Royaux soit mise une perfection,
Une prerogative, un plus, un privilege
Villipender lequel est trop grand sacrilege,
 Je suis contrainct, MADAME, à laisser ce subiect,
Pour abonder d'ailleurs de matiere & d'obiect,
Je suis, dis-ie, forcé du Ciel & de la Muse
De descrire les faictz dont ta providence use,
Pour bien-heurer le peuple auquel tu as esté
Plusieurs diverses fois moyen de liberté,
 Pour conserver la France & la faire paroistre
Telle qu'elle souloit en pristine gloire estre,

*Et pour faire qu'un iour il se die de toy*
*Que tu es au Royaume aussi bien comme au Roy*
*Dame & Mere à bon droict, veu que tant opportune*
*Il a senty ton ayde en sa gauche fortune.*

 *Mais ce theme si grave est plus propre à la voix*
*D'un Poëte Royal, honneur de Vandomois,*
*Qu'il n'est seant au son de ma Muse sterile ;*
*Ce seroit l'atterrer d'entreprendre un tel stile.*

 *Je ne veux pas aussi prendre mon argument*
*Sur le grand pourpris d'un Royal bastiment,*
*Qu'en ton païs natal ta grandeur faict construire*
*Ou aux bourgs de Paris, chef du Gaulois Empire,*
*Et en mil autres lieux, desquels ta Maiesté*
*Fera vivre le nom à toute eternité*
*Pour les Palais haultains riches & magnifiques,*
*Devançans en honneur les signallez antiques.*

 *J'ayme mieux celebrer libre de passion*
*L'œuvre present yssu de ton invention,*
*Œuvre trois fois heureux, qui donne cognoissance*
*De l'ordre & de l'estat du petit œil de France,*
*Qu'on disoit* LUGDUNUM *iadis, ores Lyon,*
*Qui n'a iamais suivy poinct de rebellion,*
*Auquel œuvre se void l'estat & forme antique*
*De sa fondation & de sa Politique.*
*Le moderne s'y traicte & n'y a rien d'obmis,*
*Tant est soigneux* D'ARFEUILLE, *auquel tu as commis*
*Un si grave labeur & qui a de coustume*
*D'enfanter de grandz fruictz du thrésor de sa plume.*
*Le Lyonnois, aussi ses fleuves & ses bois,*
*Ses Minieres, ses lacz, par ceste docte voix,*
*Sont tellement descriptz & depeintz en ce Livre,*
*Qu'on ne peut iamais mieux le naturel en suivre.*

 *Ce labeur n'est égal à ce qu'il tient encloz*
*Soubz la clef, se privant luy mesme de son loz,*

Qu'il pourroit, assisté de ta munificense,
Mettre au grand bien de tous bien tost en evidence.
 Si n'ay-ie opinion qu'un iour ta Maiesté
N'use envers cet Autheur de liberalité,
Qui pourra l'animer & luy donner courage
De faire voir le iour au fruict de maint voyage,
Qu'il a comme soigneux recueilly de sa main,
Pour ne dépendre oisif ses ieunes ans en vain.
 Et là se pourroit voir avec quelle industrie
Ton D'Arfeuille a moulé le proiect de sa vie.
Il en appert beaucoup, mais ie peux dire encor
Qu'il ne faict qu'exposer l'escume du thresor
De ses dignes labeurs, esquelz (Hester seconde),
Ton renom durera tout autant que le monde.
Car en tout ce qu'il faict, apres le nom du Roy,
Sa plume ne celebre autre chose que toy,
Tellement qu'il me semble oyr ia le langage
Que de toy noz neveux tiendront au futur aage,
Veu que le tiers estat, le noble & le Clergé
Est par ton bon conseil maintenant soulagé.
 Si que des a present tu commences à mettre
Une entreprise fus qu'à iamais intermettre,
« Lon ne verra, dautant que Dieu ne permet poinct
« Qu'une œuvre pie & saincte amoindrisse d'un poinct.
La Posterité donc beneira ta prudence
Et fera, dis-ie, ainsi naistre ta souvenance.
 Ha, que bien-heureux fut, diront-ilz, le beau iour
Que Catherine vint faire icy son seiour.
Elle inventa ce bien de descrire noz terres,
Quoy que de toutes parts les intestines guerres,
En cet aage sembloient vouloir France abismer,
Elle sceut neantmoins tant à propoz calmer
Les esclairs fouldroyans de la rude tempeste
Qui avoient à peu pres mis la France en conqueste.

Au soldat estranger, que seule elle pouvoit
Resister aux assaux que France recevoit.

 Ha, quel grand heur advint aux subiectz & aux Princes,
Quand elle suada d'esplucher les Provinces
Ainsi par le menu, car depuis nous n'avons
Esté chargez de plus de ce que nous pouvons,
Voi-là l'utilité qui nous est advenue
De ce que la France a CATHERINE cognüe.

 O Roine bien-heureuse, à tousiours un tel iour
Puisse devancer ceux qu'au spherique contour
Le flambeau iournallier icy bas nous faict naistre
Et puisse à tous iamais ton loz & gloire croistre.

 Ainsi dira la France en admirant ton heur,
Et ton renom vaincra les pas du vieil faucheur.

Tendant à mieux.

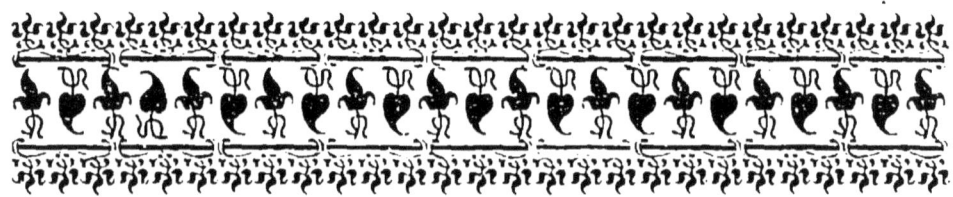

# A LA
# ROYNE MÈRE DU ROY

 I la viciſſitude ordinaire des choſes humaines & corruptibles, Madame, n'avoit obſcurcy, voire preſque enſevelyce qui nous peut de plus pres faire voir l'effigie & repreſenter les beaux actes de noz devanciers, les inſignes marques & veſtiges d'antiquité ſeroient ſi communes à toutes perſonnes que le meſpris d'icelles s'en enſuivroit, car ainſi en advient-il touſiours aux choſes trop frequentes. Mais d'autant que les antiques ouvrages ſont difficiles à recouvrer & encor' plus mal-aiſé d'averer le ſens & interpretation de ce que nous en pouvons avoir de reſte, malgré l'iniure des aages, tant plus ſont ilz excellens & dignes de la cognoiſſance des perſonnes qui tiennent le rang que tient au iourd'huy heureuſement V. M. ſur ce Royaume, qui a eſté l'une des occaſions qui vous a meüe, Madame, à ſuader l'erection de ma charge, dont vous avez de voſtre benignité favorablement accueilly les primices, de laquelle auſſi ie preſente à Voſtre Royalle grandeur autres nouveaux fruictz, leſquelz (comme ie m'aſſeure) vous ſembleront de telle importance qu'apres les avoir meurement gouſtez & à loiſir V. M. ingera combien ce labeur eſt Royal, ne meritant d'eſtre expoſé devant autre veüe que celle du

Roy, la vostre & de ceux dont voz Maiestez sont ordinairement assistées en providont & bon conseil. Il n'est besoing de discourir plus avant combien est loüable la recherche des monumens, tiltres & fragmens antiques, car il est assez notoire qu'ilz ne servent ou doivent servir que de vray miroir pour voir & speculer les mœurs & faictz genereux de ceux qui ont precedé ce nostre siecle vrayment de fer & calamiteux. Si est-ce (tres Magnanime & prudente Princesse) que ce seul desir, quoy qu'il soit grand & excellent, ne vous a stimulée de me faire commettre une si importante commission que celle que j'exerce soubz l'autorité de sa tres-chrestienne Maiesté. Mais plus tost pour l'asseurance que vous aviez qu'en l'exercice d'icelle charge ne pouvoient estre obmiz les advertissemens qui concernent la substance, qualité & estat des Provinces de France, ausquelles vous avez tousiours esté & serez aydant Dieu, telle que fut iadis celle tant celebrée Hester. Voila, MADAME, où i'assigne la raison de la suasion que V. M. a faicte pour ceste mienne charge & commission, en laquelle ie me suis enervé de toutes mes forces de satisfaire à vostre syncere & affectionné zele envers la Coronne & le public : car, oultre ce qui est de l'estoc de l'art de Geographie, i'ay (suivant ma coustume es precedens labeurs) descript l'estat & forme generalle & particuliere de ceste fameuse & illustre cité de Lyon, du Païs du Lyonnois & Beau-iollois y adiacent, de telle sorte que cest œuvre ne pourra estre dict avoir esté faict qu'avec grandissime & incroyable labeur, exacte perquisition & diligence & merveilleux soin & estude, qui toutes fois ne peut estre parangonné au moindre bon accueil & favorable reception que V. M. daignera lui impartir. Cependant, MADAME, ie suis contrainct, avec une infinie multitude de personnes signalées, de m'esmerveiller infiniment des particulières graces dont Dieu a doué vostre divin entendement, de la prospere influence dont le Ciel a bien heuré le cours de voz ans, de l'admirable providence que chascun remarque oculairement en toutes voz entreprises & du sublime & ingénieux esprit de V. M. qui iamais ne cesse qu'il ne travaille & invente des moyens pour remedier à ce qui oppresse le plus les subiectz de la Coronne. Et pour ce que l'administration & regime de quelque chose que ce soit ne peut estre deuement exercé, sans cognoistre la nature & estat d'icelle, Vostre Serenissime Maiesté a preveu que la Geographie estoit le vray moyen qui pouvoit en cela satisfaire la curiosité & necessaire desir de vostre subtil esprit Zelateur du bien des subiectz du Roy, ausquelz & à leur progenie vous laissez tant d'ample matiere pour celebrer vostre tres-illustre memoire, que le Chroniqueur qui enregistrera voz heroiques & genereux actes vous pourra hardiment preferer à la Roine Zenobie, Artemise & à tant d'autres viriles & constantes Princesses: & moy de ma part ie lascheray, tant que Dieu me fera iouir de ceste transitoire vie, de me ranger soubz les commandemens de vostre Royalle magnanimité à laquelle ie suis long temps a dedié, ainsi que le present œuvre luy & tres-humblement offert & consacré, avec tout ce que ie pourray desormais exercer tant en ceste mienne charge qu'en tout autre endroit, dont ie supplie le Createur me donner la grace & à V. M. les ans Nestoriens & le comble de voz Royalles & insignes entreprises. Du Royal chastel de Molins au mois de Decembre, l'an après la reparation du salut humain M. D. LXXIII.

# PREFACE DE L'AUTHEUR

L'INSTABILITÉ du temps, (auquel fe conforme la plus part des perfonnes), nous ayant iufques icy privé de la cognoiffance de beaucoup de chofes requifes, ha oultre ce caufé l'intermiffion & embroüillement de plufieurs Recherches neceffaires, ainfi que de ce faict foy tout ce qui fe peult trouver efcrit de la Cité de Lyon : mefmes qu'eu égard à l'intention dés antiques autheurs, qui en ont parlé comme en paffant, ilz ne pouvoient laiffer le tout. (qui eftoit la machine univerfelle qu'ilz avoient pour fubiect), pour s'attacher à une fimple partie comme PTOLOMÉE, STRABON & autres ; Car quant eft de l'incertitude du fiècle cy deffus propofée, elle a peu & deu ſtimuler pluſieurs modernes eſprits d'en entamer l'hiſtoire. Mais la multiplicité de la matiere y ſurvenant a eſté particulariſée par tel que peut eſtre prolixité ou faute de moyens en a diverty, quelque autre a mis la main à l'œuvre, incité par le ſuffiſant argument que ou les choſes qui ſe paſſoient, ou la celebrité & ſingularité de quelque particulier, ou l'eſpoir d'utilité & oſtention, ou l'affection patrialle luy en pouvoient ſuppediter. Tellement qu'il ſemble de prime face qu'un recueil faict à poinct de tant de pieces ſerviroit à la perfection & integrité de l'Hiſtoire; l'un ayant parlé de l'aſſiette du lieu, l'autre de ſon antiquité, l'un de ſon ancienne adminiſtration & gouvernement, l'autre du moderne, l'un d'une choſe & l'autre d'autre. Neantmoins l'experience donne aſſez à cognoiſtre que ſans grande diligence & obſervation, d'un ramas & rapſodie des traittez qui en ont eſté faictz ſans ordre, pourroit plus toſt s'enſuivre confuſion que la vraye & entière Deſcription de la ville de Lyon dont nous deliberons traicter. Et pour autant que c'eſt choſe tres-mal ſeante de reputer vil le labeur d'autruy, notamment de tant de doctes & fignallez Autheurs qui en ont escrit, considerant qu'il ne se pourroit presenter occasion plus à propoz que d'y proceder soubz l'auctorité & nom de la Royalle & trés-chrestienne Maiesté, i'ay pensé n'estre indecent si m'aydant de la saine partie tant desd. Autheurs anciens que modernes, avec l'expresse visitation que i'en ay faicte sur les lieux, ie faisois une Description generalle de lad. ville & (qui enrichira grandement l'œuvre), oultre la designation Geographique n'obmettre les choses notables qui la concernent, comme son estat & regime ancien & moderne; mesmes les Foires qui sont les principalles causes de sa splendeur, les changes y exercez, marchandises y amenées de divers lieux, avec la distinction des utiles & inutiles & toutes les autres singularitez, que i'ay curieusement & exactement observées, selon ma charge, qu ne tend ailleurs qu'au tres-humble service de sa Maiesté, de laquelle ie l'ay, & de la Roine sa tres-honorée Mere, dont procede mad. commission & charge que ie leur dedie, ensemble le bien qui en resultera.

De la situation de la Ville de Lyon selon l'art de Geographie & de la Temperature de l'Air dudict lieu.

### CHAPITRE I.

N ensuivant l'ordre & disposition requise en toutes choses & matieres bien ordonnées, il est expedient de proposer, en premier lieu, la cause que nous disons efficiente avant l'effect qui s'en peut ensuivre. En cecy donques nous avons voulu deduire la principalle partie de nostre charge consistant en la Geographie, pour selon l'art descrire au vray l'assiette de nostre tres-celebre Cité de Lyon : Laquelle est situee au 21 degré & 25 minutes de sa longitude, estant esseluée sur la ligne equinoctiale de 45 degrez & 10 minutes sur le my-lieu du 5e climat au 14 Parallelle, ayant son plus long iour de l'année de 15 heures & 30 minutes. Tellement que qui considerera la situation de Lyon au respect du reste de la France, l'Air en icelle doibt estre temperé parce que son Plan n'est Meridional pour le rendre estueux & chauld comme en Languedoc, Provence, regions quasi finitimes, ny Septentrional pour estre violemment froid ; comme les Provinces de France qui approchent la lisiere d'Allemaigne & de l'Ocean, Picardie, Normandie & Bretaigne : mais heu égard à son assiette

particuliere on iugera aifément que l'Air y eſt plus toſt froid &
humide que d'autre complexion. Parce que premierement de deux
grandz fleuves qui ſouvent la couvrent de brouillas & nuees, principallement la Saone qui n'a ſon cours ſi violent & roide, ne l'eau ſi
vive que le Rhoſne & deſcend de païs plus gras, plus toſt à façon
d'un eſtang accroupy que de Rivieres (ce que Ceſar a bien remarqué
en ſes commentaires), coulant ſi doulcement qu'on ne peut bon-
nement iuger ſi elle monte ou deſcend; à ceſte raiſon elle eſt plus
diſpoſée à engendrer les nueuſes exhalations qui s'eſpandent ſur
Lyon & y cauſent la nature ſuſdite de l'air. Oultre ce, le long de la
cheute du Rhoſne tirant à Vienne, Lyon eſt prochain de l'extrémité
des Montz Ceveines, que les anciens appelloient *Cemmenii Montes*,
comme aucuns penſent d'une petite riviere, encores pour le iour-
d'huy nommée Ceveine pres du monaſtere de la Sauge en Velay,
eſtant la fin de ces montaignes preſque à l'endroit où le Rhoſne
prend Liſere, & où Strabo remarque une ville nommée *Duriomum*,
ou comme aucuns liſent *Turiomum*, qui ſemble eſtre Tournon, là où,
par le bout de ceſte longue ceinture de montaignes, ſe dreſſe &
advance preſque dans le lict du Rhoſne, à l'endroit d'une villette
nommée Malvevar. Cette partie, que les habitans deſditz montz
Ceveines nomment le Mont Pylate, tourné vers Lyon, eſt couverte
d'eſpaiſſes foreſtz, quaſi touſiours enneigée, & la plupart de l'année
inacceſſible: pour ceſte raiſon, aux lieux les plus eſlevez de ſon
contour, non ſeulement refroidit merveilleuſement l'air de ceſte
partie de Lyon & Lyonnois, mais auſſi conçoit & engendre quaſi
tous les orages & tempeſtes, qui tumbent es lieux circonvoiſins.
Les habitans recitent pluſieurs choſes fabuleuſes de Pylate & d'un
lac tant ſoit peu touché, ſoudain iecte une nuée tempeſtueuſe (1),

(1) Cette tradition eſt rapportée, de la manière ſuivante, par Jean Duchoul, dans ſa *Deſcrip-
« tion du Mont-Pilat :* « Au ſein des rochers eſt une eau ſtagnante, une ſorte de marécage,
« appelé par les habitants du pays : *Puits de Pilate*. Ils en racontent des choſes étonnantes ; ils
« le regardent comme le tombeau de l'ancien gouverneur de Judée ; &, ſuivant eux, c'eſt lui
« qui ſoulève d'horribles tempêtes. Cette aſſertion eſt une fable, autant que nous avons pu nous
« en convaincre » (page 25). — A la page 33, le même auteur ajoute : « Qu'eſt-ce que le
« puits de Pilate ? Les habitants ignorent encore aujourd'hui ce que c'eſt. Nous dirons que

comme font auſſi de Berne en Suiſſe, ſemblablement nommée Pylate, qu'il n'eſt beſoing inſerer en ce diſcours. Retournons à noſtre propoz, du coſté d'Occident, Lyon eſt environné des haultes montaignes de Charollois qui ſe deſchargent de leurs pluyes, nuées & broüillas ſur ceſte ville comme les Cevenes ſuſdiétz. Mais ce qui principallement y porte la froidure & l'humidité eſt le païs de Breſſe, tout noyé d'eſtangs, paluz & mareſcages, prochain de Lyon, ſuivant en la liſiere de la Saone. Pour ces raiſons, l'air de Lyon eſt naturellement froid & humide ; combien que certains iours de l'eſté on y ſente chaleur ardente, à cauſe de la reverbération que faict la montaigne panchante ſur la ville, & quelques iours d'hyver, froid intolerable parce que la bize ſe ruant d'un païs large & ſpatieu rencontre le deſtroict des montaignes dans lequel s'engouffrant, elle augmente ſa violence. Ceſte intemperature de l'air produict une infinité de maladies catharreuſes, apoplexies, paraliſies, epilepſies, angines, tous, peripneumonies, pleureſies & autres telles ; & n'eſtoit que ceſte dicte ville eſt expoſée aux ventz qui purifient l'air, meſmes à la bize qu'aucuns pour la ſalubrité nomment le balé du ciel, indubitablement elle ſeroit malſaine. L'eſté entre à la fin de may & dure ordinairement iuſques à la my-aouſt, & lors l'automne, qui y eſt fort long, commence avec une incroyable quantité de fruictz convenables à la ſaiſon & delicatz au poſſible ; novembre faict reſſentir les premières advenues de l'hiver. Encorés que le terroir ne ſoit des meilleurs, ſi eſt-ce, que par l'induſtrie & diligence des habitans, il porte abondamment foin en ſes prairies, vin en ſes collines, bled en ſes champs, herbages en ſes iardins & fruictages en ſes vergers. Qui eſt tout ce qu'on peut dire de l'aſſiette & temperature de l'air dudict Lyon.

« nous avons été le premier à découvrir ce myſtère ſi longtemps cherché. Le puits qui porte ce
« nom eſt la ſource de la petite rivière du Gier, dont nous avons déjà parlé. » (J. Duchoul.
*Deſcription du Mont-Pilat*, traduite & publiée par M. Mulſant.)

3

# De l'antique Fondation de la Ville de Lyon.

## CHAPITRE II.

POUR trouver la verité & fonder au vif la fource, origine & antiquité de cefte opulente & fameufe cite de Lyon, il feroit fort difficile & malaifé d'accorder les autheurs qui ont efcrit, d'autant que l'opinion de tous ou la plus-part difcordent au principal. Toutes-fois pour ce qu'il fault toufiours preferer les veftiges memorables de l'antiquité avec les tefmoignages des plus fignallez autheurs, à un tas de ie ne fçay quelz advis legerement fondez, il ne fera impertinant de s'ayder en ce faict tant des bonnes & graves auctoritez que de ce peu d'antiquité, dont nous ioüiffons encores mal-gré l'iniure du temps. Or les uns eftiment que la ville de Lyon ait efté baftie par un L. Plance Munace, citoyen romain, orateur tres-facond, homme prœtorien, chef & cappitaine général des armées des Romains en Gaule, lequel y amena des colonies 40 ans avant la nativité de Jefus-Chrift, le 29ᵉ an du regne de l'empereur Octovian Augufte & tient-on qu'il l'edifia en la colline de Forviere. Mais cela ne peult empefcher que Lyon n'ait efté auparavant Plance Munace, voire efté en fi grande reputation que c'eftoit le luftre & ornement de toutes les Gaules, à caufe de la celebrité que luy caufoient les Foires, ainfi que dict Strabo, qui y avoient efté eftablies pour ce que le lieu eft tres-propice & commode à raifon des fufdicts deux grandz fleuves qui la décorent ; à cefte occafion eft appellée l'Ifle Gallique comme par excellence, ce que confirment Tite-Live, Plutarque & Polybe en parlant de l'arrivée d'Hannibal qui estoit long-temps avant Plance (1), mesme que Polybe afferme que ladicte isle estoit fort peuplée et enrichie de toutes choses necessaires. Les autres estiment que son commencement & origine procede des Atheniens dechassez de leur païs par le roy de Crete, s'appuyans sur ce mot *Athanaeum*, qui est à present l'abbaye d'Aisnay. Mais il conste assez que le lieu avoit ia grand loz du temps de la seconde guerre des Romains contre Carthage, qui fut environ 200 ans avant l'an du salut. Tellement que pour en parler modestement, il suffira de dire qu'elle a esté grande & opulente avant que Plance Munace y eust amené sa colonie romaine; car l'un n'empesche en rien la consequence de l'autre. Ou qu'elle ait esté bastie en l'isle ou en la colline, ainsi que les deplorables ruines y estans en donnent certain indice, ou qu'elle ait esté es deux comme elle est à present & de telle estendue que de comprendre non-seulement l'isle, mais les deux montaignes. Ce qui est bien probable par les marques d'antiquité qui encores se retreuvent de la part de lad. colline, comme les ruines de Forviere, aqueductz, temples, sepultures & theatres qui sont suffisant argument pour croire qu'elle y ait esté autresfois construicte; & d'ailleurs les authentiques tesmoignages des anciens historiographes l'afferment avoir este en l'isle ou pour plus promptement parler Chersonese & quasi-isle (2).

---

(1) On voit par ce passage de Nicolay que l'opinion qui fait passer Annibal à Lyon était bien antérieure à Casaubon auquel on l'attribue généralement. Mais cette opinion, qui fut adoptée plus tard par Menestrier & Colonia, est abandonnée aujourd'hui; il est admis presque sans contestation que le général carthaginois exécuta le passage du Rhône, près d'Avignon. (A.V.)

(2) Les textes cités ou invoqués par Nicolay ne sont pas inconciliables & contradictoires comme ils le paraissent au premier abord. Leur antinomie apparente tient à ce que leurs commentateurs n'ont pas tenu compte de la diversité des époques auxquelles ils se rapportent.

Il est possible aujourd'hui, grâce aux découvertes modernes, de concilier toutes les opinions des auteurs anciens, & la topographie vient certainement en aide à l'interprétation des textes.

En nous reportant aux premiers temps qui ont vu des habitations s'élever sur le territoire actuel de la ville de Lyon, la Saône, contenue par les coteaux qui l'encaissent sur ses deux rives, venait se jeter dans le Rhône au point même où finissait l'obstacle naturel qui s'opposait à la jonction des deux cours d'eaux, c'est-à-dire au pied du coteau de la Croix-Rousse. Le Rhône, plus libre dans son cours, serpentait capricieusement entre les coteaux de sa rive droite & les hauteurs assez éloignées qui portent le nom de Balmes viennoises. Ce vaste espace qui com-

Or quoy que soit, tant s'en faut qu'elle soit en rien diminuée de sa pristine excellence, qu'elle est encores pour le iourd'huy (mal-gré

prend presque toute la commune de Vauls, les Broteaux, la Guillotière & les Rivières jusqu'au pied des hauteurs de S¹. Fons, sans cesse ravagé par les eaux du Rhône, a reçu autrefois, à cause de sa stérilité, le nom de *velin*. Par la suite des siècles, des terrains d'alluvion ont progressivement rétréci cet immense lit du Rhône, & l'on peut affirmer qu'à l'époque de la conquête romaine, le cours du ruisseau de la Rize, tel qu'il existait encore il y a un siècle, était le bras du Rhône cotoyant sa rive gauche. Des ilots nombreux & assez étendus émergeaient du sol & permettaient de traverser à l'aide de bacs ou de chevalets les diverses brassières du fleuve. Le confluent du Rhône & de la Saône devait donc être dans les temps les plus reculés près de la place des Terreaux. L'architecte Dubois a découvert au siècle dernier les marches d'escalier d'un port romain, sous le sol de la place du Plâtre. En avant, du côté du midi, étaient des bancs de graviers formant des iles, & que la main de l'homme a successivement protégés contre les corrosions du Rhône. L'abbaye de St-Pierre a donc été construite sur le sol même de la presqu'île, lequel faisait alors partie du territoire de la cité de Lyon. La donation faite par le comte Girard & sa femme au monastère de St-Pierre, en 587, indique en effet celui-ci comme situé *in civitate Lugduni inter Rodanum & Ararim* (V. Brequigny, éd⁽ᵐ⁾ Pardessus). On sait qu'en 580 avait eu lieu la terrible inondation dont parle Gregoire de Tours, & qui renversa une partie des murs de la ville. Il est à croire que, préoccupée par la suite des ravages que pourraient occasionner de nouvelles crues des rivières, la population se décida, aussi dans un intérêt de sécurité générale, à ceindre de murs & de fossés cette partie de la ville assez isolée. Un nouveau bourg de Lyon fut ainsi formé de la Saône au Rhône, entre les Terreaux & la rue Grenette. Cette conjecture est corroborée par les termes mêmes du diplôme de Lothaire, de l'an 858. Le monastère de S¹. Pierre était à cette époque, d'après cette charte, *in burgo Lugdunensi inter Ararim & Rodanum*. (Menestrier, Hist. consul. Pr. p. 36. Brequigny, 1ʳᵉ éd⁽ⁿ⁾, sous les années 858 & 863. Rec. des hist. de la Gaule, t. 8, p. 408.) Ce bourg, fermé au nord par un mur non romain, mais antique cependant, ainsi que le constate le mémoire des griefs articulés par l'archevêque de Lyon contre les habitants de la ville (Menestrier, Ibid. Pr. p. 13.), ce bourg s'étendait jusqu'à la rue Grenette. Il y a un an, les fondations du mur méridional de cette enceinte ont été retrouvées dans l'axe même de la rue Grenette. La largeur de celle-ci avait toujours paru extraordinaire, eu égard à la largeur des autres rues de la ville ; ce fait trouve aujourd'hui son explication dans cette circonstance que la chaussée de la rue Grenette occupe l'emplacement d'un ancien rempart de la ville du moyen âge. Dans le plan scénographique de Lyon au XVIᵉ siècle, publié par la Société de topographie historique, le confluent est placé plus encore au midi, à Ainay. Enfin nous savons que ce sont les grands travaux de Perrache qui, au siècle dernier, l'ont porté à la Mulatière.

Partant de ces données, les premières populations qui sont venues se fixer dans cette région ont dû choisir la rive gauche de la Saône presque au pied du coteau de la Croix-Rousse, & nous trouvons en effet le quartier de St. Vincent parmi les plus anciens de la ville. A l'époque où Munatius Plancus vint fonder la colonie romaine, le territoire que les Ségusiaves lui abandonnèrent ne put être placé qu'à une certaine distance de la cité gauloise. Or, celle-ci occupant les deux rives de la Saône, sur les deux points qui sont en face l'un de l'autre, St-Vincent & St-Paul, couronnés par la colline St-Sébastien, il n'y avait qu'un emplacement propice pour offrir un asile aux colons romains, c'était le plateau de Fourvière. Il avait d'ailleurs cet avantage

l'iniure du temps qui tant de fois luy a efte contraire) prefque fans feconde, comme celle que Dieu & les aftres ont tant voulu favorifer

d'être rapproché du feul point fur lequel les Romains, chaffés de Vienne par les Allobroges, avaient pu, quelques années auparavant, trouver un refuge, je veux parler du quartier St-George qui était affez éloigné de la ville Ségufiave, pour que l'établiffement des réfugiés viennois ne pût porter ombrage à la population indigène.

La colonie romaine effaça bientôt par fes palais, fes monuments officiels, le Lugdun gaulois; mais celui-ci ne tarda pas à s'étendre du côté de la nouvelle ville, & fes longues rues qui longent le coteau dans la direction du nord au midi furent tracées pour relier précifément les deux centres de population. Il femble à confidérer ces longues rues qu'elles n'ont bien été tracées, en effet, que pour établir une communication entre leurs deux extrémités, puifque c'eft à une époque relativement moderne que la montée du Gourguillon qui, par la rue du Bœuf, allait jufqu'au pont de Pierre, & que la montée St-Barthélemy qui vient déboucher au centre du quartier St-Paul, ont été mifes, le long de leur parcours, en communication par des rues ou des places avec les bords de la Saône. La configuration du fol démontre ainfi à n'en pouvoir douter que toute la vie, tout le mouvement, toute l'activité politique ou commerciale de ces vieilles populations, n'avaient pas d'autre champ d'action que le plateau de Fourvière ou les abords du port de St-Paul.

Le Lugdun gaulois était donc adoffé (comme le dit Strabon) à la colline St-Sébaftien, mais avec extenfion fur la rive oppofée de la Saône, & la même dénomination latinifée fut appliquée à la colonie romaine établie fur le plateau de Fourvière.

Rien n'eft plus logique que d'admettre que les Romains ont dû modifier feulement le nom de la cité voifine pour l'appliquer à leur propre création. S'ils avaient fongé à emprunter à leur langue le nom de leur colonie, ils n'avaient aucune raifon de chercher dans le langage celtique le radical de cette dénomination. Il eft vrai que des auteurs ont prétendu que la ville ségufiave portait le nom de Condate, mais il faudrait commencer par démontrer que les infcriptions auxquelles il eft fait allufion rappellent bien le nom d'une cité, & non fa fituation topographique, *ad confluentem*, car le mot *condate* eft un mot générique, employé pour défigner une localité fituée au confluent de deux rivières. Aujourd'hui, par exemple, on dit « aller au confluent », bien que cette localité n'en porte pas moins le nom de La Mulatière, de même qu'autrefois on difait indiftinctement Ainay ou le confluent. Le mot de Lugdunum fervait donc à défigner la ville formée de la réunion des deux cités gauloife & romaine, & le mot *condate* était quelquefois employé quand il s'agiffait d'indiquer plus particulièrement la partie de la ville fituée entre les deux rivières.

Si l'on voulait d'ailleurs prendre à la lettre le texte des infcriptions où figure le mot *condate* & y trouver le nom d'une ville gauloife, il faudrait admettre contre toute vraifemblance un *Pagus condati*, c'eft-à-dire une affez grande divifion territoriale ayant pour chef-lieu une localité importante que Céfar n'a pas même mentionnée dans fes Commentaires. Mais comme les infcriptions qui portent le mot *condate* font de l'époque romaine, il eft à préfumer que l'affectation du penchant méridional de la colline St-Sébaftien à de nombreux monuments du culte païen, avait fait confidérer cet emplacement comme une forte de *pagus* facré qui, à caufe du voifinage de l'autel du confluent, aura reçu le nom de Pagus du Confluent, Pagus Condati. Auffi voyons-nous au moyen-âge les principaux corps eccléfiaftiques de la ville de Lyon, comme fucceffeurs des anciens colléges facerdotaux ou du Fifc, en poffeffion d'immenfes ténements fur les divers points de ce verfant de la montagne (C. B.).

d'eftre edifiée en la plus belle, commode & delicieufe affiette de toutes les autres villes de l'Europe, car elle eft fort propugnacle & boulevert de la France frontiere marchiffant es païs de Savoye, Allemaigne & Italie, & autres terres & païs de l'Empire, fituée fur & entre ces deux grands fleuves navigables le Rhofne & la Saone, le cours de laquelle vient lentement de Bourgoigne, Beau-iollais & Breffe ; & le Rhofne qui eft plus violent fepare le païs de Lyonnois, Foreft, Auvergne & Languedoc du Dauphiné & de la Provence. Par le moyen du navigage defquelz fleuves, le bien & la marchandife y abonde de toutes partz, oultre le commerce univerfel qui par les foires & changes y faict aborder toutes nations, comme nous deduirons plus à plain en fon lieu. Mais pour plus ample tefmoignage que Plance Munace amena deux colonies en Gaule, l'une à Lyon & l'autre à Raurique au deffus de Bafle fur le Rhin, ville des Suiffes, il ne fera impertinent d'inferer icy fe qui s'en treuve engravé en la tour de Roland à Gayette, ville maritime d'Italie, dont la teneur eft telle :

L. MVNATIVS. L. F. L. N. L. PRON.
PLANCVS. COS. CENS. IMP. ITER. VII. VIR.
EPVLON. TRIVMP. EX. RAETIS, AEDEM SATVRNI
FECIT DE MANIBIS AGROS DIVISIT IN ITALIA
BENEVENTI IN GALLIA COLONIAS DEDVXIT
LVGVDVNVM ET RAVRICAM. (1)

(1) Au fujet de cette infcription, qui exifte encore à Gaëte, nous prévenons le lecteur que nous ne fuivrons, dans cette publication, le texte des infcriptions rapportées par Nicolay, qu'autant qu'elles feront perdues aujourd'hui. Nous nous permettrons, au contraire, de les rectifier, d'après le monument lui-même, toutes les fois qu'elles auront été conservées jufqu'à nos jours.

# De l'antique Estat de la Cité de Lyon.

## CHAPITRE III.

L'HEUREUSE assiette & fertilité de ceste illustre ville & cité de Lyon ha de quoy se prevaloir sur la pluspart de toutes les autres de la France, comme ayant attirez par l'amorce d'amenité les magnanimes Romains de la decorer & orner par leur frequente conversation, voire mesme de leur propre residence, avant que Plance Munace y eust amené la colonie & apres aussi, car ce lieu leur fut tellement aggreable pour sa delicieuse commodité qu'ilz delibererent de le rendre fameux par plusieurs & divers moyens : le premier par la frequentation des nations circonvoisines & estrangeres comme par les foires en faveur desquelles les Romains y faisoient battre monnoye d'or & d'argent, ainsi que le recite Strabon au 4⁵ livre de sa Geographie, & Eusebe en son Histoire Ecclesiastique, descrivant les cruelles & excessives persecutions faictes soubz le regne de Marc Aurele & Antonin Vere, contre les chrestiens habitans de Lyon, en une epistre par eulx envoyée aux Eglises d'Orient, où il dict ces motz : Un iour entre autres qui estoit celebre & solennel au temps que se faict grande assemblée de gens de toutes les provinces pour tenir les foires comme il est de coustume en nostre ville ; le Iuge montant en son siege commanda que les chrestiens luy fussent amenez, afin de faire une pompeuse monstre de leur supplice devant toute cette assistance. Les lettres aussi (l'exercice desquelles avoit lors vogue au lieu où s'affemble le Rhofne avec la Saone qu'on appelle à prefent Aifnay) illuftroient merveilleufement ce lieu, comme fera declaré au chapitre fuivant ; d'autant que les Romains y avoient erigée une Academie, à laquelle de toutes partz accouroient les ftudieux pour en remporter avec labeur indicible ce à quoy tous vertueux afpirent : de ce nous faict foy Suetone en la vie de C. Cefar Caligule, où il dict ainfi : Il feit faire à Lyon des ieux meflez de divers paffe-temps mefmes un pris en l'eloquence grecque & latine, auquel les vaincuz eftoient contraincts de compofer les loüanges des victorieux & effacer avec la langue leurs harengues & concions efcrites foubz eulx par les Scribes, à ce deputez comme greffiers, pour enregiftrer les oraifons & difputes y propofées, que fi lefd. vaincuz faifoient tant foit peu de difficulté d'executer ce que deffus, ils eftoient plongez par trois fois au prochain fleuve, & à cefte occafion ils avoient l'efprit agité de craincte qui les faifoit fouvent pallir, ce que tres-elegamment exprime Juvenal en fa premiere fatyre difant :

> *Paliffe ainfi que l'imprudent mortel,*
> *Dont le pied nud le malin ferpent preffe,*
> *Ou l'orateur, que froide peur oppreffe,*
> *Venant orer au lyonnois autel (1).*

Et Strabon, quand il faict mention de l'autel dédié à Augufte, les Gaulois (dict-il) pour la reverence & memoire d'Augufte Cefar, à la perfuafion de Plance Munace edifierent à Lyon à leurs communs fraiz un autel & un fomptueux temple au coing de l'Ifle Gallique (2) (ainfi s'appelloit-elle par excellence comme dict eft), où Arar

---

(1)   *Palleat, ut nudis preffit qui calcibus anguem,*
   *Aut Lugdunenfem rhetor dicturus ad aram.*
                                    (Juvénal, 1, 43.)

(2) Du temps de Nicolay, on croyait encore que le temple de Rome & Augufte avait été élevé fur l'emplacement où fe trouve aujourd'hui l'églife d'Ainay, parce que, déjà au XVIe fiècle, le confluent exiftait en effet à cet endroit, & que toutes les infcriptions romaines placent ce monument *ad confluentem*. Plus tard on a penfé qu'au temps de la conftruction de l'autel, le confluent du Rhône & de la Saône ne devait certainement pas être fi avancé au midi. Guidés

(qui est la Saone) s'assemble avec le Rhosne : où est à present l'abbaye d'Aisnay, dicte en latin *Athanacense cænobium*, pour la decoration du-

par la découverte de vestiges de constructions antiques trouvées un peu plus au nord de la ville, des auteurs ont alors supposé que le temple de Rome & Auguste devait avoir été édifié à la hauteur de la place des Célestins ; d'autres l'ont placé vers St-Nizier ; Auguste Bernard est allé jusqu'à l'emplacement du palais St-Pierre ; &, comme pour clore la série des suppositions, il a affirmé que ce temple avait été élevé à l'endroit même où est le musée des antiques. Avec un peu plus de réflexion encore, on aurait reconnu que, du temps de César & d'Auguste, pour trouver au confluent un terrain assez solide & assez à l'abri des inondations qui pût servir d'emplacement convenable à cet autel & à ses nombreuses dépendances, il fallait forcément fixer son choix sur le versant méridional du côteau de la Croix Rousse. C'est en effet sur ce point, qui est confirmé par le côté sud de la rue d'Algérie qu'en creusant le sol sous l'ancien hôtel du Parc, on a trouvé des socles de statues & des bases de monuments encore sur leur lit de pose ; c'est au bas du jardin des Plantes, au sommet de la rue Terme, à l'endroit même où est la gare du chemin de fer de la Croix Rousse, qu'au mois de juin de l'année 1859 on a trouvé un petit aqueduc formé de débris antiques & couvert avec des fragments de dalles de marbre blanc ornées de guirlandes de chêne relevées par des haches de licteurs & rattachées par des bandelettes. Sur un de ces fragments de marbre, dépourvu de guirlande, on put reconnaître une R & le commencement d'un O de trente-huit centimètres de hauteur. A côté de ce petit canal, M. Martin Daussigny, alors conservateur du musée des antiques, découvrit un appareil en maçonnerie, qui évidemment était l'intérieur de l'autel. La situation de celui-ci est donc aujourd'hui bien déterminée. Un plan accompagne le mémoire publié par M. Martin Daussigny, en 1862, sur l'importance des fouilles faites dans ce quartier de la ville, de 1859 à 1861.

Il est donc facile de reconstituer la configuration de cette partie du confluent à l'époque où fut élevé le temple de Rome & Auguste, & pendant les quatre siècles qui ont été témoins des cérémonies de ce culte. On sait en effet que cet autel formait comme le fond ou le sommet d'une sorte d'amphithéâtre qui était garni de monuments. Tous ces édifices avaient été élevés sur les côtés ou au-devant de l'autel, jusqu'à la partie de la ville qui est bornée par la place du Plâtre & la rue de l'Arbre Sec, & c'est dans cette région qu'ont été trouvées toutes les inscriptions se rapportant au collège des prêtres augustaux. Inauguré le 1er août de l'an 742 de Rome, soit 12 ans avant J.-C., l'autel n'a dû disparaître qu'après l'édit des empereurs qui, vers le commencement du Ve siècle, ordonna la démolition des anciens édifices voués au culte païen. Sa forme & sa situation ne permirent pas de l'utiliser comme temple chrétien, mais ses débris, comme ceux de tous les monuments qui l'entouraient, disparurent dans les fondations des premiers sanctuaires chrétiens élevés dans le voisinage. On a même remarqué que c'est en général sous le vocable de St-Pierre qu'ont été érigées les églises placées près des ruines des temples dédiés aux empereurs romains. L'abbaye de St-Pierre aurait donc, la première, utilisé ces matériaux antiques & contribué ainsi à faire perdre le souvenir de l'emplacement où avaient existé l'autel de Rome & Auguste & ses dépendances.

C'est Aug. Bernard qui le premier, en 1855, a battu en brèche la croyance plusieurs fois séculaire, & admise jusqu'alors sans conteste, que le temple d'Auguste était à Ainay. Il faut lire dans les dissertations du temps l'ardente polémique que souleva sa thèse, qui fut bel et bien condamnée par l'unanimité des savants. L'érudit archéologue ne pouvait prouver qu'il avait raison qu'en découvrant sous le sol les vestiges du monument.

quel temple y furent érigées foixante figures, chafcune portant le nom de fa province : le premier jour d'aouft ce temple fut dédié à

En vain il invoqua la dénomination même de colline St-Sébaftien donnée à la montagne, fur le verfant de laquelle s'élevait l'autel en l'honneur d'Augufte, en grec SEBASTOS, pour faire oublier par cet emprunt au martyrologe chrétien les cérémonies païennes qui y avaient été longtemps célébrées. On fait, d'autre part, que dans l'antiquité les noms de *fébaftes* & de *fébaftianiques* étaient donnés aux prêtres de l'autel d'Augufte & aux vainqueurs dans les jeux auguftaux. Le nom de St-Sébaftien n'avait donc pas été pris au hafard pour fervir à défigner cette colline.

Il eft à remarquer d'ailleurs qu'en élevant cet autel fur le penchant du coteau, les nations gauloifes n'avaient fait que fe conformer à une tradition en vigueur chez les peuples anciens. Les récents explorateurs de l'Afrique équatoriale nous ont révélé un autre exemple de cet ufage. Il exifte au centre de l'Afrique un immenfe fleuve qui traverfe le continent du levant au couchant, c'eft l'Ogowé. Sur un point affez élevé de fon cours, il reçoit un affluent, la rivière N'Gounié. A leur confluent eft une montagne connue fous le nom de pointe fétiche, & flanquée d'un temple, c'eft le rempart de la foi antique de ces peuples. Aucun indigène ne double cette montagne fans fe profterner jufqu'au fond de fa baleinière. Nul n'ofe même franchir cette barrière facrée fans la permiffion du grand féticheur des Inenga, lequel a la réputation, parait-il, de pouvoir faire furgir des rochers fous les embarcations des voyageurs. Dès que l'indigène remontant le fleuve commence à apercevoir ce lieu vénéré, il entre en prières, & c'eft ainfi qu'avant même d'être au pied du temple, fon imagination eft déjà dominée par les terreurs fuperftitieufes que la tradition a attachées à ce centre de fortilèges.

Je ne veux pas dire que l'autel de Rome & Augufte ait exercé fur l'efprit des peuples, qui y accouraient, une auffi terrifiante impreffion, mais ne femble-t-il pas qu'amis, comme l'étaient les Romains, du grandiofe & de l'impofant, même dans les cérémonies religieufes, ils ont dû faire donner à ce témoignage de reconnaiffance de la nation gauloife de majeftueufes proportions. C'eft avec leur goût des grandes chofes qu'ont été étagés fur le penchant de cette colline les nombreux édifices, dont on retrouve de temps en temps les veftiges. Peut-être les Romains eux-mêmes ont-ils élevé, à leurs frais, au milieu des îles marécageufes qui formaient les confluents du Rhône & de la Saône, une ftatue monumentale à leur empereur déifié. Si telle a été la décoration de cette forte d'avant-corps de l'autel gaulois, combien ne devons-nous pas regretter les circonftances qui ont fait renoncer, en 1855, aux recherches projetées dans le lit actuel de la Saône, pour effayer de découvrir le refte de cette ftatue équeftre dont un fragment fi beau a été trouvé en 1766 ?

Nous avons dit dans une précédente note qu'à l'époque romaine le véritable ou plutôt le premier confluent, c'eft-à-dire le point où fe terminait la prefqu'île, était à la hauteur de la place du Plâtre & de la rue de l'Arbre-Sec. On peut donc dire que là finiffait la pointe des ATHANATOR, des immortels ou empereurs déifiés, parce que c'était dans cette partie de la ville qui comprenait le verfant & le pied de la colline St-Sébaftien que la reconnaiffance publique leur avait élevé des temples & des autels. Ce n'eft que par la fuite des fiècles que la *pointe fétiche* de Lugdunum, la pointe ATHANATÔN (d'où Athanatum, Athanacum, Ainay) s'eft confondue avec l'île la plus avancée dans le lit commun du Rhône & de la Saône. La colline St-Sébaftien a perdu alors fon nom de pointe d'Ainay, comme plus tard Ainay lui-même a ceffé de porter celui de confluent. (C. B.)

Auguste, & ce mesme iour naquit à Lyon T. Claude Druse, qui fut, avant le consulat de L. Antonin & F. Africain, assavoir 751 ans après la fondation de Rome & 7 ans avant la nativité du Sauveur du monde. En ce temple fut fondé un college de sacerdotz, nommez par les Romains *Sextum viri Augustales*, comme il se voit par ce qui est sculpté en une antique pierre de marbre en l'eglise St. Pierre les nonnains à Lyon, où sont gravez ces motz :

IOVI.O.M.
Q. ADGINNIVS VRBICI
FIL. MARTINVS SEQ.
SACERDOS ROMÆ ET AVG
AD ARAM AD CONFLVENTES ARARIS
ET RHODANI FLAMEN II
VIR IN CIVITATE
SEQVANO-
RVM. (1)

Et à un monument antique qui estoit à la porte de l'eglise St. Just lez Lyon:

D.             M.
CALVISIÆ VRBICÆ ET
MEMORIÆ SANCTISSIMÆ
P. POMPONIVS GEMELINVS
IIIIIVIR AVG. LVGD
CONIVGI CARISSIMÆ
ET INCOMPARABILI
POSVIT. (2)

(1) Cette inscription, perdue aujourd'hui, a été reproduite aussi par Paradin & Golnitz. Le premier de ces auteurs nous apprend qu'elle était placée de son temps : « en la tour de Sainct Pierre les Nonnains au cimetière. » (*Mémoires de l'hist. de Lyon*, p. 423.)

(2) Cette inscription, qui est perdue comme la précédente, a été reproduite avec quelques variantes, par Paradin, p. 411, Spon, 78, & Menestrier, 77.

*C. Iulius Vercondaridubius*, citoyen d'Autun, fut le premier prestre souverain institué aud. temple & y furent semblablement fondez 300 augures qui predisoient les choses advenir, par l'observation du chant, du vol & du past des oyseaux, & estans assiz au temple avoient la teste voilée, tenans en main un baston courbé appelé Litue qui estoit le baston augural. Nous avons ample tesmoignage de ces augures par diverses pierres & inscriptions antiques, mesme en une qui est à l'entrée du cloistre S. Iehan de Lyon, où il est escrit :

IVLIVS PRIMITIVS DECVRIO
TRECENTORVM AVGVRVM
LVGD. (1)

Et par une infinite d'autres memorables vestiges d'antiquité, desquelles (pour n'estre prolixe) n'est besoing faire autre mention.

---

(1) Le fragment d'inscription, donné ici par Nicolay, doit être lu de la manière suivante, d'après Paradin, Golnitz & Spon, qui l'ont reproduite en entier :

. . . . . . . . . IVLIVS PRI
MITIVS DEC CCC AVG. . . . . .

L'erreur de Nicolay, qui traduit les sigles C.C.C. AVG. LVG. par *trois cents augures de Lyon*, reproduite après lui par les trois auteurs que nous venons de citer, fut rectifiée plus tard par Spon lui-même, dans ses *Miscellanea erudita antiquitatis* (p. 170). Personne n'ignore aujourd'hui que Lyon portait le nom de *Colonia Copia Claudia Augusta Lugduni*. (A.V.)

# De l'Etymologie de Lugdunum
# & comme les Lettres y florissoient.

## CHAPITRE IIII.

SANS s'amuser à la trop grande perquisition du nom de lad. Isle Gallique, il suffira de ramentevoir en passant que de toute ancienneté elle est appelée de ceste diction *Lugdunum*. Les uns derivent ce mot d'un citoyen romain nommé *Lugdus*, ou de la legion de Iules Cesar nommée *Lugda*, qui souloit estre ordinairement en garnison en lad. isle; les autres disent proceder de l'ancien langage Gaulois auquel ce mot estoit particulier *dunen*, & signifioit une montaigne ou une colline, ce qui est le plus vraysemblable, d'autant que plusieurs villes de ce royaume, qui sont situées ou dessus ou à l'aisle de montaignes, se terminent en *dunum* (1).

---

(1) Le nom de *Lugdunum* se compose de deux mots celtiques : *lug* & *dunum*. Depuis longtemps on est fixé sur le sens de ce dernier, qui signifie *montagne*; la signification du mot *lug* a donné lieu au contraire aux interprétations les plus diverses. Mais comme on a observé que le nom de *Lugdunum* avait été donné à un grand nombre de villes de la Gaule, on tend généralement à croire aujourd'hui qu'il a été emprunté aux conditions topographiques communes à toutes les villes de ce nom. De là, les uns traduisent simplement *Lugdunum* par *lieu élevé*, parce que dans la langue erse, dialecte du celtique, *log* ou *lug* signifie lieu (*locus*). Tandis que les autres, se ralliant à l'opinion du P. Menestrier, soutiennent que *lug* a le sens de *lumière*. « Lugdunum, « dit M. Allmer, serait l'équivalent de *clarens* ou *lucens mons* & devrait sa dénomination à sa

Et parce que ceux ont sainement consideré qui ont estimé Autun estre dicte *Augustodunum* à raison de la montaigne Auguste & plusieurs autres comme Nevers dict en latin *Noviodunum*, *Ebrodunum*, Evreux, *Melodunum*, Melun, *Verlodunum*, Verdun en Lorraine. Donc, pour revenir au nom de *Lugdunum*, il se trouve sculpé en diverses pierres & marbres antiques, tant à Lyon que es environs, & en une entre les autres qui se voit encores pour le iourd'huy à Rome au pont S. Barthélemy en laquelle sont gravez ces mots :

C. SENONIO REGVLIANO EQ. R.
DIFFVS. OLEARIO EX BÆTICA
CVRATORI EIVSDEM
CORPORIS NEGOT. VINARIO LVGDVN
IN CANABIS CONSISTENT. CVRATORI
ET PATRONO EIVSDEM CORPORIS
NAVTÆ ARARICO PATRONO
IIIII VIR LVGDVNI CONSISTENTIVM. (1)

Tant y a que ceste colonie lyonnoise a esté tellement fameuse & celebre que par l'industrie des Romains, la langue Latine y estoit vulgaire de laquelle & de la Grecque furent dressez jeux meslez, c'est à dire disputes de diverses doctrines comme dict est, cy devant,

« principale colline dominant tout l'horizon & présentant au soleil tous ses aspects. C'était un
« Clermont antique. » (*Inscript. antiques de Vienne*, 1, 85. Roget de Belloguet, *Glossaire gaulois*
p. 191.) — Cette opinion s'appuie à la fois sur deux vers de l'*Apokolokintose* de Sénèque, & sur
les suivants du moine Héric, qui vivait au x° siècle, époque où l'on pouvait ne point avoir
oublié encore le sens des mots celtiques, & qui donne au mot gaulois *Lugdunum* la signification
de montagne lumineuse :

*Lugduno celebrant Gallorum famine nomen,*
*Impositum quondam, quod sit mons lucidus idem.*
(Héric, *Vie de saint Germain d'Auxerre*. L. IV, *apud* Bollandistes, 31 juillet).
A. V.

(1) Cette inscription a été reproduite plus complètement et plus exactement par Gruter (p. 456, n° 7).

qui sembloient n'estre instituez à autre fin que pour l'ostention & exhibition des fruictz perceuz d'une si notable Academie & Université decorée par la jeunesse gallique, qui estoit tenue & astraincte d'obeir aux statutz & reigles sus narrées, ainsi que les vers citez du satyrique le font assez apparoir. De sorte que pour conclure, nous voyons qu'elle a esté plus celebrée par l'exercice des bonnes disciplines que par autre singularité qui s'y soit retreuvée.

# De l'antique Regime, Gouvernement & Administration de la Ville de Lyon.

## CHAPITRE V.

LE bon regime & gouvernement de toute chose publique importe de tant, qu'il n'est possible qu'elle puisse subsister sans icelluy & demeurer que bien peu en un estre : estant subiecte à tant de diverses metamorphoses, lesquelles la ville dont nous deliberons traicter n'a encore iamais à faute de ce encourues ne souffertes, pour ce que de tout temps elle a esté prouidemment regie, mesmes par les Romains, lesquelz y establirent une compaignie de soixante senateurs pour l'administration de la iustice, & soubz iceux ressortissoit toute la Gaule lyonnoise. Duquel Senat se voit assez ample tesmoignage en une pierre antique qui est en un iardin hors le cloistre de S. Just, en la maison qui fut du chanoine Caille, en laquelle sont sculpez ces motz.

M. OPPI PLACIDII<br>
HAR. PRIM DE LX<br>
CVI LOCVM SEPVLTVR<br>
ORD SANCTISSIM LVG.<br>
DEDIT. (1)

---

(1) Musée lapidaire de Lyon. Portique LII, nº 496.

Pline au 4ᵉ de son Histoire naturelle, chap. 18ᵉ, dict que le païs des Segusians qui n'est subiect à personne, où est assise la cité de Lyon ayant droict de colonie, vit & se regit selon le droict escrit des Romains (1). Du Pinet, en la traduction de Pline par lui faicte en françois, s'est grandement équivoqué en ce qu'il appelle les Segusians ceux du païs de Bresse; aussi s'est-il corrigé luy-mesme en son livre intitulé Le Plan des villes. Car on trouve tout le contraire à Feurs, petite ville du païs de Forest, sur le grand chemin d'Auvergne à Lyon, en l'église de laquelle, par le dehors, se voit encor une pierre antique où est gravé ce qui ensuit :

NVMIN AVG.
DEO SILVANO
FABRI TIGNVAR.
QVI FORO SEGVS.
CONSISTVNT.
D. S. P. P. (2)

qui faict suffisante foy que les Segusians sont les Foresiens desquelz la ville de Lyon estoit métropolitaine & en est encores le diocese. Voilà donc la premiere partie du dire de Pline. Quant à l'autre, il est sans doubte que toute cité qui ha droict de colonie ensuit en tout & partout le droict escrit des Romains. Or, que Lyon ait esté colonie il a esté suffisamment declaré cy devant. De là semble estre advenu que, pour ce que les Romains n'ont illustré aucun autre lieu des Gaules de leurs colonies, aussi toute la Gaule, fors ceste partie Celtique avec partie de la Narbonnoise, se reigle par droict coustumier & non par droit escript. Les mesmes princes & seigneurs Romains, afin de ne laisser aucune chose en arriere qui peut decorer

---

(1) Segusiavi liberi in quorum agro colonia Lugdunum. (Pline, *Histoire nat.*, liv. IV, chap. 32. — Sur les priviléges accordés aux *Segusiavi liberi*, on lira avec intérêt le travail publié par M. Valentin Smith sous ce titre : *Des Insubres. Des impôts chez les Segusiavi liberi sous les Romains*. (*Revue du Lyonnais*, 2ᵉ série, t. III, p. 369.)

(2) Cette inscription a été placée dans le vestibule de l'Hôtel-de-Ville de Feurs, en 1858.

cette tant noble cité y establirent une chambre des comptes où resfortissoient les comptables des finances & revenus de toutes les Gaules, ce que tesmoigne une pierre antique audevant la fontaine S. George où sont sculpez ces deux mots :

GALLIARVM TABVLARIO

Et pareillement y erigerent plusieurs autres grandz & honnorables estatz & offices, comme estoient ceux qui avoient l'auctorité & surintendance sur les marchans & marchandises traffiquées, vendues & debitées en la province lyonnoise, & estoient iceux officiers nommez *Summi curatores* qui se peuvent comparer, au moderne conservateur du privilege des foires, ce qui est assez probable par l'inscription d'une antique pierre estant à l'entrée de l'eglise S. Etienne à Lyon, où sont contenuz les mots suivants :

SEX. LIGVRIVS SEX. FIL.
GALERIA MARINVS
SVMMVS CVRATOR C. R.
PROVINC. LVGD (1).

Il y avoit en outre un autre estat & office pour avoir l'œil & le gouvernement sur tout le faict du navigage & traffique qui se faisoit par les fleuves du Rhosne & de la Saone lequel estoit nommé *Curator nautarum*. Il se peut parangonner, au moderne, maistre des portz, comme encores pour le iourd'huy se treuve engravé en plusieurs

---

(1) Musée lapidaire. Portique xxxviii, n° 327. — D'après M. Léon Rénier, on ne sait pas en quoi consistaient les fonctions du *Curator civium romanorum Provinciæ*, qui, dans tous les cas, n'avaient rien de juridique. (Voyez la nouvelle édition de Spon. *Recherche sur Lyon*, p. 28.) — Mais, suivant M. Allmer, il y a lieu de conjecturer, que ce titre s'appliquait à une sorte de tuteur ou de patron supérieur de toutes les associations de citoyens romains éparses dans une province, défenseur de leurs intérêts & intermédiaire entre elles & le représentant de l'État, c'est-à-dire le gouverneur ou le procurateur provincial. (*Revue du Lyonnais*, 4e série, t. vii, p. 88). A. V.

pierres antiques, mesme en la susd. estant à St. Estienne se treuve au bas d'icelle sculpé à la fin du fragment cité cy devant ce qui ensuit :

FRVGI CVRATORI NAVTARVM

Et au mesme lieu un peu plus bas sont ces motz :

PATRONO RHODA. ET ARAR.

Voila comme les fragmens antiques nous peuvent acertener du soing & diligence qu'avoient les Romains pour l'administration & regime de leur colonie, taschans de plus en plus à l'accroistre iusques à vouloir mesmes la faire participer aux estatz & préeminences du Senat romain, comme il est declairé au chapitre suivant.

D'un Arreſt ou Senatus conſulte du Senat romain faict en la faveur des Gaulois à la ſuation de l'Empereur Claude Ceſar.

## CHAPITRE VI.

ESTANS conſulz A. Vitellius & L. Vipſanius, les ſenateurs romains ſe retreuverent en peine pour la creation & eſlection de nouveaux ſenateurs au lieu de ceux qui eſtoient decedez pour remplir le nombre preſcript : ce qu'entendu par les grandz ſeigneurs de Provinces de la Gaule celtique & lyonnoiſe, ſeirent unanimement requeſte d'eſtre receuz à Rome en eſtat de ſenateurs, veu que deſia d'ancienneté ilz avoient droict de citoyens romains : ce qui depleut fort au Senat & le trouva fort mauvais. Mais l'empereur Claude Ceſar, né en Gaule & enfant de Lyon, prenant la parole en faveur des Gaulois, feit pluſieurs grandes & notables remonſtrances, & entre autres : que Jule Ceſar ſon predeceſſeur avoit touſiours voulu voulu congreger au Senat la fleur des perſonnes vertueuſes qui ſe pourroient treuver par toutes les colonies, quelque part qu'elles fuſſent, & ſurtout des hommes riches qui, par leur vertu & richeſſe, euſſent moyen d'honnorer le Senat, leur rememorant auſſi les colonies de Vienne & de Lyon, qui de longtemps avoient ceſt honneur que d'avoir voix à la creation & nomination des ſenateurs. Et où l'on allegueroit que les Gaulois feirent la guerre plus de dix ans audict Jule Cefar, il refpondoit que la foy inviolable qu'ilz ont gardée durant cent ans à la Republique doit eftre beaucoup plus refpectée que les dix ans & les fervices qu'ilz ont faictz en tant d'eminens perilz. Sur laquelle remonftrance le Senat, condefcendant à la volunté de l'Empereur, donna un arreft folennel que les Gaulois feroient receuz en eftat & au nombre des fenateurs. Et fut le plaidé de l'Empereur fculpé pour perpetuelle memoire en deux tables d'airain (1) qui fe voient encores pour le iour-d'huy en l'hoftel de la ville de Lyon, lefquelles furent trouvées en la cofte St. Sebaftien en l'an 1529 (2).

(1) C'eft à tort que l'on donne le figne du pluriel à ce monument épigraphique. Le difcours de l'empereur Claude a été gravé fur une feule plaque de bronze, mais fur deux colonnes. C'eft la partie inférieure que nous poffédons aujourd'hui. La difpofition du texte eft conforme à la planche ci-contre. La brifure, qui s'était produite entre les deux colonnes, avait été recouverte d'une couche de plâtre qui a été enlevée, il y a quelques années, par le regretté confervateur des mufées archéologiques de Lyon, feu M. Martin Daufligny, lorfqu'il inftalla la Table de Claude dans le veftibule du mufée des antiques au Palais Saint-Pierre. Cette intelligente reftauration permit de découvrir les dernières lettres de quelques-unes des lignes de la première colonne qui ne figurent pas dans le fac-fimile publié par M. Monfalcon. Le texte donné au XVIe fiècle par Nicolay fe trouve ainfi juftifié. Toutefois, cet auteur a fait quelques additions que nous avons rejetées, de même que nous avons rectifié des fautes manifeftes de lecture.      C. B.

(2) La délibération prife par les échevins de Lyon, pour l'acquifition de la Table de Claude, eft datée du 12 mars 1528 (ancien ftyle). L'année commençait alors à Pâques. La découverte avait eu lieu quatre mois auparavant, c'eft-à-dire en novembre de la même année. Suivant que l'on adopte le nouveau ou l'ancien ftyle, pour indiquer la date de la délibération confulaire, c'eft en 1528 ou en 1529 que fe place la découverte de ce précieux monument, & non en 1527, comme l'a avancé M. Monfalcon. (V. *Table de Claude*, p. 3, en note.)

C'eft un nommé Roland Gribaud qui, en travaillant fa vigne, découvrit la Table de Claude. Les documents de l'époque nous apprennent que cette vigne était fituée fur la côte Saint-Sébaftien.

Il y a toujours un intérêt férieux à précifer l'endroit où ont lieu les découvertes archéologiques. Ce font des matériaux épars d'abord, fans relation apparente entre eux, mais que le temps permet enfuite de rapprocher ; & de leur réuni on découlent plufieurs données générales qui nous révèlent, fans que l'efprit ait befoin d'un grand effort, l'importance & la deftination des chofes.

Ce travail d'application, que le XVIe fiècle a négligé, alors qu'il aurait pu fi facilement & fi fructueufement l'entreprendre, n'a pas paru trop ardu à M. Vermorel, ancien voyer principal de la ville de Lyon. Depuis vingt ans, M. Vermorel s'eft livré aux recherches les plus perfévérantes, afin d'arriver à reconftituer la topographie de l'ancien Lyon. L'examen approfondi des réfultats qu'il a obtenus, peut feul donner une idée de ce qu'il lui a fallu d'ardeur & de patience pour mener à bonne fin fon immenfe projet. Pour en donner une idée & appeler l'attention du monde

Le contenu en la première table d'airain estant en l'hostel de la ville de Lyon :

..... m.æ rerum no... istiu ....

*Equidem primam omnium illam cogitationem hominum, quam maxime primam occursuram mihi provideo, deprecor, ne quasi novam istam rem introduci exhorrescatis, sed illa potiùs cogitetis, quàm multa in hac civitate novata sint, & quidem statim ab origine urbis nostræ in quod formas statusque resp. nostra diducta sit. Quondam Reges hanc tenuere urbem, nec tamen domesticis successoribus eam tradere contigit. Supervenere alieni & quidem externi, ut Numa Romulo successerit ex Sabinis veniens, vicinus quidem sed tunc externus, ut Anco Martio Priscus Tarquinius, propter temeratum sanguinem, quod patre Demaratho Corinthio natus erat Tarquiniensi matre, generosa, sed inopi, ut quæ tali marito necesse habuerit succumbere, cum domi repelleretur à gerendis honoribus, postquàm Romam migravit, regnum adeptus est. Huic quoque & filio nepotive ejus, nam & hoc inter auctores discrepat, insertus Servius Tullius, si nostros sequimur, captiva natus*

savant sur ses études, la Société de topographie historique a sollicité, de son obligeance, l'autorisation de publier la partie du plan de Lyon qui a le plus exercé la sagacité des historiens. L'emplacement où a été trouvée la Table de Claude en 1529 (n. s.), y figure précisément. M. Vermorel s'est proposé de retracer la topographie de Lyon en 1352, à cette époque dont nous avons encore assez de vieilles chartes locales, pour pouvoir tenter avec ces documents une étude d'ensemble. Il a suivi tous les changements apportés à la division du sol, depuis 1352 jusqu'à nos jours. Il n'est pas besoin d'insister beaucoup pour faire remarquer combien peu il resterait à faire, pour reconstituer la topographie générale du Lugdunum romain, avec les matériaux qui ont permis de représenter le Lyon du moyen-âge; quant au Lyon moderne, il est figuré dans ce travail par un plan parcellaire de 1493, que les registres des *nommées* de cette époque ont permis de tracer avec la plus scrupuleuse exactitude.

Et maintenant que M. Vermorel a réuni tous les matériaux nécessaires pour la confection de ses cartes, cette œuvre si intéressante pour l'histoire de la cité, restera-t-elle ignorée, risquera-t-elle d'être perdue un jour? La Société serait heureuse d'attacher son nom à la publication de ce beau travail, comme elle a tenu à assurer la conservation du grand plan scénographique de Lyon au XVIe siècle. Elle est prête à publier à ses frais les travaux de M. Vermorel; mais le modeste auteur ne veut donner qu'à la ville de Lyon ses cartes manuscrites. La Société émet le vœu le plus pressant pour que la ville de Lyon puisse être bientôt en possession de ces précieux documents. L'*Histoire de la ville de Paris*, en cours de publication depuis 13 années & éditée aux frais de la municipalité, ne renferme rien qui puisse être comparé au Lyon du moyen-âge, reconstitué par M. Vermorel. C. B.

# LÉGENDE

Tènement N, O, K, F. — *Vigne dite la Malavigne :
1373, Aymon de Nevro. — 1493, Jean Chapuis. —
15.., Jean Perréal, dit de Paris. — 1526, Roland
Gribaud, marchand & hôtelier. — 1543, Barthélemy
Naris.*

Tènement F, G, H, K. — *Vigne dite la Vinagère :
1353, Bernarde Baral. — 1486-1493, Denis Dail-
lères. — 1520, Claude Beffon. — 1526, Roland Gribaud. — C'est là que furent découvertes les Tables de
Claude, en 1528.*

N<sup>os</sup> 1, 2, 3, 4, 5, 6, 7. — *Sept pies de jardin acquises
par Roland Gribaud de Claude Beffon. — L'église
actuelle de Saint-Polycarpe occupe les emplacements
portant les numéros 5, 6 & 7.*

N° 8. — *Parcelle où se trouvait l'entrée principale du
jardin & de la maison de Roland Gribaud.*

N° 9. — *Restes d'un édifice antique, découverts en 1827.*

N° 10. — *Maison de Roland Gribaud, plus tard le
Couvent de l'Oratoire.*

O, O'. — *Ancien aqueduc romain* (Plan terrier de la
fin du XVI<sup>e</sup> siècle).

# EXTRAIT DU PLAN TERRIER DE 1352
## Dressé par M. VERMOREL

Ocresia, si Tuscos, Cæli quondam Vivennæ sodalis fidelissimus omnisque ejus casus comes, postquam varia fortuna exactus cum omnibus reliquis Cæliani exercitus Etruria excessit, montem Cælium occupavit, & à duce suo Cælio ita appellitatus, mutatoque nomine, nam Tusce Mastarna ei nomen erat, ita appellatus est, ut dixi, & regnum summa cum reipub. utilitate optinuit. Deindè postquam Tarquini Superbi mores invisi civitati nostræ esse cœperunt, qua ipsius, qua filiorum ejus, nempè pertæsum est mentes regni & ad consules, annuos magistratus, administratio Reip. translata est. Quid nunc commemorem dictaturæ hoc ipso consulari imperium valentius, repertum apud maiores nostros quo in asperioribus bellis aut in civili motu difficiliore uterentur; aut in auxilium plebis creatos tribunos plebei? Quid à consulibus ad decemviros translatum imperium, solutoque postea decemvirali regno, ad consules rusus reditum? Quid impuris distributum consulare imperium, tribunosque mi (litum) consulari imperio appellatos, qui seni & sæpe octoni crearentur? Quid communicatos postremo cum plebe honores non imperij solùm, sed sacerdotiorum quoque? Iam si narrem bella à quibus cœperint maiores nostri & quo processerimus, vereor ne nimio insolentior esse videar, & quæsisse iactationem gloriæ prolati imperii ultra Oceanum; sed illoc potius revertar civitatem.

Le contenu en la seconde table d'airain :

... esi sane nov... Divus Aug... onc.. lus & patruus Tiberius CÆSAR omnem florem ubique coloniarum & municipiorum bonorum scilicet virorum & locupletium in hac curia esse voluit. Quid ergo non Italicus senator provinciali potior est? Iam vobis, cum hanc partem censuræ meæ adprobare cœpero, quid de ea re sentiam rebus ostendam; sed ne provinciales quidem, si modo ornare curiam poterint, rejiciendos puto. Ornatissima ecce colonia valentissimaque Viennensium, quam longo iam tempore senatores huic curiæ confert, ex qua colonia inter paucos equestris ordinis ornamentum L. Vestinum familiarissime diligo & hodieque in rebus meis detineo, cuius liberi fruantur, quæso, primo sacerdotiorum gradu postmodo cum annis promoturi dignitatis suæ incrementa, ut dirum nomen latronis taceam, &

odi illud palaestricum prodigium, quod ante in domum consulatum intulit quàm colonia sua solidum civitatis Romanæ beneficium consecuta est. Idem de fratre eius possum dicere, miserabili quidem indignissimoque hoc casu, ut vobis utilis senator esse non possit. Tempus est iam, Ti. Cæsar Germanice, detegere te Patribus conscriptis, quo tendat oratio tua ; iam enim ad extremos fines Galliæ Narbonensis venisti. Tot ecce insignes iuvenes, quot intueor, non magis sunt pœnitendi senatores, quàm pœnitet Persicum, nobilissimum virum amicum meum, inter imagines maiorum suorum Allobrogici nomen legere. Quod si hæc ita esse consentitis, quid ultra desideratis quàm ut vobis digito demonstrem solum ipsum ultra fines provinciæ Narbonensis iam vobis senatores mittere, quando ex Lugduno habere nos nostri ordinis viros non pœnitet? Timide quidem, P. C. egressus adsuetos familiaresque vobis provinciarum terminos sum, sed destrictè iam Comatæ Galliæ causa agenda est, in qua, si quis hoc intuetur quod bello per decem annos exercuerunt Divum Julium, idem opponat centum annorum immobilem fidem, obsequiumque multitrepidis rebus nostris plus quam expertum illi patri meo Druso Germaniam subigenti tutam quiete sua securamque à tergo pacem præstiterunt, & quidem cum ad census (1) novo tum opere & inadsueto Gallis ad bellum advocatus esset, quod opus quam arduum sit nobis nunc cum maxime, quamvis nihil ultra quam ut publicè notæ sint facultates nostræ exquiratur, nimis magno experimento cognoscimus.

Voilà tres suffisante preuve pour croire que les Lyonnois & Viennois pouvoient parvenir au degré de sénateurs romains, comme dessus est dict. L'arrest decisif & senatusconsulte intervenu sur led. plaidé ne conste point. Mais il est aisé à coniecturer que l'auctorité de ce facond orateur Claude Cefar, fut tellement respectée, que le Senat condescendit librement à son dire. Mesmes que Cornelius Tacitus, parlant de ce faict, dict ces motz exprès : *A. Vitellio, L. Vipstano coss. cùm de supplendo senatu agitaretur, primoresque Galliæ (quæ Comata appellatur), fœdera & civitatem Romanam pridem assecuti, ius adipis-*

---

(1) M. Léon Rénier a fait observer que le graveur a écrit par erreur : AD CENSVS, pour AB CENSVS. (Spon, *Recherche des antiquités de Lyon,* nouvelle édition, p. 205.)

## ORATIO IMPERATORIS TIBERII CLAVDII

**Column I (left):**

MAERERVM...ISTI
EQVIDEM·PRIMAM·QV...CVM·ILLAM·COGITATIONEM·HOMINVM·QVAM
·MAXIME·PRIMAM·OCCVRSVRAM·MIHI·PROVIDEO·DEPRECOR·NE
QVASI·NOVAM·ISTAM·REM·INTRODVCI·EXHORRESCATIS·SED·ILLA
POTIVS·COGITETIS·QVAM·MVLTA·IN·HAC·CIVITATE·NOVATA·SINT·ET
QVIDEM·STATIM·AB·ORIGINE·VRBIS·NOSTRAE·IN·QVOD·FORMAS
STATVSQVE·RES·P·NOSTRA·DIDVCTA·SIT
QVONDAM·REGES·HANC·TENVERE·VRBEM·NEC·TAMEN·DOMESTICIS·SVCCES
SORIBVS·EAM·TRADERE·CONTIGIT·SVPERVENERE·ALIENI·ET·QVIDAM·EXTER
NI·VT·NVMA·ROMVLO·SVCCESSERIT·EX·SABINIS·VENIENS·VICINVS·QV
DEM·SED·TVNC·EXTERNVS·VT·ANCO·MARCIO·PRISCVS·TARQVINIVS
PROPTER·TEMERATVM·SANGVINEM·QVOD·PATRE·DEMARATHO·C
RINTHIO·NATVS·ERAT·ET·TARQVINIENSI·MATRE·GENEROSA·SED·INO
VT·QVAE·TALI·MARITO·NECESSE·HABVERIT·SVCCVMBERE·CVM·DOMI·RE
PELLERETVR·A·GERENDIS·HONORIBVS·POSTQVAM·ROMAM·MIGRAVIT
REGNVM·ADEPTVS·EST·HVIC·QVOQVE·ET·FILIO·NEPOTI·VE·EIVS·NAM·ET
HOC·INTER·AVCTORES·DISCREPAT·INSERTVS·SERVIVS·TVLLIVS·SI·NOSTRO
SEQVIMVR·CAPTIVA·NATVS·OCRESIA·SI·TVSCOS·CAELI·QVONDAM·V
VENNAE·SODALIS·FIDELISSIMVS·OMNISQVE·EIVS·CASVS·COMES·POST
QVAM·VARIA·FORTVNA·EXACTVS·CVM·OMNIBVS·RELIQVIS·CAELIAN
EXERCITVS·ET·RVRIAE·EXCESSIT·MONTEM·CAELIVM·OCCVPAVIT·ET·A·DVCE·SVO
CAELIO·ITA·APPELLITATVS·MVTATOQVE·NOMINE·NAM·TVSCE·MASTARN
EI·NOMEN·ERAT·ITA·APPELLATVS·EST·VT·DIXI·ET·REGNVM·SVMMA·CVM·R·E
P·VTILITATE·OPTINVIT·DEINDE·POSTQVAM·TARQVINI·SVPERBI·MORES·D
VISI·CIVITATI·NOSTRAE·ESSE·COEPERVNT·QVA·IPSIVS·QVA·FILIORVM·E
NEMPE·PERTAESVM·EST·MENTES·REGNI·ET·AD·CONSVLES·ANNVOS·MAGIS
TRATVS·ADMINISTRATIO·REI·P·TRANSLATA·EST
QVID·NVNC·COMMEMOREM·DICTATVRAE·HOC·IPSO·CONSVLARI·IMPE
RIVM·VALENTIVS·REPERTVM·APVD·MAIORES·NOSTROS·QVO·IN·A
PERIORIBVS·BELLIS·AVT·IN·CIVILI·MOTV·DIFFICILIORE·VTERENTV
AVT·IN·AVXILIVM·PLEBIS·CREATOS·TRIBVNOS·PLEBEI·QVID·A·CONSV
LIBVS·AD·DECEMVIROS·TRANSLATVM·IMPERIVM·SOLVTOQVE·POS·EA
DECEMVIRALI·REGNO·AD·CONSVLES·RVSVS·REDITVM·QVID·I·V
RIS·DISTRIBVTVM·CONSVLARE·IMPERIVM·TRIBVNOSQVE·MI
CONSVLARI·IMPERIO·APPELLATOS·QVI·SENI·ET·SAEPE·OCTONI·CREARE·T
VR·QVID·COMMVNICATOS·POSTREMO·CVM·PLEBE·HONORES·NON·IMPERI
SOLVM·SED·SACERDOTIORVM·QVOQVE·IAM·SI·NARREM·BELLA·A·QVIBVS
COEPERINT·MAIORES·NOSTRI·ET·QVO·PROCESSERIMVS·VEREOR·NE·NIMI
INSOLENTIOR·ESSE·VIDEAR·ET·QVAESISSE·IACTATIONEM·GLORIAE·PRO
LATI·IMPERI·VLTRA·OCEANVM·SED·ILLOC·POTIVS·REVERTAR·CIVITATE

**Column II (right):**

...LSI·SANE
NOVO...DIVVS·AVG...NTA...AVGVLE·PATRVVS·TI
CAESAR·OMNEM·FLOREM·VBIQVE·COLONIARVM·AC·MVNICIPIORVM·BO
NORVM·SCILICET·VIRORVM·ET·LOCVPLETIVM·IN·HAC·CVRIA·ESSE·VOLVIT
QVID·ERGO·NON·ITALICVS·SENATOR·PROVINCIALI·POTIOR·EST · IAM
VOBIS·CVM·HANC·PARTEM·CENSVRAE·MEAE·ADPROBARE·COEPERO·QVID
DE·EA·RE·SENTIAM·REBVS·OSTENDAM·SED·NE·PROVINCIALES·QVIDEM
SI·MODO·ORNARE·CVRIAM·POTERINT·REICIENDOS·PVTO
ORNATISSIMA·ECCE·COLONIA·VALENTISSIMAQVE·VIENNENSIVM·QVAM
LONGO·IAM·TEMPORE·SENATORES·HVIC·CVRIAE·CONFERT·EX·QVA·COLO
NIA·INTER·PAVCOS·EQVESTRIS·ORDINIS·ORNAMENTVM·L·VESTINVM·FA
MILIARISSIME·DILIGO·ET·HODIEQVE·IN·REBVS·MEIS·DETINEO·CVIVS·LIBE
RI·FRVANTVR·QVAESO·PRIMO·SACERDOTIORVM·GRADV·POST·MODO·CVM
ANNIS·PROMOTVRI·DIGNITATIS·SVAE·INCREMENTA·VT·DIRVM·NOMEN·LA
TRONIS·TACEAM·ET·ODI·ILLVD·PALAESTRICVM·PRODIGIVM·QVOD·ANTE·IN·DO
MVM·CONSVLATVM·INTVLIT·QVAM·COLONIA·SVA·SOLIDVM·CIVITATIS·ROMA
NAE·BENIFICIVM·CONSECVTA·EST·IDEM·DE·FRATRE·EIVS·POSSVM·DICERE
MISERABILI·QVIDEM·INDIGNISSIMOQVE·HOC·CASV·VT·VOBIS·VTILIS
SENATOR·ESSE·NON·POSSIT
TEMPVS·EST·IAM·TI·CAESAR·GERMANICE·DETEGERE·TE·PATRIBVS·CONSCRIPTIS
QVO·TENDAT·ORATIO·TVA·IAM·ENIM·AD·EXTREMOS·FINES·GALLIAE·NAR
BONENSIS·VENISTI
TOT·ECCE·INSIGNES·IVVENES·QVOT·INTVEOR·NON·MAGIS·SVNT·PAENITENDI
SENATORES·QVAM·PAENITET·PERSICVM·NOBILISSIMVM·VIRVM·AMI
CVM·MEVM·INTER·IMAGINES·MAIORVM·SVORVM·ALLOBROGICI·NO
MEN·LEGERE·QVOD·SI·HAEC·ITA·ESSE·CONSENTITIS·QVID·VLTRA·DESIDERA
TIS·QVAM·VT·VOBIS·DIGITO·DEMONSTREM·SOLVM·IPSVM·VLTRA·FINES
PROVINCIAE·NARBONENSIS·IAM·VOBIS·SENATORES·MITTERE·QVANDO
EX·LVGVDVNO·HABERE·NOS·NOSTRI·ORDINIS·VIROS·NON·PAENITET
TIMIDE·QVIDEM·P·C·EGRESSVS·ADSVETOS·FAMILIARESQVE·VOBIS·PRO
VINCIARVM·TERMINOS·SVM·SED·DESTRICTE·IAM·COMATAE·GALLIAE
CAVSA·AGENDA·EST·IN·QVA·SI·QVIS·HOC·INTVETVR·QVOD·BELLO·PER·DE
CEM·ANNOS·EXERCVERVNT·DIVOM·IVLIVM·IDEM·OPPONAT·CENTVM
ANNORVM·IMMOBILEM·FIDEM·OBSEQVIVMQVE·MVLTIS·TREPIDIS RE
BVS·NOSTRIS·PLVSQVAM·EXPERTVM·ILLI·PATRI·MEO·DRVSO·GERMANIAM
SVBIGENTI·TVTAM·QVIETE·SVA·SECVRAMQVE·A·TERGO·PACEM·PRAES
TITERVNT·ET·QVIDEM·CVM·AD·CENSVS·NOVO·TVM·OPERE·ET·INADSVE
TO·GALLIS·AD·BELLVM·AVOCATVS·ESSET·QVOD·OPVS · QVAM·AR
DVVM·SIT·NOBIS·NVNC·CVM·MAXIME·QVAMVIS·NIHIL·VLTRA·QVAM
VT·PVBLICE·NOTAE·SINT·FACVLTATES·NOSTRAE·EXQVIRATVR·NIMIS
MAGNO·EXPERIMENTO·COGNOSCIMVS

*cendorum in Urbe honorum expeterent, & senatui non placeret ; Claudius contra disseruit, Maiores suos origine Sabina, simul in civitatem Romanam, & in familias Patriciorum adscitos : hortari uti paribus consilijs rempublicam capessant, transferendo Romam quod usquam egregium esset. Orationem itaque Principis secuto Patrum consulto primi Ædui Senatorum in Urbe ius adepti sunt* (1). Qui me faict inferer que les Lyonnois ne furent moins curieux & diligens de conferver l'arreft & le faire fculper en table d'airain que le plaidé de leur illuftre & difert advocat : C'eft neantmoins tout ce que la malice du temps nous en a laiffé.

(2) Tacite, *Annales*, XI, 23, 24 & 25. — Il fuffit de lire avec attention le difcours de Claude & de le comparer avec celui que nous a laiffé Tacite, pour fe convaincre que la propofition, faite par l'empereur au Sénat, concernait feulement les provinces de la Gaule chevelue & non la ville de Lyon, colonie romaine, inveftie déjà du droit italique & du privilège de fournir des membres au Sénat, comme nous l'apprend, d'ailleurs, l'orateur lui-même, quand il nous dit que l'empereur Augufte & fon oncle Tibère avaient appelé à fiéger dans ce corps illuftre les hommes les plus diftingués des municipes & des colonies. Il nous femble évident, au furplus, que s'il en eut été autrement, la colonie de Lugdunum, où Claude avait vu le jour, et à laquelle il donna fon nom, en la comblant de faveurs, eût obtenu, avant toute autre cité de la Gaule, le privilège réclamé par ce prince dans fon difcours. Or, Tacite nous apprend que fa propofition fut fuivie d'un fénatufconfulte, qui accorda feulement aux Éduens le droit d'entrer au Sénat. La circonftance que ce difcours a été retrouvé à Lyon s'explique naturellement, foit parce que les nations gauloifes tinrent à manifefter leur reconnaiffance pour l'empereur, en plaçant les tables de bronze, qui reproduifent l'*oratio principis*, dans le temple élevé au confluent du Rhône & de la Saône, en l'honneur de Rome & d'Augufte, foit parce que les Lyonnais eux-mêmes voulurent conferver fur un monument durable, le fouvenir des éloges adreffés par Claude aux membres de la colonie faifant déjà partie du Sénat romain.       A. V.

De deux conflagrations de la Cité de Lyon, la premiere fatallement advenue foubz Neron & l'autre foubz Severe.

### CHAPITRE VII

LORS qu'on penfoit que cefte Colonie floriffante avoit atteint le comble de toute preeminence & fuperiorité, non feulement fur fes circonvoifines, mais que par tout l'univers eftoit efparfe la gloire & celebrité de fon nom, & que moins les Lyonnois prevoyoient de defaftre pour fe voir en paix, advint inopinement foubz l'empire ou pluftoft tyrannie de ce fleau de Dieu, Claude Domice Neron, fixiefme Cefar, en l'an cinquiefme de fon regne, de la creation du monde 4038 & de la reparation de falut 60, qu'en une feule nuict, ou partie d'icelle, la renommée cité de Lyon fut entierement arfe & bruflée, voire tellement reduicte en cendre qu'il n'y avoit prefque apparence ou veftige de ville comme lamentablement le recite Seneque en l'epiftre 91, qu'il efcript à un fien amy, nommé Ebutic. Liberal, lyonnois (1), de laquelle pour eftre icelle trop

---

(1) La lettre 91 de Sénéque eft écrite à fon ami Lucilius, auquel il raconte la trifteffe de leur ami commun, Liberalis, à la nouvelle de l'incendie qui venait de détruire la ville, où était né ce dernier.

prolixe) nous avons feulement inferée icy la principalle fubftance. On a (dict-il) veu beaucoup de Citez endommagées par le feu, mais on n'en veit iamais du tout aneanties comme cefte cy : Tant de fuperbes edifices, chacun defquelz feul fuffifoit pour illuftrer & decorer une ville, font en l'efpace d'une feule nuict engloutiz & devorez. Et ce qui eft plus deplorable eft qu'en cent ans, aage communement prefini au cours humain, que cefte colonie a efté icy conduicte, elle a pris commencement & fin. Tel defaftre eftoit veritablement fuffifant, pour faire non feulement contrifter les Lyonnois & autres Gaulois (defquelz cefte cité eftoit le luftre). Mais auffi emeut tellement Neron à compaffion que Cornelie Tacite nous faict foy que, pour recompenfe des deniers dont les Lyonnois luy avoient fubvenu à fon befoing, icelluy Neron donna quarante mille fois fefterce (& non comme aulcuns difent quarante mil fefterces); qui revient felon la fupputation de Budé à un million d'efcuz pour la reparation & reedification de la ville, la principale & plus excellente partie de laquelle eftoit en la colline S. Juft, comme dict Seneque en ces motz : *impofita huic non altiffimo monti*, qui fignifie : la cité affife en une montaigne mediocrement haulte. Cefte miferable ruine & conflagration n'eftoit feulement deplorée, mais la deploration eftoit accompaignée d'un effroy & esbahiffement merveilleux, dautant qu'il n'y avoit occafion de foupçonner aucun ennemy, qui euft braffé un fi piteux ftratageme, eftant la paix univerfellement par toute la Monarchie. Tellement qu'on ne pouvoit imaginer la caufe d'un fi foudain embrafement, qui avoit fatalement reduict à rien tant de fumptueux edifices, fi ce n'eftoit advenu par permiffion divine, pour tenir la bride à l'effrenée lafciveté, qui pour lors abondoit.

Comme il advint depuis à Rome l'an du monde 4159, de falut 181, foubz l'empire de L. Aurele Antonin Commode, filz de M. Aurele Antonin dict le Philofophe, comme le defcript Herodian en fon premier livre. Lors (dict-il) que Commode commença à laiffer la trace de fon bon predeceffeur & pere, & qu'il s'adonna aux pernicieufes voluptez & delices, advint à Rome que le temple de paix (qu'on dict au iourd'huy la Rotunde) fut bruflé, & peu à peu le feu fe faifit des maifons antiques, fi qu'il ruina tous les magnifiques palais de Rome, mefmes le temple de Vefta, où eftoit le Palladion de Troye. Et ce qui faifoit eftonner les Romains eftoit qu'il n'y avoit aucun figne de foudre ou tempefte, l'air eftant affez purifié & ne peut oncq eftre eftainéte la flamme, iufques à ce qu'une petite pluye la feit ceffer. Voyla les motz d'Herodian. Mais il ne dict pas que le dommaige fut tel comme celluy de Lyon. C'eft quant à la premiere & fatale conflagration.

La feconde ruine & deftruction par feu de cefte fameufe Colonie fut l'an du monde créé 4173 & de la reftauration de falut 194, foubz l'empire d'un autre fleau de chreftiens, Septimie Severe, contre lequel Claude Albin s'oppofoit à l'empire des Romains, & fe faifoit appeller Cefar. Toutesfois eftant pourfuivi de laiffer fes trouppes en un villaige lez Lyon, qui depuis fut dict *Caftra Albini*, & encores à prefent en langage corrompu eft appelé Albigny, comme il fera dict cy apres en fon rang, & fe retira Albin dans la ville de Lyon où Severe l'alla affieger, & de faict le print, après la prinfe duquel led. Severe & fes foldatz meirent à facq & bruflerent la ville, qui raccouftroit encores les ruines de la flamme paffée, cent trente quatre ans auparavant. Ainfi cefte tant celebre & fameufe cité ha par deux fois experimenté l'effect du dire de ce grand autheur Seneque au lieu préallegué: *Inter peritura vivimus*. Nous vivons entre les chofes periffables. Mais auffi en la conclufion de fon epiftre il confole fon Liberal en cefte forte: On voit, (dict-il) fouvent que l'excellence des chofes eft abaiffée pour apres devenir plus grande; & c'eftoit le crevecœur de l'ennemy capital des Romains, Annibal, de voir la ville de Rome embrafée, car il prefageoit qu'elle devoit retourner à plus grand degré d'honneur & richeffes qu'elle n'eftoit avant fa conflagration, ce que fut vray, car ayant ia reftaurée fa perte & furpaffé la celebrité de fon premier eftre, ce malheureux Neron fixiefme la feit ardre pour avoir plaifir d'un fi grand feu, & ce quatre ans apres la combuftion & embrafement de la Colonie Lyonnoife. En quoy eft remarquable la grande metamorphofe du courage de ce cruel tigre, qui avoit heüe compaffion de cefte cy & luy donna moyen de ſe reparer, & en quatre ans apres devint ſi inhumain qu'il bruſla la cité, qui luy avoit ſuppedité la vie & l'empire. Mais pour retourner à noſtre colonie, quelque dommaige qu'elle ait receu par deux fois d'un ſi indomptable & furieux element que le feu, ſi eſt ce que depuis elle s'eſt tellement remiſe, qu'elle ne cede en rien à ſa priſtine excellence (ſi ce n'eſt à l'exercice des lettres), ores qu'elle ait encores eſté grandement endommagée par l'element contraire au ſuſdict ainſi qu'il enſuit.

De deux prodigieuses inondations & desbordemens du Rhosne & de la Saone, & de plusieurs monstres nez & prodiges veuz, es mesmes années desdictes inondations.

### CHAPITRE VIII

C'EST chose grandement emerveillable, & non moins epouvantable, que la diversité des reprimendes, qu'il plaict à Dieu d'envoyer aux mortelz, quand le trop d'aise leur faict oblier le devoir en son endroit. Ainsi qu'en faict foy l'expérience de ceste tant signallée cité de Lyon, laquelle, en l'an de salut 589, fut en danger de rentrer es premieres erres, qui ia luy avoient tolli tant de splendeur & celebrité, & ce, par la furie & irremediable ravage des deux fleuves, qui luy furent lors trop proches voisins. L'année susdicte donques, environ l'automne, les cataractes du ciel se deborderent tellement à pleuvoir que, sans intermettre par l'espace de vingt iours entiers, la promesse faicte à nostre second Archetype Noé de ne voir iamais second deluge sembloit estre faillie, de sorte que toute la Gaule pensoit estre encore un coup reduicte au deluge universel, specialement la ville de Lyon, qui sentit tellement la violence & impetuosité du Rhosne & de la Saone, que non seulement les murailles de la part des fleuves furent ruinées, mais la pluspart des edifices qui fumptueufement decoroient l'ifle Cherfonefe ou entre-deux des rivieres (1). Et ce qui eft plus remarquable en celle année, eft que les guerres civiles, famines & mortalitez qui peu apres s'enfuivirent, fembloient avoir efté prognofliquées & predictes par les prodiges qui en un mefme temps advindrent es autres parties de la Gaule ; car apres que les eaux eurent retreuvé leur premier canal, comme les Lyonnois & ceulx du plat païs faifoient les uns rebaftir, les autres vuider leurs maifons d'immondices laiffées par les eaux, plufieurs autres villes de la Gaule eurent occafion de lamenter l'infortune de Lyon par la leur propre. La cité d'Orléans fut en ce temps entierement arfe & bruflée, fi que les plus opulens citoyens d'icelle furent reduictz à extreme neceffité. La ville de Bourdeaux fut tellement ebranlée par un tremblement de terre, qu'un infini nombre de perfonnes fut accablé foubz les ruines des edifices. Un feu fatal endommagea beaucoup de bons bourgs & villaiges en Bourdelois. Advint encores aux monts Pyrenées, que des rochers tumberent d'en haut & tuerent grande quantité de perfonnes & du beftail. Voi-la quant au premier debordement accompagné de prodiges déplorables.

La feconde & derniere inondation du Rhofne & de la Saone eft de fi fraiche & recente memoyre que plufieurs habitans les lifieres defd. fleuves en reffentent encor ineftimables pertes. Et dautant qu'elle advint en l'année que j'executois ma commiffion en Lyonnois, le deu de ma charge me ftimula d'y vifer de plus pres. Or pour avoir veu ce qui s'y paffa, j'ofe affermer que de mémoire d'homme vivant la furie des eaux n'a efté telle, auffi ne nous en confte-il rien par efcript n'autrement. L'an donques 1570, le famedy deuxiefme iour de decembre, fur les unze heures du foir, l'air eftant affez troublé & nebuleux, la lune en fon premier quartier, le Rhofne fe deborda fi fubitement & avec telle furie, que non feulement la ville de Lyon qui lui eft contigue, mais auffi le plat païs circonvoifin fut du tout

---

(1) V. fur le débordement du Rhône, en 580, Grégoire de Tours, *Hift. eccléfiaft. des Francs*, IV, 31.

affablé; la Saone d'ailleurs pour n'avoir son cours si roide ne pouvoit couler librement, à cause de la grande affluence d'eau qui regorgeoit du Rhosne, qui accroissoit l'épouvantement aux habitans, de sorte que malasseurement pouvoit on resider es maisons adiacentes à l'un & l'autre fleuve. Là fut faicte grande espreuve de la providente & loüable administration de Monsieur de Mandelot, gouverneur de Lyon & Lyonnois, lequel pour plus promptement donner ordre à ce que plusieurs personnes assiegez de l'eau ne fussent atterrez soubz le faiz des ruines, faisoit diligemment trainer les batteaux, &, non content de ce, montoit luy mesme à cheval pour aller sauver meres & enfans, parmy les maisons qui le menassoient de leur cheute. En quoy je luy assistay pour mon devoir. Si est ce que nonobstant le mutuel secours des uns aux autres, grand nombre de personnes fut submergé, inestimable quantité de biens perdue, & plusieurs edifices demoliz & ruinez speciallement au faulxbourg de la Guillotiere, du costé du Daulphiné, au bout du pont du Rhosne, cinq arcades duquel furent contrainctes de faire voye à la violente courte de l'eau & tumberent. La furie de ces fleuves dura dès les unze heures du samedy au soir, iusques au lundy sur les trois heures apres la mynuict. Mais long-temps apres l'impetuosité cessée plusieurs bastimens tumberent, pour avoir les fondemens trop detrempez, mesmes du costé du Rhosne qui s'estoit faict voye pour venir rencontrer la Saone devant l'eglise Nostre Dame de Confort, couvent des Jacobins, chose non iamais veue ny oüie (1). Je ne sache autre occasion de ce desbordement si estrange (ores qu'on y ait voulu beaucoup

---

(1) L'inscription suivante, placée contre la maison de la Tour de l'Ange, au coin de l'ancienne rue Écorche Bœuf, aujourd'hui rue du Port-du-Temple, a pendant longtemps, rappelé le souvenir de cette terrible inondation : « L'an 1570, & le dimanche, troisième jour de décembre, environ onze heures du soir, le Rhosne & la Saosne se sont assemblés en la place de Confort, au coing de la maison appelée la Tour, & l'unzième jour dudit mois, le Rhosne est remonté audit coing. » Nos anciens historiens, Paradin (Mémoires de l'histoire de Lyon, p. 580), Rubys (Priviléges, p. 29) & Philibert Bugnyon (v. Nouvelles archives du Rhône, tom. 1er), ont parlé dans leurs écrits de ce grand débordement de nos deux fleuves. « Le Rhône, dit aussi Mezeray, noya le faux-bourg de « la Guillotière à Lyon, & ses eaux, par leur grande rapidité, ayant arraché un rocher de la « montagne près du destroit de l'Escluse, se firent une digue à elles mesmes, qui leur boucha le

assigner de raisons) que la divine permission. Car cette année, avec partie de la precedente, abonda tellement en partz & enfantemens prodigieux, monstres épouvantables & lamentables, que l'ordre de nature sembloit estre du tout perverti. En un village, pres d'Authun, en Bourgogne, nommé Baucheron, l'année precedente de lad. inondation, le quinziesme iour de mars, fut trouvé dans un œuf un monstre ayant face humaine, les cheveux & barbe de petitz serpens. La mesme année & le dix-huictiesme novembre, à Lupé, village du païs de Forest, naquirent deux enfans iumaulx qui s'entr'embrassoient & s'entretenoient depuis le dessoubz de la gorge iusques au nombril, & de là se separoient : chacun d'euls avoit la teste separée, ses bras & ses iambes, une poictrine apparoissant devant & derriere, chacun avoit son cœur, son foye, son estomach, sa rate, son fondement, son eschine. En un village, pres de Cluny en Bourgoigne, sur la riviere de Grosne, à une lieüe de Balleurre, d'une tres-pauvre maison, naquit un des plus monstrueux prodiges qui ait esté veu; il n'avoit point de teste, & avoit forme de bras iusques au coude, sans mains, les deux yeux & la bouche tres-disforme au dessoubz des mammelles, au reste trois iambes bien proportionnées, creature certes monstrueuse, grandement essroiable & horrible a voir. A Vindry, village en Lyonnois, le unziesme iour de juillet, aud. an, fut veüe au ciel une figure de gibet tres-épouvantable, apparue entre orient & septentrion, & fut veüe l'espace d'un quart d'heure de mesme couleur que l'arc en ciel & puis apres devint tout blanc, le travers de dessus s'évanouit premier, apres le boutant qui estoit courbé, & finalement le pillier montant ayant un pivot, comme pour estre fiché en terre. A Paris, le vingt-uniesme dud. mois de juillet aud. an, naquit l'Androgyn, tant bien interpreté des plus doctes, sçavoir est deux iumeaux ayans les parties necessaires du corps distinctes l'un d'avec l'autre, fors qu'ilz n'avoient qu'un ventre, un nombril & une ouver-

---

« passage, & les contraignit de rebroussee contremont, en sorte qu'on vit les roues des moulins,
« qui estoient sur cette riviere, tourner au rebours. » (*Abrégé chronolog.*, III, 146, édit. de 1690.)

A. V.

ture par derriere, & ne pouvoit on discerner leur sexe, n'eust esté que les ayant separez on veit l'un estre viril & l'autre feminin. A Ferrare, advint un si merveilleux tremblement de terre, le jeudy seiziesme iour de novembre precedent l'inondation susdicte, que toute la ville par dessoubz les fondemens en fut ébranlée, tellement que Monsieur & Madame les Duc & Duchesse furent contrainctz avec leur train de quicter la ville & se retirer en la campaigne, qui ne leur fut gueres plus asseurée à cause du desbordement du Pau, qui feit grandissime dommage au plat païs d'alentour. Quant à l'Hermaphrodit ou Androgyn, avec la plus part des autres monstres, sa Maiesté tres chretienne les a peu voir & sçavoir, qui faict que ie n'en discourray plus amplement. Estant assez notoire qu'ilz nous ont predictes les guerres civiles, mortalitez & famines, qui depuis ont esté en ce royaume, que Dieu veuille preserver & garantir.

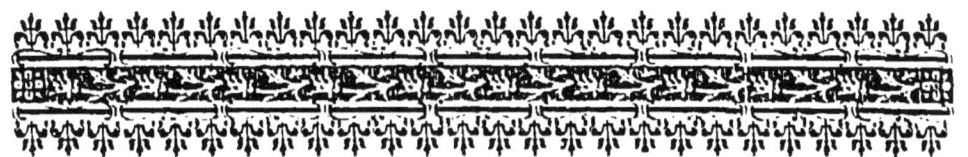

Qui de tout temps ha commandé à Lyon.

## CHAPITRE IX

AVANT la reparation du salut humain, les Cefars empereurs ont contenue cefte colonie lyonnoife foubz l'obeiffance de l'Empire romain ; & confte affez qu'ilz en eftoient feigneurs du temps de l'advenement du Sauveur, attendu qu'Augufte qui eftoit au mefme temps paifible fouverain de la Monarchie univerfelle, & fes fucceffeurs l'ont auffi regie long-temps apres luy, comme tefmoignent les chapitres precedens. Mais depuis, felon la viciffitude des chofes terriennes, conduictes par la providente main de Dieu, quand la fuprême grandeur des Romains commença à decliner, les François par leur generofité & prouëffe s'efforçans d'eftendre les bornes de leur Gaule, & faire ceder l'arrogance de l'aigle à la benignité des celeftes fleurs de lys, entre autres magnifiques conquetz feirent ceftuy cy fur les Bourguignons, qui ia s'en eftoient emparez & en avoient chaffez les Huns, ennemis capitaux des Romains, l'an de falut 427. Laquelle ville de Lyon eftoit du nouveau royaume de Bourgoigne (duquel la ville d'Arles eftoit le chef), qui fut regy tant par les enfants de Gondroch, roy de Bourgoigne, que par ceux de la race de Clouis, roy de France, premier roy chreftien, à raifon du droict pretendu par Clotilde, fille de Childeric (1), roy de Bourgoigne & femme dud. roy Clouis. Et dura en cefte maifon, iufques en l'an de grace 1034, auquel temps Raoul de Bourgoigne (qui

---

(1) Clotilde était fille de Chilpéric, frère de Gondebaud.

fucceda à la coronne de France apres la mort de Charles le Simple) refigna led. royaume de Bourgoigne à l'empereur Conrad Alleman, en la maifon duquel il demeura de pere en fils 130 ans, iufques au temps d'Arnulphe, empereur, que ce nouveau royaume fut reduict en province. Voila comme la cité de Lyon feit ioug à la domination de divers maiftres & feigneurs iufques a ce que les François l'eurent acquife: conqueft certes digne de loz, pour avoir fermé à clef la porte des Gaules à toute cefte nation allobrogique. Ainfi les tres-chreftiens rois de France l'unirent à leur coronne comme perle tres-precieufe, fans qu'elle ait neantmoins changé fon priftin regime de droict efcript. Mais ainfi que Nature ha doüez les François par fus toute autre nation de liberalité, aufli nos rois l'ont exercée envers l'eglife de Lyon, luy cedant & remettant entre les mains toute furintendance de la ville avec l'adminiftration de la Juftice, tant fpirituelle que temporelle: d'ond font iffuz plufieurs procés entre lefd. rois & icelle eglife, comme il fera dict en fon lieu.

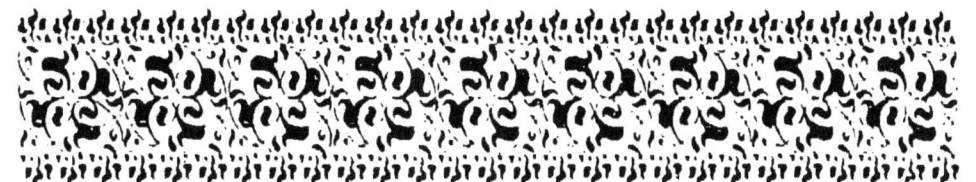

De l'église de Lyon, des Archevesques qui l'ont

regie & de leur Primauté.

## CHAPITRE X.

LE narré des precedens Chapitres suffira pour l'éclaircissement de ce qui se trouve d'antique & ancien en cette nostre Cité de Lyon ; de sorte qu'il n'y a chose notable ny vestige digne de memoire, dont n'ait esté faicte sommaire mention. Ayant donc proposé de garder l'ordre & methode requise en toute exacte recherche & description, ce seroit le confondre d'obmettre le traitté de l'église de lad. ville, qui a de toute ancienneté heüe la Primauté sur toutes les Eglises Gallicanes ; Et a esté administrée dés son origine & commencement, en l'an de salut 172. soubz l'Empire de Marc Aurele & Antonin Vere, iusques à présent par Photin Archevesque & ses successeurs, lequel envoyé de Grece en Gaule y planta la foy & depuis y fut martirisé avec infiny nombre de Chrestiens, contre lesquelz la persécution dura tant soubz l'Empire des dessusdictz que soubz celluy de nom & de faict Severe : le nom vulgaire de la Croix de colle en faict foy, ainsi appellée à raison des Martyrs y decollez (1) avec telle effusion de sang, qu'il coula par la rue de

---

(1) Nicolay suit ici l'opinion, souvent répétée depuis, au sujet de l'étymologie du nom de la Croix de Colle, que portait l'ancienne place des Minimes, & qui serait ainsi la Croix des Décollés (crux decollatorum). Mais ni le sens étymologique, ni les documents les plus anciens de notre His-

Gourguillon dans la rivière de la Saone, laquelle miraculeufement en fut tainéte iufques à Mafcon, dix lieues au deffus de Lyon & deflors led. fleuve, qui s'appelloit par avant Arar, fut dict Sagona, *à fanguine*, que le vulgaire nomme Saone; Defquelz Martyrs led. Photin & Hyrenée furent les Cappitaines, qu'eft la caufe que d'iceux & leurs fucceffeurs, iufques au moderne, ne femble impertinent d'inférer icy le Catalogue par ordre, avec leurs plus fignallez & memorables faictz.

1. Photin, Grec de nation, fut le premier Archevefque de Lyon. Il y mourut martyr, aagé de 90 ans, foubz l'Empire de Marc Aurele & Antonin Vere, en l'an de falut 172.

2. Hyrenée, qui avoit efté difciple de Polycarpe Evefque de Smirne, vint des parties d'Orient à Lyon, où il fucceda au bon pafteur Photin & de fon temps qui fut foubz l'Empereur Severe, fut tué un fi grand nombre de Chreftiens que le fang decouloit par les rues, luy mefme receut la coronne de martyre, eftant aagé de plus de 80 ans, ayant prefidé au fiege Archiepifcopal 28 ans; il mourut l'an 179. Ses beaux efcriptz font affez notoires.

3. Zacharie, troifiefme Archevefque de Lyon, vefcut du temps des Empereurs Commode, Caracalla, Opile Macrin, Heliogabale, Alexandre Severe & Jule Maximin.

4. Helie, quatriefme Archevefque.

5. Fauftin, cinquiefme.

6. Vere, affifta au Concile de Sarde, auquel S. Athanafe fut abfoul des crimes à luy faulfement impofez par les Arriens.

---

toire ne confirment cette interprétation; le nom de *Crux de Colle* lui eft donné, au contraire, dans plufieurs anciens titres latins du moyen-âge. Nous penfons donc, avec le P. de Colonia, que la *Croix de Colle* était ainfi appelée à caufe de fa fituation au fommet de la colline (Colonia. *Hift. littér. de Lyon*, I, 109.) — A. V.

7. Jule.

8. Tolomar, Thomée ou Tolomée.

9. Voxin, ou felon aucuns, Vetone (1).

10. Maxime.

11. Tetrarde.

12. Veriffime.

13. Juft, en l'honneur duquel fut fondée l'églife S. Juft lez Lyon. Il fut Archevefque de Lyon, du regne de l'empereur Theodofe premier du nom, & du temps que le bon Empereur Gratian y fut mis à mort par Maxime. Pour eviter la tyrannique perfecution que l'on exerçoit aud. Lyon contre les Chreftiens, il abandonna fon eglife & s'en alla en Egipte, en la congregation des Sainctz Anachoretes, où il deceda heureufement.

14. Alpin. Il fe treuve en certains memoires anciens qu'il feit baftir l'eglife de S. Eftienne de Lyon.

15. Martin.

16. Antiochus. Il fut vifiter S. Juft au defert, ainfi que l'afferme S. Euchere en la vie dud. S. Juft.

17. Elpide (2).

18. Euchere, le grand Patrice & Senateur Romain, natif de Provence, homme non feulement illuftre par la grandeur de fon

---

(1) Le véritable nom de ce prélat eft : *Votius* ; il affifta au Concile d'Arles en 314.

(2) Après cet évêque qui vivait en 424, la lifte donnée par Nicolay renferme plufieurs tranfpofitions de noms. Elle doit être rétablie ainfi qu'il fuit : 18. St. Sicaire. — 19. St. Difdier. — 20. St. Eucher. — 21. Barbarin. — 22. St. Véran. — 23. St. Patient. — 24. Africain. — 25. Lupicin. — 26. Ruftique. — 27. St. Eftienne. — 28. St. Aubrin. — 29. St. Viventiol. — 30. St. Eucher. — 31. St. Loup. — 32. Léontius. — 33. St. Sacerdos. — 34. St. Nizier. — 35. Prifcus. — 36. St. Ethere. — 37. Secundinus. — 38. St. Arrige. — 39. St. Dauphin. — 40. Tetricus. — 41. Theodoricus. — 42. Gaudericus, &c.

estat, mais aussi pour sa sainéteté de vie & admirable sçavoir. Ce grand & sainét personnage, considerant la breveté de ceste vie, la lubricité des choses mondaines, le danger de se noyer entre les richesses & delices, & la pesanteur des pechez qui aggravent les hommes, apres avoir disposé de tous ses biens & affaires domestiques, se retira en une caverne au territoire d'Aix en Provence, au lieu de Mommars sur le fleuve de la Durence, en laquelle il se feit murer, n'y laissant qu'une fenestre par ou sa femme luy administroit son menger, durant quel temps qui fut environ l'an de salut 440, soubz le regne de Clodion le Chevelu, Roy de France, estant l'Archevesque de Lyon par le bruiét & renommée de la saintété de vie de ce bon Euchere, fut esleu en la dignité Archiepiscopale en la place d'Elpide & tiré par force de sa caverne par les deputez à cest effeét.

19. Sicaire.

20. Euchere confesseur, aux depens duquel fut edifié & construiét le Temple des Sainétz Martyrs & Apostres (dict au iourd'huy Sainét Nizier), succeda à Sicaire.

21. Solone.

22. Didier.

23. Veran.

24. Patient, fut archevêque de Lyon, soubz le regne de Clouis, premier chrestien Roy de France. Il fut sainét, vigilant, severe & misericordieux. Il edifia le temple S. Hyrenée & impetra de l'Empereur des Romains Léon, l'immunité & exemption du tribut au franc Lyonnois, qui depuis ce temps a esté exempt de toutes tailles & tributz, comme il est à plain declaré en son lieu (1). Sidonius Apollinaris racompte

(1) V. Grégoire de Tours. *De gloria confessorum*, chap. 63.

merveilleux actes de luy, & entre autres dict que de son
temps la famine fut par toute la Gaule, laquelle fut secou-
rue par ce bon pasteur qui avoit usé de telle œconomie en
resserrant les grains & les distribuant à propoz, qu'il fut
appellé prouident Joseph.

25. Aphricain, filz d'un Duc de Bourgoigne.

26. Rustique.

27. Estienne.

28. Lupicin.

29. Viventiol.

30. Loup, fut Archevesque apres Viventiol, & pour sa doctrine &
saincte conversation fut appellé S. Loup : il estoit du temps
de l'Empereur Anastase, de Clouis, Roy de France & de
Sigismond, Roy de Bourgoigne.

31. Liconce ou Leonce.

32. Sacerdot, oncle de S. Nicier, fut Archevesque de Lyon, soubz
Childebert Roy de France, premier du nom, & à sa requeste
& domination fut son nepveu Nicier, apres son trepas
substitué à l'Archevesché de Lyon. Il edifia les Eglises de
S. Paul, S. Eulalie & S. Jaques.

33. Nicier, en memoire duquel est fondée l'eglise S. Nicier, obtint
le siege Archiepiscopal de Lyon soubz le regne de Haribert,
Gontran, Chilperic & Sigisbert Rois de France freres; soubz
luy fut tenu à Lyon un Concile Provincial.

34. Prisque, succeda à S. Nicier, duquel il avoit tousiours esté
adversaire. Et soubz led. Prisque fut tenu un autre Concile
Provincial.

35. Ethere, gouverna le troupeau de la bergerie chrestienne Lyonnoise, soubz Clotaire second du nom, Roy de France. Il
ordonna S. Augustin Evesque des Anglois : de son temps

l'Abbaye d'Aſnay fut fondée par la Royne Brunichilde, ou ſeulement reparée & amplifiée (comme il eſt plus vray-ſemblable), reparée par lad. Royne, & depuis dediée par le Pape Paſchal ſecond du nom, eſtant venu à Lyon pour la reformation de l'egliſe qui avoit quelque altercation.

36. Secundin.

37. Arige, ainſi qu'il conſte par certains tiltres anciens, edifia Sᵗᵉ Croix & S. Juſt à Lyon : mais Sidonius Appollinaris, qui vivoit l'an de ſalut 468. qui ſont 250 ans avant Arige, dict en une Eſpitre à Eriphus, citoyen de Lyon, qu'en l'egliſe & monaſtere de S. Juſt y avoit des moines. De ſorte qu'il eſt vrayſemblable qu'Arige ait reſtaurée & non inſtituée lad. Egliſe & monaſtere de S. Juſt.

38. Tetrique.

39. Gauderic, fut du temps d'Eugene, premier du nom, Pape, qui tint un Concile à Chalon.

40. Vincent, ou ſelon aucuns Viventius, Abbé de S. Juſt, par le deces de Gauderic fut Archeveſque.

41. Annemond, filz de Sigonius, Senateur Romain, ſucceda à Vincent. Il edifia l'egliſe & monaſtere de S. Pierre les Nonnains à Lyon, ſoubz le regne de Clotaire, troiſieme du nom Roy de France, la Royne Bathilde le feit mettre à mort, & feit trancher la teſte au Gouverneur de Lyonnois frere dud. Archeveſque, le tout à la fauſſe perſuaſion & accuſation d'Ebroin maire du Palais.

42. Geneſe, fut Archeveſque, lors que Juſtinian eſtoit Empereur des Romains & Loüis, filz de Dagobert Roy de France; il feit paver l'egliſe S. Jehan Baptiſte, où eſt le ſiege Archiepiſ-copal, l'enrichiſſant de colonnes d'admirable grandeur & de tres-beau & excellent marbre.

43. Landebert de Taverne, yſſu de noble maiſon de Breſſe, fut

Archevesque de Lyon & Primat des Gaules; d'icelluy faict mention Anthonin, Archevesque de Florence, en son histoire du Regne; entre autres actes, il transfera le siege Archiepiscopal en l'église des SS. Martirs, dicte à present S. Nicier.

44. Isaac.

45. Loboinus, fut soubz le regne de Theodoric deuxiesme, lors que les Sarrazins osarent entrer si avant en France qu'ilz vindrent iusques à Tours, dont ilz furent chassez par Charles Martel, qui administroit lors les affaires du Royaume, soubz Theodoric.

46. Godin ou Gadin, fut pareillement Archevesque de Lyon, du temps des susd. calamiteuses guerres & soubz un mesme regne; on luy attribue d'avoir edifié l'église S. Pierre, combien qu'on en donne l'honneur, comme dessus est dict, à Annemond filz de Sigonius.

47. Boaldus, Fialdus ou Fraldus.

48. Madebert.

49. Ado, fut du regne de Charlemaigne & soubz le Pontificat d'Adrian, premier du nom; de son temps fut condamnée à Francfort sur le fleuve du Mein, en une solennelle assemblée de Prelatz d'Allemaigne, Franconie & une partie de ceux de Gaule, l'erreur de Felix Evesque d'Orleans, & d'Eliphand, lesquelz furent denoncez heretiques & iugez à estre menez à Lyon es prisons de l'Archevesque Primat des Gaules, & là moururent en leur opinion.

50. Heldoin ou Hildime, posseda le siege Archiepiscopal soubz le regne susd. & en fin se rendit moyne au monastaire de l'Isle-Barbe.

51. Leydrade, pour la dexterité qu'il avoit aux choses seculaires, estant tres-utile pour les honneurs de la Republique au grand besoing de l'église, qui lors estoit quasi en friche, fut

constitué Archevesque de Lyon, par le susd. Empereur Charlemaigne. Mais quelque temps apres, se sentant vieil & caduc, debilité par infirmitez, se deschargeant de ses estatz s'en alla rendre au monastaire S. Marc de Soyssons, où il sina ses iours, qui fut au commencement du regne de Loys le debonnaire, l'an de salut 815.

52. Agobard, grand Theologien Orateur & bon Poëte, Maistre de la librairie de l'Empereur Charlemaigne, succeda au susd. Leydrade en la dignité Archiepiscopale, soubz le regne du mesme Loys le debonnaire.

53. Aynole (1), estoit homme de bonne doctrine, mesme en Hebreu, comme tesmoigne Triteme ; il fut esleu Archevesque de Lyon en l'an de grace 850, qui fut l'an du trépas de l'Empereur Lothaire.

54. Remy, fut homme tres docte & de saincte vie, il possedoit le siege Archiepiscopal en l'an 868.

55. Aurelian, extraict de grande & noble maison, fut premierement Abbé d'Aisnay du temps du docte Remy, auquel il succeda en l'Archevesché de Lyon.

56. Aluala ou Aluvala.

57. Bernard.

58. Austere, fut soubz les regnes de Loys & Carloman Rois de France & soubz le Pontificat du Pape Sergius.

59. Anchericus, Auscherius ou Eucherius, fut du temps du Roy Loys le Transmarin & de Raoul de Bourgoigne.

60. Guy.

61. Amblard.

---

(1) Le véritable nom de cet archevêque était : *Amolon*. Il occupait le siége archiépiscopal en 850.

62. Brochard (1) ou Bruchard, fut foubz le regne de Robert Roy de France & préfida au Concile d'Ance, qui fut là convoqué pour reformer l'eglife Lyonnoife.

63. Olderic.

64. Almard (2).

65. Humbert, premier du nom, fut efleu Archevefque de Lyon environ l'an 1050 ; aucuns luy attribuent l'edification du Pont de la Saone ; pour le moins il fut edifié de pierre comme il eft à prefent, à fa principalle contribution.

66. Guibuin ou Gebuin, eft nommé vulgairement S. Jubin. Il fut foubz le Regne de Philippe premier du nom, Roy de France.

67. Hugues edifia le chœur de la grande eglife S. Jehan, qui eft un fingulier tefmoignage de fes vertuz. Il y avoit 46 pierres de marbre noir de la hauteur d'un fort grand homme & de quatre piedz de largeur & de quatre doigtz d'efpaiffeur, polies comme miroirs & faifoient le circuit du chœur, &, pour les conioindre, les pillaftres eftoient la plus part de marbre & autres fingulières pierres, l'entrée dud. chœur eftoit enrichie de quatre colonnes fort belles.

68. Gauceran, tres-digne Prelat, fut Archevefque de Lyon par le deces de Hugues ; il fut incomparable de fon temps en faincteté & vertu, il eftoit foubz le regne de Loys le gros Roy de France, & foubz le Pontificat de Pafchal 2e du nom qui confacra l'eglife d'Aifnay, au temps que led. Gauceran en eftoit Abbé, il deceda environ l'an de falut 1128.

(1) Burchard Ier, dit l'ancien, fils de Rodolphe II, roi de Bourgogne, cis & transjurane, & de Berthe de Souabe. Cet archevêque fut le prédéceffeur d'Amblard, deuxième du nom, omis fur la lifte de Nicolay, de même que Burchard II, fucceffeur de ce dernier & prédéceffeur d'Olderic.

(2) Après Almard ou Halinard, Nicolay omet le nom de Gaufredus ou Geoffroy, qui mourut moine à Cluny, en 1069, & que Severt place après Humbert Ier, qui fuit.

69. Umbal, Abbé de Vezelay, homme tres-discret & eloquent, fut pourveu de l'Archevefché par le trepas de Gauceran. Mais comme il sembla estre trop aigre & satyrique aux Ecclésiastiques, ilz l'espierent de telle sorte qu'ilz le meirent à mort. Platine en la vie d'Honoré l'appelle Arnould.

70. Faynard, Abbé de Vezelay, succeda en l'Archevefché de Lyon à Umbal susd.

71. Pierre premier, fut Evesque du Vivarrois, apres Archevesque de Lyon & depuis Cardinal.

72. Falque, le premier Diacre de Lyon, fut Archevesque, apres la mort de Pierre.

73. Aymé.

74. Humbert.

75. Heracle, homme docte & excellent en sainéteté de vie, fut soubz le regne de Loys le ieune, Roy de France, & de l'Empereur Frederic, premier du nom, lequel, par une Pancharte scellée d'or, nomme led. Heracle souverain Prince de son conseil & glorieux Exarchon du Royaume de Bourgoigne.

76. Guichard, fut soubz le mesme regne.

77. Jehan.

78. Pierre.

79. Raynaud, fut frere de Guy, Comte de Forest, lequel feit le voyage d'outre mer; il fut Archevesque de Lyon l'espace de 33 ans, durant lequel temps il anoblit grandement l'eglise de Lyon, & es terres d'icelle edifia plusieurs chasteaux & maisons nobles; il mourut le vingt deuxiesme iour du moys d'octobre, l'an de la reparation de salut 1226, soubz le Roy Loys le Gros filz de Philippe Auguste.

80. Robert de la Tour, fut Archevesque soubz le regne de Philippe

Auguste; il avoit un frere nommé Hugues, Evesque de Clermont, & un autre nommé Guy de la Tour, Archediacre de Lyon : il feit fon teftament l'an 1232 au mois de Juin, foubz le Roy S. Loys; de fon temps fut moyenné un accord, entre luy, le Clergé & les Citoyens de Lyon, par le moyen d'Odes 3e, Duc de Bourgoigne.

81. Raoul de Cifteaux, Evefque d'Agen, fut feulement un mois au fiege Archiepifcopal, il eftoit foubz le regne S. Loys, en l'an 1235.

82. Emeric fut Archevefque de Lyon l'an 1239, & au 4e an du Pontificat d'Innocent 2e il refigna l'Archevefché.

83. Philippe de Savoye fut efleu Archevefque de Lyon & en tint l'adminiftration, fans fe promouvoir à la dignité presbiteralle, 22 ans, enfin laiffa l'Archevefché & fut comte de Savoye.

84. Pierre, 2e du nom, eftoit de l'ordre S. Dominique des freres prefcheurs de la maifon de Tarentaife, il fut Archevefque de Lyon, apres Cardinal & finalement Pape, nommé Innocent cinquiefme de ce nom.

85. Aymard de Roffillon, moyne de Cluny, fut pourveu & facré Archevefque de Lyon par Pape Gregoire dixiefme du nom, l'an 1274, il fut au fiege foubz le Roy Philippe le Bel, qui luy attribua la Juridiction temporelle dud. Lyon : il eftoit de grande doctrine.

86. Raoul de la Torrette, Chanoine de Verdun, fut faict Archevefque de Lyon par Pape Martin 4e & mourut l'an 1290.

87. Beral eftoit de la maifon de Bloc en Aulvergne. Il fucceda à Raoul de la Torrette, foubz le Roy Philippe le Bel & foubz le Papat de Nicolas 4. Il fut faict Cardinal & mourut auprés de Caftrofonte au diocefe d'Efpoletta, eftant legat en Sicile l'an 1292.

88. Henry, de la maifon de Villars, fucceda à Beral lorfqu'il fut faict

Cardinal en Septembre 1294. Il mourut l'an 1301, le 18° de Juillet : il eſtoit auparavant Chamarier de Lyon & feit baſtir la chappelle de la Magdaleine en l'égliſe de S. Jean.

89. Loys de Villars ſucceda à Henry ſon oncle, il eſtoit Archediacre de Lyon, il inſtitua le college des Chanoines en l'eglife Saint Nicier & mourut le 12 iour de Juillet 1308 : il eſtoit ſoubz le regne dud. Philippe le Bel, ainſi qu'en ſont foy les tiltres & tranſactions, qu'on treuve avoir eſté paſſées entre eulx, & encores depuis ſoubz les regnes de Loys Hutin, Philippe le long et Charles le Bel ; il fut reprins par leſdictz Rois Hutin, le Long, touchant la iuridiction de Lyon & depuis le procès fut continué entre Charles le Bel & luy, comme il ſera dict cy après en ſon lieu.

90. Pierre, de la maiſon de Savoye, fut Archeveſque apres le trepas de Loys de Villars. Il fut ſoubz le regne de Philippe de Valois, il mourut l'an 1332 & fut enterré à S. Juſt lez Lyon.

91. Guillaume de Sure fut premierement chantre, après Archediacre & en fin receu Archeveſque de Lyon, l'an 1332, le 4ᵉ iour de Decembre, regnant en France Philippe de Valois. Il eſt enterré en la grande egliſe S. Jehan de Lyon, en la chappelle de noſtre Dame de hault don. Ce fut à luy que Aymon, Comte de Savoye, feit foy & hommage pour un chaſteau appellé de Revermont.

92. Guy de Boloigne, Comte d'Aulvergne, ayant ſuccedé au ſiege Archiepiſcopal au ſuſnommé Guillaume, fut faict Cardinal en l'an 1342, en Septembre, ſoubz le Roy Philippe de Valois.

93. Henry de Villars, de la maiſon des Seigneurs de Thoire & de Villars, fut Archeveſque, lorſque Guy ſuſd. fut faict Cardinal : il mourut l'an 1355 le cinquieſme Novembre, ſoubz le regne du Roy Jehan.

94. Raimond Sachet, nonobſtant que Guillaume de la Tour euſt

esté esleu, fut faict Archevesque par le Pape, lequel bailla audict de la Tour l'Evesché d'Austun, & fut receu led. Raimond le 27 Apvril un Jour des Rameaux 1355, soubz led. Roy Jehan.

95. Guillaume de la Tour premierement Chanoine & Doyen de Lyon, apres Evesque d'Autun, fut Archevesque de Lyon apres Raymond ; il mourut l'an 1365, soubz le Roy Charles le Quint.

96. Charles, de la maison d'Alençon, en vertu des lettres du Pape, nonobstant l'ellection faicte de Iaques de Coloignac (qu'on dict à present Coleigni), fut receu Archevesque de Lyon l'an 1363 le 13ᵉ Juillet, & mourut au chasteau de Pierre scize l'an 1375, soubz le regne de Charles le sage.

97. Jehan de Talaru, Custode, puis Doyen en l'eglise de Lyon, par le deces de Charles, fut esleu & receu Archevesque : il fut apres Cardinal soubz le Roy Charles sixiesme & mourut l'an 1392.

98. Philippe de la Tour fut Archevesque de Lyon, lorsque le susd. Jehan fut faict Cardinal qui fut l'an 1389 & mourut l'an 1415, soubz le Roy Charles 7ᵉ.

99. Aymé de Talaru, apres la mort de Philippe, fut esleu Archevesque l'an 1415 le 29ᵉ Novembre, il estoit au paravant Doyen de l'église de Lyon & mourut le 12ᵉ febvrier 1443 soubz le Roy susd.

100. Charles de Bourbon, Cardinal, filz de Charles Duc de Bourbonnois & d'Agnes de Bourgoigne, Comte & Chanoine de l'eglise de Lyon, fut Archevesque apres Amé de Talaru, & fut receu le 21 Septembre 1466, & mourut l'an 1488, le 13ᵉ iour du mois de Septembre, soubz le Roy Loys le XIᵉ.

101. André, de la maison d'Espinay, Cardinal Archevesque de Bourdeaux, nonobstant l'ellection faicte de Hugues de

Talaru par commandement du Roy Charles 8ᵉ, fut receu Archevefque de Lyon l'an 1493 au mois d'avril.

102. François, de la maifon de Rohan en Bretaigne, Evefque d'Angers, par la mort d'André d'Efpinay, fut efleu ès fiege Archiepifcopal en l'an 1500 le 16ᵉ novembre, foubz le regne du Roy Loys douziefme.

103. Jehan, de la maifon de Lorraine, fut pourveu par le Pape de l'Archevefché de Lyon vacant par mort du fufd. François de Rohan, il eftoit Cardinal du S. Siege Apoftolicq. Regnant François premier du nom, Roy de France.

104. Hyppolite d'Eft, Cardinal de Ferrare, fut pourveu de l'Archevefché de Lyon par refignation du fus nommé Jehan de Lorraine & receu par procureur l'an 1539 le 16 fevrier, foubz le grand Roy François.

105. François, Cardinal de Tournon, fut pourveu dud. Archevefché par refignation d'Hyppolite fufdict & receu l'an 1551, foubz le regne d'Henry, 2ᵉ du nom.

106. Hyppolite fufd. Cardinal de Ferrare, après la mort de François Cardinal de Tournon, fut pourveu par le Pape de l'Archevefché de Lyon, foubz les regnes de Henry & François 2ᵉˢ du nom.

107. Anthoine d'Albon, par refignation à luy faicte par led. Hyppolite d'Eft, à caufe de permutation, fut pourveu de l'Archevefché de Lyon : il fut receu par procureur à S. Symphorien le Chaftel, la pefte eftant lors extreme aud. Lyon ; depuis fut receu en perfonne en lad. ville.

Tous lefquelz Archevefques ont de main en main adminiftré le fiege Archiepifcopal de l'Eglife de Lyon, felon les aages & foubz les Pontificatz, Empires & Regnes cy devant declarez. Et ont efté de tout temps & ancienneté Primatz des Eglifes Gallicanes, mefmes depuis Landebert de Taverne 43ᵉ Evefque. Ainsi que recite l'Archevesque de Florence Antonin en son Histoire du Regne, & comme il est contenu en la Bulle de Paschal Pape 2ᵉ du nom, en datte du 26ᵉ fevrier 1516, indiction 9, par laquelle il confirme & corrobore la Primauté baillée & concedée par ses predecesseurs à lad. Eglise, lors qu'il y vint pour la reformer au temps que Gauceran estoit Abbé d'Aisnay, comme dict est. Et daultant que cela est remarquable pour estre d'importance, l'accoustumée diligence de nostre charge nous a faict icy inserer le rang des Archevesques susdictz.

# De l'auctorité & iurisdiction spirituelle & temporelle qu'avoit l'Eglise en la ville de Lyon.

## CHAPITRE XI

SI la memoire de la liberalité des anciens Princes ne constoit par tesmoignages evidens, qui la font voir à l'œil & toucher au doigt, elle excederoit toute créance, voire toute apparence de verité. Mais ce qui se trouve avoir esté faict par iceux, à l'endroit de ceste Eglise Lyonnoise, en est plus que suffisant indice & faict foy de l'ardente affection, & fervent zele qu'ilz avoient à l'entretenement & augmentation du culte divin. Car ilz se stimuloient à l'envy d'exercer œuvres pies & sainctes. Mesmes l'Empereur Frideric, premier du nom, qui donna & octroya liberalement à lad. Eglise Lyonnoise, Archevesque & Chapitre d'icelle, à perpetuité tous & chacuns les droictz & debvoirs imperiaulx, qui luy pouvoient appartenir en lad. ville de Lyon & ressort d'icelle, ainsi qu'il se voit par deux Bulles dud. Empereur, l'une en date du 17ᵉ iour du mois de novembre, Indiction 15, l'an de grace 1157, de son regne 6ᵉ & de son Empire 3ᵉ, sceellée de son grand seel d'or: l'autre en date du 29ᵉ iour du mois d'octobre l'an 1184, indiction 3, de son regne 33, & de son Empire 30, conformes de teneur & de seel d'or. A raison de quoy elles sont vulgairement dictes les Bulles dorées. Les Rois de France, qui n'ont iamais sceu estre devancez (comme il est assez notoire) en aulcun acte de Pieté & Vertu, ne voulurent estre des derniers en l'exercice de munificence & liberalité : Et a ceste cause, le Roy Philippe le Bel (en la main duquel estoit la Jurisdiction totale de lad. ville par succession de ses predecesseurs) remit de plain gré es mains d'Aymard de Roſtillon lors Archeveſque, en rang 85, tout le droict de Juſtice temporelle qu'il pretendoit aud. Lyon, ſe reſervant neantmoins en lad. donation & remiſe quelque partie de Juriſdiction ſpirituelle avec le reſſort & ſuperiorité de toute la Juſtice en general, pour tenir le frain à quelque perſonne s'il y avoit beſoing de coercition & reprimande. Et en faveur de lad. Egliſe erigea la baronnie, qui eſtoit pour lors, en Comté, & voulut qu'elle fut touſiours depuis appellée Comté. De là ſont procedez les comtes S. Jehan de Lyon : Ainſi qu'il appert par lettres patentes dud. roy Philippe, données à Pontoiſe, au mois de ſeptembre l'an 1307. Mais comme il advient ſouvent que les perſonnes s'oblient en leur felicité, meſcognoiſſans d'où procede l'heur dont ilz ſont ioüyſſans, ainſi en advint-il à lad. Egliſe, au moins aux Miniſtres d'icelle, leſquelz ingratz d'un ſi grand benefice eſmeurent une infinité de divorces & contentions entre eulx meſmes, ſcavoir eſt l'Archeveſque & le Chapitre, le Roy & l'Archeveſque, l'Egliſe & les Citoyens, de ſorte que la plus part des Tiltres anciens de lad. Egliſe ne ſont mention d'autre choſe que des accordz & tranſactions faictes entre les Rois & Archeveſques, entre les Archeveſques & Chapitre, meſmes entre le Roy Charles le Bel & l'Archeveſque, qui lors eſtoit Loys de Villars 89 en rang, entre leſquelz intervint un Arreſt de la Court de Parlement de Paris, au prouffict dud. Roy Charles (1) à l'encontre dud. Archeveſque & ſes conſortz, pour reparation des tortz & iniures que ledict Archeveſque & le clergé de Lyon avoient commis au contemnement & meſpris de Sa Maieſté, & ſignamment pour avoir attenté & uſurpé du reſſort & ſuperiorité reſeruée par le Roy Philippe le Bel, comme dict eſt ; pour avoir ſemblablement par grand meſpris demolye & rompue la chaire du ſiége royal & judiciaire, eſtant en la maiſon appellée Roanne (2) le long de la Saone à Lyon, pour avoir à heure nocturne & indeüe eſmeu le peu-

---

(1) Lire Charles VI & non Charles IV dit le Bel. V. l'arrêt du Parlement, qui eſt du 3 octobre 1391, dans le Cartulaire municipal de Lyon, publié par M. Guigue, archiviſte du département du Rhône, p. 258.

(2) V. ci-après la note de M. Guigue ſur le Palais de Roanne.

ple de Lyon, criant : Tout est gaigné ; nous n'avons plus de Roy : pour avoir pareillement interdict à tous officiers royaux l'exercice de leurs estatz & offices : Et aussi pour avoir par grand contumelie attaché l'escusson de France à la queüe d'un asne tout harnaché de panonceaux & fleurs de lys, contre lequel escusson ilz gettoient de la boüe parmy les rues ou ilz le feirent trainer. Bref, pour reparer & amender une infinie multitude d'autres atroces & enormes faictz portez par led. arrest (lesquelz pour eviter prolixité nous avons sciemment obmis) ilz furent condamnez en grosses amendes envers lad. Majesté. En quoy est remarquable l'humaine benignité de ce bon prince, qui se contenta d'user de mulcte pecuniaire, où il escheoit une tres-rigoureuse punition, laquelle il sursoya tant pour le respect ecclesiastique que pour la priere de plusieurs grandz personnages, qui de ce faire le requirent. Et ne fault s'esmerveiller si lad. Eglise osoit recalcitrer contre son souverain, daultant qu'elle estoit parvenue au comble de toutes les grandeurs & dominations qu'elle eust peu souhaitter : Mesmes estant appuyée de bons & fidelles vassaux, qui luy debvoient foy & hommage comme s'ensuit.

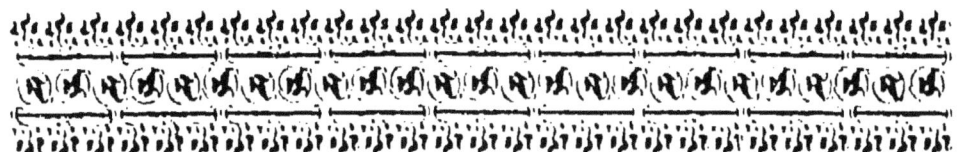

# Des fiefz & hommages lieges deubz à l'Eglise de Lyon.

## CHAPITRE XII

NON seulement l'Eglise estoit enrichie de grandz revenuz, mais qui plus est anoblie par les fiefz & hommages lieges, qui luy estoient & sont deuz, tant par obligation que voluntairement, ainsi qu'il est icy à plain contenu, selon le vray extraict que nous avons faict desd. hommages es terriers & tiltres de lad. Eglise; l'ordre desquelz est suivy en ceste maniere. Et premier:

*Hommage du Daulphin Viennois à cause du fief de la comté d'Albon.*

Le Daulphin de Vienne, de son bon gré, franche & libre volunté pour luy & ses successeurs advenir, faisoit foy & hommage à lad. Eglise, archevesque, Doyen & Chapitre d'icelle pour la comté d'Albon, & ce voluntairement, la date de ladite recognoissance ne conste point.

*Hommage d'Aymon, Comte de Savoye.*

Il se treuve par un ancien Prothocolle que l'an de salut 1332 & le iour de mardy precedant le dimanche de Pasques fleuries, Aymon Comte de Savoye, recogneut tenir en fief & hommage de l'archevesque & eglise de Lyon le Chasteau & mandement de S. André de Revers-mont, en la mefme maniere que le fouloit tenir & poffeder Aymé, fon pere.

*Hommage du Chafteau, ville & mandement de Trevolz.*

L'an de falut 1401, noble homme Humbert, feigneur de Thoiry & Villars, feit foy & hommage, recognoiffant tenir en fief des Archevefque, Doyen & Chapitre de l'eglife de Lyon le Chafteau, ville & mandement de Trevolz, laquelle recognoiffance fut confirmée par un baifer mutuel, comme eftoit accouftumé avec promeffes de fe prefter & fecours reciproque.

*Hommage du Chafteau de Beauvoir & de Chaftellar en Breffe.*

L'an 1390, le feigneur de Villars recogneut tenir en fief defd. Archevefque, Doyen & Chapitre le Chafteau de Beauvoir en la Montaigne, avec le Chafteau de Chaftellar en Breffe, defquelz il feit foy & hommaige entre les mains dud. Archevefque par un baifer mutuel pour confirmation de lad. recognoiffance.

*Hommage liege du Chafteau de Montignac.* (1)

L'an 1391, noble & puiffant François, feigneur de Montignac, du diocefe de Lyon, recogneut tenir en fief des Archevefque, Doyen & Chapitre de Lyon, led. Chafteau de Montignac, en la forme qu'il eft porté par une compofition inferée en fa recognoiffance, par laquelle fut accordé que led. feigneur feroit foy & hommage pour led. Montignac, excepté de fept piedz qu'il s'y retenoit pour droict feigneurial, lequel Chafteau il feroit tenu rendre aud. Archevefque quand requis en feroit, laquelle compofition il promift entretenir par ferment, confirmé d'un baifer mutuel & autres folennitez requifes.

(1) Montagny, canton de Givors (Rhône).

*Hommage liege du Chasteau S. Annemond.* (1)

L'an 1391, noble homme Guichard de Saint-Priest, homme d'armes, seigneur du Chasteau de S. Annemond, au diocese de Lyon, feit foy & hommage pour led. Chasteau S. Annemond avec les solennitez susd.

L'an susd. noble homme Guichard feit foy & hommage à l'Eglise de Lyon de la somme de trente livres viennoises & ce pour tous & chacuns ses biens & possessions.

Claude de Pompierre, escuyer, seigneur de Poillenay, feit foy & hommage liege pour le chasteau dud. Poillenay, (2) au mesme an que dessus.

Noble homme Zacharie de Toloignieu, l'an susd. feit foy & hommage pour sa maison de Bullieu (3) au diocese de Lyon avec les solennitez susd.

L'an 1394, noble Henry de Gleteins, dict la Gueppe, feit foy & hommage à l'Eglise de Lyon pour les mandemens de Chasselay, de Lyssieu, de Lymonest & de Quincieu.

L'an 1400, Noble & puissante dame Ysabeau de Harecourt, femme de hault & puissant seigneur Humbert, seigneur de Thoiry & de Villars, feit foy & hommage par procureur pour le chasteau & ville de Buxieu (4) & pour les chasteaux, villes, terres & baronnies de Rivedegiers, (5) Chasteauneuf & Dargoire.

L'an 1391, Annemond de Varey, escuyer, pour sa part du chasteau de Chastillon d'Azargues, tant du bourg que du mandement, & l'an 1400, Me Hugues Jossard, bachelier es loix, pour sa part dud. chasteau, feirent foy & hommage au siége archiepiscopal.

---

(1) St-Chamond (Loire).
(2) Polionay, canton de Vaugneray (Rhône).
(3) Bully, canton de St-Germain-Laval (Loire).
(4) Le Bois-d'Oingt (Rhône).
(5) L'acte de foi & hommage, que nous avons sous les yeux, démontre qu'il faut lire ici : *Riverie* au lieu de *Rive-de-Gier*, qui appartenait, au surplus, au chapitre de l'église de Lyon.

Noble Anthoine de Fougeres, seigneur de Iconieu, feit foy & hommage pour led. chasteau d'Iconieu, (1) l'an 1399.

L'an 1401, noble Jofferand de Laye, seigneur de Lurcieu, feit foy & hommage pour le chasteau de Lurcieu. (2)

L'an susd. Jehan Araud, seigneur de Ronzières, feit foy & hommage pour Vigneres & Chasselay.

Noble Jehan de la Vée, seigneur de la Roche, recognent tenir en fief dud. siége le chasteau d'Iferon, l'an 1394.

Meraud de Franchelains, escuyer, feit foy & hommage aud. siége, pour le chasteau de Franchelains, l'an 1399.

L'an 1397, Jehan Jarrolle Gentilhomme, feit foy & hommage aud. fiege pour la moitié du chasteau de Bullieu (3) au diocese de Lyon.

L'an 1399, Guillaume d'Ars, escuyer, feit foy & hommage pour sa maison forte de Bayeres, située en la paroisse de Charnay, diocese susd.

L'an 1408, Jehan d'Ars, escuyer, recognent tenir en fief dud. fiege tout ce qu'il possedoit en la chastellenie d'eyon (?) & parroisse de Thezy.

L'an 1391, Tachon & Jehan Aroudz, freres, escuyers, feirent foy & hommage aud. fiege archiepiscopal, pour leur maison forte de la Forest.

L'an 1393, Jehan Mite, escuyer, seigneur de Montz, de Chevrieres & de Greyfieu, feit foy & hommage aud. fiege de la grande tour dudit Greyzieu.

Gaudemar Lambert, seigneur de Lyssieu, feit foy & hommage au fiege archiepiscopal susd. de sa principalle maison dudict Lyssieu, l'an 1400.

Noble Maheiol du Seys recognent tenir en fief dud. fiege tout ce qu'il possedoit en la ville de St.-Estienne-de-Chalarone, excepté le péage qu'il tient de l'Empereur, l'an 1391.

---

(1) Oingt, canton du Bois-d'Oingt (Rhône).
(2) Lurcy, commune du canton de St-Trivier-sur-Moignans (Ain).
(3) Bully, canton de l'Arbresle (Rhône).

Zacharie de Fonteneys feit foy & hommage au fiege archiepifcopal dud. Lyon pour le domaine d'Iferon, l'an 1399.

Guichard de S.-Symphorien, efcuyer, feigneur de Chamoffet, feit foy & hommage aud. fiege l'an 1391.

L'an 1407, noble Jehan Monchant feit foy & hommage au fiege archiepifcopal pour le chafteau S. Annemond.

L'an 1409, André de Moirie recognent tenir en fief dud. fiege les dixmes de Matafelon & Bolignia.

L'an 1486, Gilbert, homme d'armes, feigneur de Montaigny, feit foy & hommage pour le chafteau de Montagny. En cette recognoiffance fe treuve que l'Archevefque eftoit tenu payer à ceux qui luy faifoient foy & hommage la fomme de xe iij f. fortz, qui furent payez aud. feigneur de Montagny à cette caufe.

L'an 1521, Loys de Sanfmur recognent tenir en fief du fiege archiepifcopal de Lyon les dixmes de bledz, vins, legumes, chapons & autres chofes accouftumées eftre levées es parroiffes de Fornelle, Servaulx, Croyfieu, Nullize, S.-Marcel, Piney, Cordelle & S.-Cyre de Faviere, avec toutes les folennitez requifes & accouftumées.

Des accords & permutations de justice entre Philippe le Bel, Roy de France, & les Archevesques de Lyon Loys de Villars & Pierre de Savoye.

### CHAPITRE XIII

L'EGLISE ayant telle auctorité sur lad. ville de Lyon, comme dict est, & se fortifiant, pour la manutention d'icelle, des vassaux sus nombrez, commençoit à exercer sa souveraine & supreme jurisdiction, de telle sorte que pour remedier à tant de malversations, desquelles le Roy recevoit infinies plainctes, & pour semblablement pourvoir au bien, soulagement & repos des Lyonnois, fut moyenné par M<sup>e</sup> Pierre de Belleperche, homme fort signallé, à cause de sa grande & rare doctrine, notamment en juris-prudence, conseiller du Roy, & discrette personne M<sup>e</sup> Thibauld de Vasseillieu, Archediacre de l'Eglise de Lyon, que le Roy remettroit es mains de lad. Eglise toute jurisdiction spirituelle & temporelle, s'en reservant toutefois la souveraineté, garde, ressort & protection à fin d'y avoir l'œil de plus pres, & refrener les exactions du clergé s'il en estoit besoing. Et de ce appert par une transaction communément appellée la Philippine, à cause qu'elle fut passée entre le roy Philippe le Bel & Loys de Villars, lors archevesque de Lyon, au mois de novembre l'an de salut 1307. Mais encor depuis lad. transaction faicte, l'Eglise ne pouvoit ester au contenu dudict appoinctement & traitté amiable, & ne vouloit entretenir les pactz & conventions y accordées. Au moyen de quoy sourdoient plusieurs tumultes, qui fut cause que Pierre de Savoye, qui succeda à l'Archevesché à Loys de Villars, traitta une autre composition avec icelluy Philippe le Bel, Roy de France, par laquelle il remit & quitta au Roy toute la iurisdiction temporelle, iadis concedée à son predecesseur par ledict Philippe le Bel, lequel moyennant lad. remise, promettoit d'assigner aud. Archevesque & à lad. Eglise certain espace limité de jurisdiction sur telle quantité de terre & domaine, qui seroit arbitrée par preudhommes iurés de part & d'autre, avec plain pouvoir d'y exercer tout droict de justice spirituelle, laquelle quantité de terre & dommaine icelle Eglise tiendroit en fief dudit Roy (1), ce qu'elle a faict tousiours depuis ladicte derniere transaction & composition faicte & passée en la ville de Vienne, au mois d'avril l'an de grace 1312.

---

(1) Les limites du territoire, sur lequel l'archevêque de Lyon & le Chapitre avaient toute justice & même juridiction de voirie & police, ont été reconnues dans un procès-verbal des 24, 28 mai & 24 juillet 1644. V. aux archives du département du Rhône l'inventaire des archives du Chapitre, v°. *limites*. C'est en vertu de ce droit réservé au Chapitre que la ville de Lyon était sans pouvoir pour donner les alignements des maisons qui dépendaient de cette étendue de terrain. La ville ne faisait qu'inviter le Chapitre à tenir compte dans les alignements qu'il donnait, des projets d'embellissement approuvés par elle. V. les Règ. des alignements de la ville, *passim*. C. B.

De l'eſtat & diſpoſition Hierarchique de l'égliſe de Lyon avec le Cathalogue des Egliſes Collegiales, Chapitres, Abbayes & Prieurez eſtant au Diocèſe de lad. Egliſe.

## CHAPITRE XIIII

DEPUIS l'inſtitution des Egliſes en Gaule, il ne s'eſt treuvée une qui ait voulu admettre moins de nouveauté que ceſte noſtre Lyonnoiſe &, à ceſte occaſion, elle a de tout temps eſté appellée immuable, meſmes que l'ordre hierarchique, ſelon lequel elle eſt diſpoſée, faict reſſentir ſon ancienne & primitive pieté & affection devote. Mais d'autant que lad. diſpoſition eſt choſe tres ſignallée, nous en avons remarqué ce qui enſuit : Premier, que pour la repreſentation de la Trinité, il y a trois Egliſes en une, S. Eſtienne, S.te-Croix & S.-Jehan, leſquelles pour figurer l'unité, ſe ſervent d'un meſme ſon de cloches. Iehan, roy de Bourgoigne, y inſtitua douze preſtres & un treiziefme qui avoit de couſtume eſtre prepoſé à l'abbaye S. Iuſt ; mais ce treiziefme eſt l'Archeveſque pour le iour-d'huy. Et comme en l'Egliſe triumphante y a trois hierarchies diviſées en neuf ordres d'anges, auſſi en l'Egliſe Lyonnoiſe y a neuf Eſtatz & dignitez qui les figurent, les trois moyens ſont l'Archeveſque, le Doyen & l'Archediacre ; les trois premiers ſont le précenteur, le chantre & le chamarier; les autres trois sont le sacristain, le custode & le prevost de Forviere, ou, comme les anciennes panchartes le nomment en latin, *Præpositus Fori Mercurialis*. Il y a sept docteurs qu'on appelle chevaliers, instituez pour resister aux opinions erronées des heretiques. Quant aux comtes ilz ne recognoissent autre que leur doyen, sans qu'ilz soient aucunement astrainctz ou subiectz à l'Archevesque. En lad. Eglise on n'oyt iamais orgues ne musique sinon le plain chant ordinaire, qui denote sa stabilité. Or, parce que nostre intention & but principal est autre que de traicter des ceremonies ecclesiastiques, il suffira d'en avoir parlé en passant, pour venir au pollet ou pancharte de toutes les églises, chapitres & benefices estans du diocese de Lyon, les noms desquelz sont latins, ainsi qu'ilz ont esté extraictz au vray du registre ancien, estant es archives de Messieurs de S. Jean de Lyon.

*Pollet, Pancharte ou Cathalogue des dépendances du Siege Archiepiscopal de Lyon.*

Et premier

En la Cité & fauls-bourgs de Lyon.

Dominus Archiepiscopus.
Capitulum Ecclesiæ Lugdunensis 32 Canonici.
— S. Iusti 25 Canonici.
— S. Pauli 20 Canonici.
— S. Nicetij 18 Canonici.
— Forverij.
Abbas Athanacensis.
Infirmarius.
Abbatissa S. Petri Monialium.
Prior S. Hirenei.
— de Plateria.

| Patroni | Ecclesiæ seu beneficia. |
|---|---|
| Capitulum Ecclesiæ Lugdunensis. | Ecclesia S. Cirici. |
| — — — | — S. Germani. |
| — — — | — Albigniaci. |
| — — — | — de Poleymieu. |
| Archiepiscopus Lugdunensis. | — Dardilliaci. |
| Capitulum Ecclesiæ Lugdunensis. | — de Tassins. |
| — S. Justi. | — Greyfiaci. |
| — Ecclesiæ Lugdunensis. | — S. Ginesij les Olieres. |
| Abbatissa S. Petri Monialium. | — S. Petri Monialium. |
| Capitulum Ecclesiæ Lugdunensis. | — S. Fidis. |
| Abbas Athanacensis. | — S. Michaelis. |
| Capitulum S. Pauli. | — S. Vincentij. |
| Prior S. Iohannis Hierosolimitanæ. | — S. Georgij. |
| Infirmarius Athanacensis. | — de Veizia. |
| Archiepiscopus Lugdunensis. | — S. Romani de Cosone. |
| Capitulum S. Justi. | — Descuilly. |
| — Ecclesiæ Lugdunensis. | — de Cosone. |

In Archipresbiteratu Rodannæ.

| Patroni | Ecclesiæ seu beneficia. |
|---|---|
| Minor celerarius Savigniaci. | Ecclesia de Ampliputeo. |
| Prior Marcigniaci. | — de Brienon. |
| Capitulum Ecclesiæ Lugdunensis. | — de Bullieu. |
| — — — | — de Charey. |
| Prior Montis Verduni. | — de Cromellis. |
| — S. Rigaudi & Donziaci alternative. | — de Meilleis. |
| Archiepiscopus Lugdunensis. | — de Nullize. |
| Capitulum S. Nicetij. | — de Rodanna. |
| Archiepiscopus Lugdunensis. | — S. Mauricij. |
| Prior de Amberta. | — S. Habundi castri. |
| — — Amberta. | — S. Habundi veteris. |

| Patroni | Ecclesiæ seu beneficia. |
|---|---|
| Prior loci. | Ecclesia de Amberta. |
| — de Amberta. | — de Buffieu. |
| Capitulum Ecclesiæ Lugdunensis. | — de Crumellis. |
| Prior S. Ioannis. | — de Cordella. |
| Archiepiscopus Lugdunensis. | — de Chiraffimont & Machefal. |
| Capitulum Anicienfis. | — de Dancé. |
| Prior de Amberta. | — de Espinacia. |
| Archiepiscopus Lugdunensis. | — de Fornellis. |
| Capitulum Ecclesiæ Lugdunensis. | — de Lentigneu. |
| Archipresbiter Rodannæ. | — de Luré. |
| Prior Rigniaci. | — de Lay. |
| Archiepiscopus Lugdunensis. | — de Servagiis. |
| Prior de Amberta. | — de Malley. |
| — loci. | — de Nuaillieu. |
| — de Rigniaco. | — de Nualz alias Nualibus. |
| — de Cariloco. | — de Ofches. |
| Sacrista Cluniacenfis. | — de Parignieu. |
| Prioriffa loci. | — de Pollieu. |
| Prior de Amberta. | — de Rencifons. |
| — loci. | — de Riorgiis. |
| — de Amberta. | — de S. Reveriano. |
| Archipresbiteratus Rodannæ. | S. Preiecti Rupis. |
| Abbas Athanacenfis. | S. Cirici de Faveriis. |
| Archipresbiteratus Rodannæ. | S. Pauli de Vifillins. |
| Prior S. Johannis de Rocifon. | — de Sapolgo. |
| — Marcigniaci. | S. Sulpitij propé Villeres. |
| — de Amberta. | S. Andreæ de Rencifons. |
| — de Riorgiis. | S. Leodegarij. |
| — Marcigniaci. | S. Romani Mote. |
| Capitulum S. Justi. | S. Iodaldi. |
| Prior de Amberta. | S. Germani. |
| Capitulum Ecclesiæ Lugdunensis. | — de Vendranges. |

| Patroni | Ecclesiæ seu beneficia. |
|---|---|
| Prior de Marcigniaco. | Ecclesia de Verneto. |
| — — — | — de Villareis. |
| Capitulum Ecclesiæ Lugdunensis. | — de Villemonteis. |
| Abbas Savigniaci. | — de Nuallieu. |
| — S. Michaelis de Stella seu de Clusa. | Prior S. Iohannis in Roannesio. |
| | Domus de Cromellis. |
| — Cluniacensis. | Prior de Amberta. |
| — Athanacensis. | — de Riorgiis. |
| | Abbas Benedictionis Dei. |

### In Archipresbiteratu de Pomiers.

| | |
|---|---|
| Prior de Pomiers. | Ecclesia de Buffi. |
| — — — | — de Greifolles. |
| — Montis Verduni. | — de Jullieu. |
| — de Cleipieu. | — de Meisirieu. |
| Capitulum Ecclesiæ Lugdunensis. | — de Nervieu. |
| Prior Nigri stabuli. | — S. Juliani Lavestre. |
| | — des Salles & Cerviere. |
| Capitulum Ecclesiæ Lugdunensis. | — S. Johannis Lavestre. |
| — — — | — S. Sixti. |
| Prior loci. | — S. Justi. |
| — de Pomiers & Cleipiaci alternative. | — S. Germani Vallis. |
| — Hospitalis. | — S. Desiderij supra Rupem fortem. |
| Capitulum Ecclesiæ Lugdunensis. | — S. Martini Salvetatis. |
| — — — | — de Aillieu. |
| Prior Poilliaci. | — de Artuno. |
| — de Pomiers. | — S. Marcellini. |
| Capitulum Aniciensis. | — de Amyons. |
| — Ecclesiæ Lugdunensis. | — de Campi polito. |

| Patroni | Ecclesiæ seu beneficia. |
|---|---|
| Prior de Pomiers. | Ecclesia de Barollis. |
| — loci. | — de Clipiaco. |
| — de Pomiers. | — de Iuré. |
| — loci. | — de la Prugni. |
| — de Pomiers. | — de Noaillieu. |
| — — — | — S. Juliani de Pomiers. |
| Capitulum Ecclesiæ Lugdunensis. | — S. Juliani d'Odes. |
| — — — | — S. Sulpitij. |
| Archiepiscopus Lugdunensis. | — S. Romani. |
| | — S. Mauricij. |
| Prior loci. | — S. Preiecti la Prugni. |
| — Cleipiaci. | — S. Fidis. |
| Capitulum Ecclesiæ Lugdunensis. | — de Sotrenon. |
| | — de Verreriis. |
| Archiepiscopus Lugdunensis. | — d'Urphé. |
| Prior loci. | — de Pomiers. |
| | Obedientia S. Fidis. |
| | Domus de Chafelles. |
| | — S. Johannis de Verrerijs. |
| Abbas decanus Insulæ Barbaræ. | Prior de Cleipieu. |
| — S. Rigaudi. | — S. Justi en Chivallet. |
| | — de Bussi. |
| | — S. Preiecti la Prugni. |
| | — S. Romani subtus Urphiacum. |
| Prior Nantuaci. | — de Pomiers. |
| | Hospitale de Verrerijs. |

In Archipresbiteratu Nigræ-undæ.

| Patroni | Ecclesiæ seu beneficia. |
|---|---|
| Prior Poilliaci. | Ecclesia de Barbigny. |
| — de Cleipieu. | — de Coustances. |
| — Montis troterij. | — S. Johannis de Panissieres. |

| Patroni | Ecclesiæ seu beneficia. |
|---|---|
| Prior Montis troterij. | Ecclesia de Violeis. |
| — S. Albini. | — de Buxieres. |
| — S. Rigaudi. | — de Crosello. |
| — Cleipiaci. | — de Ciuens. |
| — Poilliaci. | — de Nigra vnda. |
| — de Cuisieu. | — de Chambosco. |
| — loci. | — de Donzieu. |
| — Saltus Donziaci. | — de Sauisignet. |
| — Montis troterij. | — d'Essartines. |
| — — — | — de Piney. |
| — — — | — de Roziers. |
| — — — | — S. Marcelli. |
| — — — | — de Vetula Cabana. |
| — loci. | — de Poilliaco. |
| — Magnirivi. | — S. Cirici de Valorges. |
| Abbas Athanacensis. | — S. Columbæ. |
| Archiepiscopus Lugdunensis. | — S. Justi la penduc. |
| — — | — de Iars. |
| Prior de Randans. | — d'Eparsieu. |
| — S. Hirenei. | Prior S. Albini. |
| Abbas Cluniacensis. | — de Poillieu. |

In Archipresbiteratu Montis-Brisonis.

| Patroni | Ecclesiæ seu beneficia. |
|---|---|
| Prior S. Romani de Pedio. | Ecclesia Altæ villæ. |
| — S. Romani Podij. | — de Legnieu. |
| — S. Romani le Puy. | — de Precieu. |
| .. — | — S. Preiecti de Rosset. |
| — S. Romani Podij. | — S. Martini de S. Romano. |
| — S. Romani le Puy. | — de Boisseto. |
| — Savigniaci Montis Brisonis. | — de Chalin le Comtal. |
| — — — | — de Modonio. |

| Patroni | Ecclesiæ seu beneficia. |
|---|---|
| Prior Savigniaci Montis Brisonis. | Ecclesiæ S. Magdalenes Montis Brisonis. |
| — — — | — S. Andræ Montis Brisonis |
| — — — | — de Savigniaco Montis Brisonis. |
| Capitulum Ecclesiæ Lugdunensis. | — de Chambone. |
| — — — | — de Poncins. |
| — — — | — de Perignieu. |
| — — — | — S. Laurentij la Conche. |
| — — — | — S. Mauritij en Gourgois. |
| — — — | — S. Marcellini. |
| — — — | — de Verrerijs. |
| Prior de Randans. | — de Feurs. |
| — S. Ragneberti. | — S. Boniti Castri. |
| — Loci. | — Suriaci Comitalis. |
| Capitulum S. Justi. | — S. Justi in basso. |
| — S. Nicetij. | — S. Georgij supra Cosanum. |
| Prior Montis Verduni. | — S. Agathes. |
| Archiepiscopus Lugdunensis. | — S. Boniti de Quadrellis. |
|  | Capitulum Montis Brisonis. |
| Abbas decanus Insulæ Barbaræ. | Prior S. Ragneberti. |
|  | — de Chasselleto. |
| — — — | — de Suriaco. |
|  | — de Torreta. |
| — Athanacensis. | — S. Romani le Puy. |
| — Magni loci. | — de Bar. |
| — Casæ Dei. | — Savigniaci Montis Brisonis. |
| — Magni loci. | — Chandiaci. |
| — Savignaci. | — de Marcilliaco. |
| — Casæ Dei. | — Hospitalis Rupis fortis. |
| — — | — de Monte Verduno. |
|  | — de Magnieu unitus prioratui de Suriaco. |

| *Patroni* | *Ecclesiæ seu beneficia.* |
|---|---|
| Abbas Savigniaci. | Prior de Randans. |
|  | Celerarius domus Dei. |
| — Cluniacensis. | Prior Saltus de Cosano. |
|  | — S. Johannis Montis Brisonis. |
| Prior de Riz. | — de Gumerijs. |
| — Loci. | Ecclesia de Bar. |
| — de Bar. | — d'Escotay. |
| — S. Ragneberti. | — de Bonson. |
| — S. Romani le Puy. | — S. Nicetij. |
| — — — | — S. Petri de S. Romans. |
| — — Podij. | — de Solemieu. |
| — — Podij. | — S. Thomæ. |
| — S. Ragneberti. | — de Boncson. |
| — — | — de Marclop. |
| — Saltus de Cosano. | — de Boenco. |
| — Loci. | — Saltus de Cosan. |
| — de Salles. | — de Castro novo. |
| — de Saltu. | — de Lerignieu. |
| — — | — de Boteressia. |
| — — | — de Lauiaco. |
| — de Valana. | — de Campis. |
| — — | — de Mornant. |
| — Loci. | — de Chandiaco. |
| — de Chandiaco. | — d'Essartines. |
| — Chandiaci. | — de Pratolongo. |
| Archiepiscopus. | — de Chalain d'Usore. |
| Capitulum S. Justi. | — de Charmazello. |
| — — | — de Chanaleilles. |
| — — | — de Luirieu. |
| — — | — de Marolz. |
| Prior Loci. | — de Gumieres. |
| — — | — Hospitalis Rupis fortis. |

| Patroni | Ecclesiæ seu beneficia. |
|---|---|
| Prior Hospitalis. | Ecclesia de Rupe. |
| — — | — de Rupe forti. |
| — loci. | — Marsilliaci. |
| Capitulum Ecclesiæ Lugdunensis. | — de Marcolz. |
| — — — | — S. Cipriani. |
| — — — | — de Trellins. |
| — — — | — de Villa-Dei. |
| — — | — de Unitate. |
| Prior loci. | — de Monte Verduno. |
| — Montis Verduni. | — de Poloignieu. |
| — de Salles. | — Castri novi. |
| — Montis Verduni. | — de Crentiliaco. |
| — — | — S. Pauli d'Usore. |
| — loci. | — de Magnieu. |
| — de Fabricis. | — de Mont-rond. |
| — loci. | — de Randans. |
| | — de Chazelles. |
| — — | — S. Ragneberti. |
| Archiepiscopus seu Capitulum S. Nicetij. | — de Salvanis. |
| Prior Savignaci. | — S. Petri Montis Brisonis. |
| — loci. | — de Toretta. |
| | Vestiarius S. Romani. |
| | Sacrista Sancti Romani. |
| | Hospitale. |
| — S. Romani. | Ecclesia de Boisello. |

In Archipresbyteratu Corziaci.

| | |
|---|---|
| Prior Montis troterij. | Ecclesia Montis troterij. |
| — — | — Alterivorie. |
| — — | — de Longesaigne. |
| Capitulum S. Justi. | — de Meiz. |

| Patroni | Ecclesiæ seu beneficia. |
|---|---|
| Capitulum Ecclesiæ Lugdunensis. Ecclesia | S. Simphoriani castri. |
| — — — — — | S. Cirici vinearum. |
| — — — — | S. Martini lestra. |
| Abbas Savignaci. — | S. Andræ Savignaci. |
| — — | S. Petri de vineis. |
| Hostellarius Savignaci. — | de Aveifes. |
| Prior Corziaci. — | de Belfenay. |
| — loci. — | de Corziaco. |
| — Corziaci. — | de Sauzi. |
| Capitulum Ecclesiæ Lugdunensis. — | S. Genisij Argenterie. |
| Abbas Savignaci. — | de Bruillolis. |
| — — — | de Chivinay & S. Petri de Palude. |
| — — — | Greiziaci. |
| — — — | S. Juliani. |
| — — — | S. Romani de Popes. |
| — — — | S. Belli. |
| — — — | S. aurentij de Chamoffet. |
| Capitulum S. Justi. — | de Coify. |
| — — — | de Capella. |
| — — — | de Maringes. |
| — — — | S. Confortie. |
| — — — | S. Bartholomei. |
| — — — | de Valeilles. |
| Prior de Mornant. — | de Duerna. |
| — loci. — | de Fabricis. |
| — de Fabricis. — | de Viricella. |
| Abbas Athanacensis. — | de Yferone. |
| Capitulum Ecclesiæ Lugdunensis. — | de Monte Romano. |
| — — — — | de Poillen ay. |
| — — — — | de Pomey. |
| Prior loci. — | Saltus Donziaci. |

| *Patroni* | *Ecclesiæ seu beneficia.* |
|---|---|
| Prior Poilliaci. | Ecclesia de Virignieu. |
| — de Fargijs. | — S. Andreæ le Puy. |
| Preceptor loci. | — de Chazeleto. |
| Abbas Savignaci. | Prior de Monte troterio. |
| — Athanacensis. | — de Castro veteri unitus mensæ Abbatiali Athanacensis. |
| — Savignaci. | Prior seu Decanus Corziaci. |
| — Athanencensis. | — de Fabricis seu de Bellegarde. |
| — Savignaci. | — Saltus Donziaci. |
| | Abbas Savignaci. |
| | Camerarius Savignaci. |
| | Maior Celerarius. |
| | Minor — |
| | Communerius. |
| | Eleemosinarius. |
| | Operarius. |
| | Sacrista. |
| | Domus de Lanay. |
| | Hostellarius. |
| | Prior maior Savignaci. |
| | Minister Crucis. |
| | Domus de Teillant. |

In Archipresbyteratu Arbrele.

| | |
|---|---|
| Abbas Savignaci. | Ecclesia Arbrele. |
| — — | — Chessiaci & Brolij. |
| — — | — Theiziaci. |
| Camerarius Savignaci. | — de Ulmis. |
| Abbas Savignaci. | — de Bullieu. |

| Patroni | Ecclesiæ seu beneficia. |
|---|---|
| Abbas Savignaci. | Ecclesia S. Lupi. |
| — — | — Taratri. |
| Capitulum S. Justi. | — de Valsona. |
| Archiepiscopus. | — de Baignolz. |
| — | — de Iconio. |
| — | — de Buxo. |
| Capitulum S. Justi. | — de Chambosco. |
| — — | — de Chamelet. |
| — — | — de Strata. |
| — — | — S. Ferreoli. |
| — — | — S. Apollinaris. |
| — — | — S. Justi d'Avrey. |
| — — | — S. Clementis. |
| Abbas Insulæ Barbaræ. | — de Fluriaco. |
| Decanus loci. | — de Frontenas. |
| Hostellarius Savignaci. | — de Joz. |
| Capitulum Ecclesiæ Lugdunensis. | — de Lentilliaco. |
| Celerarius Savignaci. | — de Sarciaco. |
| Prior Teisiaci. | — S. Verani. |
| Minor Celerarius Savignaci. | — de Laurentij cum capella. |
| — — | — S. Guiburgiæ. |
| Prior loci. | — de Ternant. |
| | — de Nuellis. |
| | Prior Taratri. |
| | — de Ternant. |

In Archipresbyteratu Ansæ.

| | Abbas Insulæ Barbaræ. |
|---|---|
| Capitulum Ecclesiæ Lugdunensis. | Ecclesia Ansæ. |
| Abbas Insulæ Barbaræ. | — de Colongiis. |
| Prior de Niciaco. | — de Coigny. |

| Patroni | Ecclesiæ seu beneficia. |
|---|---|
| Abbas Cluniacensis vel Decanus loci. | Ecclesia de Limans. |
| — — | S. Georgij de Rogneins. |
| Prior S. Nicetij. | — de Quinciaco iuxta Belli Jocum. |
| Abbas Savignaci. | — S. Desiderij in Monte Aureo. |
| — Athanacensis. | — de Suriaco & Losanna. |
| — — | — de Villefranche. |
| Prior de Salles & de Grelongi. | — de Chasey. |
| Decanus de Lymans. | — de Vallibus. |
| Archiepiscopus Lugdunensis. | — de Amberiaco. |
| — — | — de Lymondz. |
| Prior de Arva. | — de Cuiliaco. |
| — loci. | — de Arva. |
| — de Arva. | — de Dracieu. |
| — loci. | — de Albusonas. |
| Capitulum S. Paulj. | — de Odenas. |
| — — | — Castillionis d'Azargues. |
| Prior de Salles. | — de Blacieu & de Salles. |
| — — | — de Lacenas. |
| — — | — de Lissieu. |
| Capitulum Ecclesiæ Lugdunensis. | — de Belligni. |
| — — — | — de Charnay. |
| — — — | — de Lucenay. |
| — Belli Joci. | — de Charentay. |
| Abbas Athanacensis. | — de Chaffellay. |
| — — | — de Marsiliaco. |
| — — | — de Villa. |
| Prior S. Johannis de Arderia. | — de Corcelles. |
| — — — | S. Johannis de Arderia. |
| — loci. | Deniciaci. |
| — Deniciaci. | — de Montmalas. |

| Patroni | Ecclesiæ seu beneficia. |
|---|---|
| Abbas loci. | Ecclesia Insulæ Barbaræ. |
| Decanus de Frontenas. | — de Liergues. |
| Prior loci. | — de Marcieu supra Ansam. |
| Priorissa loci. | — Morenciaci. |
| — Morenciaci. | — de Mallieu. |
| Prior Montis Verduni. | — Poilliaci Monialium. |
| Decanus de Limans. | — Poilliaci Castri. |
| — — | — S. Juliani. |
| Prior loci. | — de Pomiers. |
| Capitulum S. Justi. | — de Quinciaco prope Ansam. |
| — S. Pauli. | — S. Leodegarij. |
| Prior S. Hirenei. | — de Gleisieu. |
| — de Ternant. | — de Chassagnieu. |
| Abbas loci. | — de Bella villa. |
| Sacrista Cluniacensis. | — de Serciaco. |
| | Prior S. Johannis de Arderia. |
| | — de Neitiers & S. Stephani la Varenna. |
| | — de Albussonas. |
| | — de Pomiers. |
| | — de Denici. |
| | — de Arna. |
| | — de Poilliaco Monialum. |
| | Priorissa de Morancieu. |
| | — de Marcieu. |
| | Prior Grandi-Montis. |
| | Domus de Chaseto. |
| | Abbas de Ioz. |
| | — Bellevillæ. |
| | Prior de Salles. |
| | — S. Nicetij de l'Estra. |
| | Sacrista Insulæ Barbaræ. |

| Patroni | Ecclesiæ seu beneficia. |
|---|---|
| | Prior de Limans. |
| | — S. Saturnini. |

### In Archipresbyteratu Jarretij.

| Patroni | Ecclesiæ seu beneficia. |
|---|---|
| Capitulum S. Justi. | Ecclesia de Brignais. |
| — — | — de Dargoria. |
| — — | — S. Justi super Ligerim. |
| — — | — Baldomerij. |
| — S. Pauli. | — S. Desiderij subtus Riviriacum. |
| Abbas Athanacensis. | — de Charli. |
| Archiepiscopus Lugdunensis. | — de Chevrieres. |
| Prior de Talluyers. | — de Eschallas. |
| Capitulum S. Pauli. | — de Raiaffe. |
| — Ecclesiæ Lugdunensis | — Ripegerij. |
| — — — | — S. Eugendi. |
| — — — | — S. Ginesij. |
| — — — | — S. Johannis bonorum fontium. |
| — — — | — S. Andeoli vallis. |
| — — — | — S. Pauli in Jarresio. |
| — — — | — S. Martini la Plaigne. |
| | — S. Martini annualium. |
| Dominus S. Preiecti. | — S. Stephani de Furano. |
| Abbas Athanacensis. | — de Alba pinu. |
| — — | — de Chaignon. |
| — — | — de Givor. |
| — — | — de Grigni. |
| — — | — d'Orlienaz. |
| — — | — S. Clementis. |

| Patroni | Ecclesiæ seu beneficia. |
|---|---|
| Capitulum Ecclesiæ Lugdunensis. | Ecclesia de Briendas & de Messimieu. |
| — — — — | de Gramont. |
| — — — — | de Longes & de Treves. |
| — — — — | de Rontalon. |
| — — — — | de Socieu. |
| — — — — | S. Ginesij vallis. |
| — — — — | de Sailliaco. |
| — — — — | S. Boniti. |
| — — — — | S. Ginesij in terra nigra. |
| — — — — | S. Andreæ la Cotte. |
| — — — — | de Villars. |
| — — — — | de Vaugneray. |
| — — — — | S. Andeoli in Jaresio. |
| Prior S. Ragneberti. | de Botheon. |
| — — | de Chastellus. |
| — — | Rupiscissæ. |
| — — | de Turre. |
| — — | de Foillosa. |
| — — | de Chambes. |
| Capitulum S. Nicetij. | de Bans & Givor. |
| — — | de Milleriz. |
| Prior S. Hirenei. | de Chaponost. |
| — de Mornant. | de Chassaignieu. |
| — loci. | de Mornant. |
| — — | de Cornillon. |
| — — | de Cussieu. |
| — — | de Chambosco. |
| Capitulum S. Justi. | de Chaussans. |
| — — | de Francheville. |
| — — | de Minori peda. |
| — — | de Daignins. |
| — — | de Rupe forti. |

| Patroni | Ecclesiæ seu beneficia. |
|---|---|
| — Ecclesiæ Lugdunensis. | — de Sorbiers. |
| — S. Justi. | — S. Annemundi. |
| — — | — S. Mauritij supra Dargoriam. |
| — — | — S. Laurentij de Daignins. |
| Prior loci. | — de Farmignieu. |
| Priorissa loci. | — de Ifieu. |
| Archiepiscopus Lugdunensis. | — de Irignins. |
| — — | — Doiziaci. |
| Prior S. Salvatoris. | — S. Ginesij de Malifaux. |
| — de Talluyers. | — de Montaignieu. |
| — loci. | — de Panessins. |
| Abbas S. Petri Viennensis. | — de Talluiers. |
| Prior Montis Verdunij. | — de Dionisij. |
| — — | — S. Medardi. |
| — S. Romani le Puy. | — S. Romani. |
| — — Podij. | — S. Christophori. |
| Abbas Insulæ Barbaræ. | — S. Victoris. |
| — — — | — S. Justi in Velaio. |
| — — | — de Turins. |
| Capitulum S. Pauli. | — Riviriaci. |
| Prior S. Juliani. | — S. Romani les Acteux. |
| — loci. | — S. Juliani. |
| Dominus loci. | — S. Preiecti. |
| Capitulum Aniciensis. | — S. Martini Acoalieu. |
| Prior loci. | — de Tartaras. |
| — — | — S. Petri & Pancratij Velchie. |
| — — | — de Rivas. |
| — Savignaci. | — de Valle florida. |
| Abbas Vallis benedictæ. | |
| Priorissa Ifiaci. | |
| Prior de Mornant. | |

| Patroni | Ecclesiæ seu beneficia. |
|---|---|
| | Prior de Tartaras. |
| | — Furmigniaci. |
| | — de Alba pinu. |
| | — S. Pauli de Cornillion. |
| | — de Velchia. |
| | — de Cuſieu. |
| | — d'Orlienas. |
| | — S. Romani in Iareſio. |
| | — de Thurins. |
| | — de Chamboſco. |
| | — de Dyoniſij. |
| | — S. Medardi. |
| | — S. Julliani. |
| | — de Talluiers. |
| | — S. Crucis. |
| Abbas S. Theuderii. | Ecclefia de Cortenay. |
| — — | — de Banditij. |
| Prior de Chavano. | — S. Albano. |
| — de Doleimieu. | — de Balma. |
| Abbas Ambroniaci. | — Moreſtelli. |
| — — | — de Amblagneu. |
| Prioriſſa loci. | — de Boueſſe. |
| Abbatiſſa S. Petri Monialium Lugdunenſium. | |
| — — — | — de Arandone. |
| — — — | — de Brango. |
| — — — | — de Doleimieu. |
| Capitulum S. Juſti. | — S. Victoris. |
| Prior de Vallibus. | — de Careiſieu. |
| — — | — de Charete. |
| — — | — de Marignieu. |
| — — | — Meipieu. |
| — — | — de Parmilieu. |
| — S. Albani. | — de Crep. |

| Patroni | Ecclesiæ seu beneficia. |
|---|---|
| Prior S. Albani. | Ecclesia de Passins. |
| — — | — de Quirieu. |
| Abbas S. Theuderij vel camerarius. | |
| — S. Theuderij. | — de Opteuo. |
| | — de Pravieu. |
| Prior S. Hippoliti. | — de Sicen. |
| — de Chavano. | — de Soleimieu. |
| — Veisonoci (1). | — de Salmerieu. |
| — de Doleimieu. | — de Trep. |
| — — | — de Vaceu. |
| Capitulum S. Justi. | — de Varceu. |
| Operarius S. Theuderij. | — de Cosances. |
| | Prior de S. Albano. |
| | Priorissa de Doleimieu. |
| | Prior de Vallibus. |
| | Priorissa de Arandone. |
| | Camerarius S. Theuderij. |
| | Prior de S. Cruce. |

In Archipresbyteratu Meisiaci.

| | |
|---|---|
| Capitulum S. Nicetij. | Ecclesia de Genas. |
| Prior loci. | — S. Simphoriani Auzonis. |
| Abbas Athanacensis. | — Laurentij. |
| — Ambroniaci. | — de Heirieu. |
| Prior de Chavanoz. | — de Antone. |
| — — | — de Jons. |
| — — | — de Joannages. |

(1) Vézéronces, canton de Morestel (Isère).

| Patroni | Ecclesiæ seu beneficia |
|---|---|
| Prior de Chavanoz. | — de Malatret Janeiria. |
| — — | — de Villeta. |
| Abbas Athanacensis. | — de Arboz & Columberio. |
| — — | — de Grenay. |
| — — *alias* Vestiarius & Priorissa alternative. | — S. Preiecti. |
| — Athanacensis. | — S. Boniti. |
| — Altæ Combæ. | — de Brou. |
| Archiepiscopus Lugdunensis. | — de Chaffaigne. |
| — — | — de Chaffieu & Deffines. |
| — — | — de Villa Urbana. |
| Capitulum S. Justi. | — de Soleise. |
| — — | — de Mions. |
| Prior loci. | — de Chandiaco. |
| — — | — S. Petri Chandiaci. |
| Archiepiscopus Viennensis. | — de Feisins. |
| Elemosinarius Athanacensis. | — de Meisieu. |
| — — & Prior de Chavanoz. | — de Pusignian & de Moison. |
| Prior S. Simphoriani. | — de Tocieu. |
| Abatissa S. Petri Monialium Lugdunensium. | — de Venici. |
| Prior de Plateria. | — de Vallibus. |
| Capitulum S. Nicetij de Chavaignieu. | |
| | — S. Nicetij de Chavaignieu. |
| | — de Ciriaco. |
| | — S. Simphoriani. |
| | — de Heiriaco. |
| | — de Poilliaco. |
| | — S. Petri Chandiaci. |
| | — de Chavanoz. |
| | Tenentes grangiam de Vignettes. |

## In Archipresbyteratus. Calomonti

| Patroni | Ecclesiæ seu beneficia. |
|---|---|
| Prior de Villeta. | Ecclesia Costellanis paludis. |
| Capitulum S. Pauli. | — Daignieu. |
| — Ecclesiæ Lugdunensis. | — S. Eulaliæ. |
| Abbas Ambroniaci. | — Dompnipetri. |
| — — | — Messimiaci. |
| — — | — S. Martini Calomontis. |
| Prior de Neosco. | — de Bardans & de Neosco. |
| Capitulum S. Nicetij. | — de Joiaso. |
| Abbas S. Ragneberti. | — de Villiaco & de Loiettes. |
| Capitulum S. Justi. | — de Villarijs. |
| Archiepiscopus Lugdunensis. | — de S. Mauritio de Beino. |
| Prior S. Romani de Miribello. | — S. Romani de Miribello. |
| — loci. | — de Balani. |
| Capitulum Ecclesiæ Lugdunensis. | — de Nievro. |
| — — — | — de Buissia. |
| Prior loci. | — Biriaci. |
| — — | — de Breissola. |
| — Biriaci. | — de Corciaco ville. |
| — — | — de burgo S. Christophori. |
| Abbas S. Ragneberti. | — de Faramans. |
| — — | — de Billigneu. |
| Capitulum S. Pauli. | — de Rigneu. |
| — — | — S. Martini de Miribello. |
| — — | — de Til. |
| — — | — de Vasseillieu. |
| — — | — de Charnoux. |
| Abbas Ambroniaci. | — de Molane. |
| — — | — de Jallieu. |
| Prior de Neosco. | — de Piseiz. |
| — — | — de Montillier. |

| *Patroni* | *Ecclesiæ seu beneficia.* |
|---|---|
| Capitulum S. Nicetij. | Ecclesia S. Crucis. |
| — — | — de Prioz. |
| Prior de Villeta. | — de Villeta. |
| — loci. | — de Beino. |
| Decanus de Caveiriaco. | — de Peroges. |
| Prior de Nosco unitus Camerariæ Insulæ Barbaræ. | — de Romaneche & Cordieu |
| Capitulum S. Pauli. | — de Ronzuel. |
| Prior loci. | — S. Mauritij de Antone. |
| | — de Mares. |
| — Montis Bertaudi. | — S. Desiderij de Renons *alias* du Plantey. |
| — de la Boisse. | — S. Bartholomei Montis Lupelli. |
| Camerarius Insulæ Barbaræ. | — de Tramoies. |
| Prior de Mont Favray. | — de Samans. |
| | — de Prieux. |
| Abbas Ambroniaci. | — de Chastenay. |
| — — | — Cappelle Calomontis. |
| — — | — de Crant. |
| | Prior S. Romani Miribelli. |
| | — de Bussia. |
| | — S. Martini de Antone. |
| | — de Neosco. |
| | — Meissimiaci. |
| | — S. Martini Calomontis. |
| | — de Biriaco. |
| | Obedienciarius de Jailliaco. |
| | Abbas Chassaignie. |
| | Prior de Villeta. |
| | — S. Germani. |

## In Archipresbyteratu de Sandrens.

| Patroni | Ecclesiæ seu beneficia. |
|---|---|
| Capitulum Ecclesiæ Lugdunensis. | Ecclesia de Buligniaco. |
| — — — | — de Lent. |
| — — — | — de Sandrens. |
| Abbas Athanacensis. | — de Bisia. |
| Prior de Plateria. | — de Condeissia. |
| — — | — de Corziaco castri. |
| Archiepiscopus Lugdunensis. | — de Chano. |
| — — | — de Vonna. |
| Prior loci. | Noville Monialium. |
| — de Montfavrey. | S. Nicetij deserti. |
| Capitulum ecclesiæ Lugdunensis. | — de Buenons & Castillionis d'Ambarum. |
| Abbas Trevorchij. | S. Andreæ le Panoux. |
| | — de Montfavrey. |
| — — | — de Buella. |
| — — | — de Greisieu. |
| — — | — de Monracol. |
| — Cluniacensis. | — de Charveiria. |
| Prior Pontis Velle. | — de Capella. |
| — — | S. Cirici prope Sandrens. |
| — S. Petri Matisconensis. | — de Longo Campo. |
| — Matisconensis. | — de Serva. |
| Archiepiscopus Lugdunensis. | — de Leiponas. |
| Capitulum Matisconensis. | — de Monfalcon. |
| — — | S. Cirici prope Baugiacum supra Mentonem. |
| Abbatissa S. Petri Monialium. | — de Monticu. |
| — — | — de Marliaco. |
| Archiepiscopus & Archipresbyteratus alternative. | — de Meiseria. |

| Patroni | Ecclesiæ seu beneficia. |
|---|---|
| Archiepiscopus & Archipresbyteratus. | — S. Juliani supra Velam. |
| Prior Noville. | — de Petrosa. |
| Capitulum Matisconensis. | — de Perces. |
| Prior de Salles. | — de Romanis. |
| Capitulum S. Pauli. | — S. Pauli de Varas. |
| Archipresbyteratus. | — S. Georgij. |
| Prior Montis berthodij. | — S. Germani de Renon. |
| — — | — de Suligniaco. |
| — loci. | — Christophori. |
| Archipresbyteratus de Sandrens. | — S. Andree memorosi. |
| Abbas S. Eugendi. | — S. Remigij. |
| Prior de Valleine. | — S. Ginesij supra Mentonem. |
| Decanus Chaveiriaci. | — de Vandans. |
| | Prior de Montfavrey. |
| | — de Buella. |
| | — de Bisiaco. |
| | — de Christophori. |
| | — Chaveiriaci. |

In Archipresbyteratu Dombarum.

| | | | | |
|---|---|---|---|---|
| Capitulum Ecclesiæ Lugdunensis. | | | | Ecclesia de Chaleins. |
| — | — | — | — | de Frens. |
| — | — | — | — | de Grenay. |
| — | — | — | — | de Suriaco. |
| — | Forverij. | | — | de Chillia. |
| — | S. Justi. | | — | de Flurieu. |
| — | S. Nicetij. | | — | de Fontanis. |
| — | — | | — | S. Desiderij Chalarone. |
| — | — | | — | S. Stephani Chalarone. |

| Patroni | Ecclesiæ seu beneficia. |
|---|---|
| Prior de Vallibus. | Ecclesia de Meissimiaco. |
| Abbas Insulæ Barbaræ. | — de Vimy. |
| Prior Pontis Velle. | — de Athanains. |
| — loci. | — Pontis Velle. |
| Decanus Montis Berthodij. | — de Aignerins. |
| Capitulum Ecclesiæ Lugdunensis. | — de Farcins. |
| Decanus Montis Berthodij. | — de Montignieu & Chanteins. |
| — — | — de Moncelz. |
| — — | — Montisberthodi. |
| — — | — de Pollieu. |
| — — | — de Amberieu. |
| — — | — Trevolci. |
| — — | — de Villanova. |
| — — | — S. Nicolas Montis Meruli. |
| — — | — S. Desiderij de Formans. |
| — — | — S. Germani. |
| Abbas Insulæ Barbaræ. | — Rupiscissæ. |
| — — | — de Ars. |
| Capitulum Ecclesiæ Lugdunensis. | — de Dompierre. |
| — — — | — de Riotiers. |
| — — — | — de Rancie. |
| — — — | — de Reirieu. |
| — — — | — de Parcieu. |
| — — — | — de Miserieu. |
| Archiepiscopus Lugdunensis. | — de Berens. |
| — — | — de Illiaco. |
| — — | — de Peisieu. |
| — — | — de Moigneneins. |
| — — | — de Tossieu. |
| — — | — de Sicens. |
| | — de Lancieu. |
| Prior S. Germani. | — de Buxiges. |

| Patroni | Ecclesiæ seu beneficia. |
|---|---|
| Prior de Novilla. | Ecclesia de Chancins. |
| — — | — de Clemencia. |
| — S. Andræ Duiria. | — de Bey. |
| — loci. | — S. Andreæ Duiria. |
| — S. Martini. | — de Crusilles. |
| Abbatissa S. Andræ Viennensis. | — Cormarenchi. |
| — S. Petri Monialium Lugduni. | — de Mionnay. |
| Capitulum S. Justi. | — de Genollieu. |
| Priorissa. | — de Guierrins. |
| Abbas Insulæ Barbaræ. | — de Montanay. |
| — — | — S. Desiderij Miribelli. |
| — — | — de Sathonay. |
| — Athanacensis. | — de Macieu. |
| Prior loci. | — S. Triverij. |
| — S. Triverij. | — de Amarins. |
| Capitulum de Romanis & Decanus Montis Berthodi. | — S. Bernardi Ansæ. |
| Prior loci. | — S. Euphemie. |
| Priorissa loci. | — de Franchelins. |
| Prior de Villario. | — Illidi. |
| — loci. | — de Vallains. |
| Priorissa de Moranceu. | — de Mespillia. |
| Decanus de Limans. | — de Lurcieu. |
| Abbas de Jugo Dei. | |
| Sacrista Maior Insulæ Barbaræ. | |
| Prior S. Andreæ Duirieu. | |
| — Pontis Velle. | |
| — S. Triverij. | |
| — de Lignieu. | |
| — S. Euphemie. | |
| Abbas Insulæ pro castro suo Vimiaci. | |

| Patroni | Ecclesiæ seu beneficia. |
|---|---|
| | Obedientiarius de Macieu. |
| | Decima de Franchelins. |
| | Abbas Belle ville. |
| | Prior Montis Berthodi. |
| | Domus de Poletains. |
| Capitulum Ecclesiæ Lugdunensis. | Ecclesia S. Iohannis de Turignieu. |

### In Archipresbyteratu Ambroniaci.

| Patroni | Ecclesiæ seu beneficia. |
|---|---|
| Abbas Ambroniaci. | Ecclesia de Ambeiriaco. |
| — — | — de Lentenay. |
| — — | — S. Saturnini. |
| — — | — S. Vulbandi. |
| Archiepiscopus Lugdunensis. | — de Vico subtus Varey. |
| Prior de Chavanoz. | — S. Julitæ. |
| Abbas loci. | — Ambroniaci. |
| — S. Ragneberti. | — de Benoncia. |
| — — | — de Lues. |
| Domus de Villars. | — de Cerdone. |
| Abbas S. Eugendi. | — de Dortenco & Monte Cuisello. |
| — — | — de Longo Camelo. |
| — — | — de Martignia. |
| — — | — de Poncins. |
| — loci. | — S. Eugendi. |
| Prior Nantuaci. | — de Lessard. |
| — loci. | — de Nantua. |
| — Nantuaci. | — de S. Albano. |
| — — | — de Senoches & Montis Regalis. |
| — — | — S. Martini de Fraxino. |

| Patroni | Ecclesiæ seu beneficia. |
|---|---|
| Archiepiscopus Lugdunensis. | Ecclesia de Matafelon. |
| — — | — de Vallibus. |
| — — | — de Vicodisinava. |
| Priorissa loci. | — de Villebrois. |
| Capitulum S. Pauli. | — de Arant. |
| — — | — de Chasey supra Indim. |
| Abbas Ambroniaci. | — de Arbenco. |
| Archiepiscopus Lugdunensis. | — de Levis. |
| — — | — de Charis. |
| — — | — de Chau. |
| — — | — de Saligniaco. |
| — — | — de Grangia. |
| — — | — de Ciberenas. |
| — — | — de Bilignieu. |
| — — | — de Briort. |
| — — | — de Cleseu. |
| Prior Nantuaci. | — de Stabulis. |
| — — | — de Givreissia. |
| Abbas S. Eugendi. | — de Intrio. |
| — — | — de Septem Moncellis. |
| — — | — de Oyona. |
| — — | S. Leodegarij de Molinges |
| — — | — de Viri. |
| Episcopus Bellicensis. | — de Isernorum. |
| — — | — de Nat. |
| Abbas Ambroniaci. | — de Jujurieu. |
| — — | — de Leyment. |
| — — | — de Loiettes. |
| — — | S. Hieronimi. |
| — — | — de Serrieres. |
| Prior Nantuaci. | — de S. Donato montis. |
| — — | — de Mornay. |
| Abbas loci. | S. Ragneberti. |

| *Patroni* | *Ecclesiæ seu beneficia.* |
|---|---|
| Prior loci. | Ecclesia S. Benedicti de Saissieu. |
| — de Saissieu. | — S. Cirici Uliaci. |
| Abbas S. Ragneberti. | — de Torcieu. |
| Prior de Grammont. | — S. Desiderij. |
| — — | — de Scillonas. |
| — de Chavanoz. | — S. Julitæ. |
| Archiepiscopus Lugdunensis. | — de Volognia. |
| | — de Lainieu. |
| Abbas Ambroniaci. | — de Marchant. |
| Archiepiscopus Lugdunensis. | — de Samognia. |
| Abbas S. Ragneberti. | — S. Mauritij de Remans. |
| Sacrista Nantuaci. | — de Billignia. |
| | Abbas S. Eugendi Jurensis. |
| | Prior maior & Camerarius. |
| | — de Arbenco. |
| | Sacrista S. Eugendi. |
| | Grangerius de Cultura. |
| | Infirmarius S. Eugendi. |
| | Abbas Ambroniaci. |
| | Elemosinarius Ambroniaci. |
| | Camerarius Ambroniaci. |
| | Abbas S. Ragneberti. |
| | Prior de Loiettes. |
| | — S. Saturnini. |
| | — de Monestreul. |
| | — de Marsilliaco. |
| | — de Lues. |
| | — S. Benedicti de Saissieu. |
| | — de Mairiaco. |
| | — de Raigniaco. |
| | — de Portes. |
| | — de Nantuaco. |
| | Camerarius de Nantuaco. |

| Patroni | Ecclesiæ seu beneficia. |
|---|---|
| | Infirmarius de Nantuaco. |
| | Sacrista de Nantuaco. |
| | Infirmarius Ambroniaci. |
| | Prior de Lagniaco. |
| | Domus Insulæ subtus Quiriacum. |

In Archipresbyteratu Tresortij.

| Patroni | Ecclesiæ seu beneficia. |
|---|---|
| Capitulum Matisconensis. | Ecclesia de Aroma. |
| — — | — S. Imiterij. |
| Abbas S. Eugendi. | — de Chavanes. |
| — — | — de Jaserone. |
| Prior Nantuaci. | — de Charnoz. |
| — — | — de Oncia. |
| — — | — de Treffortio. |
| Abbas Ambroniaci. | — de Druilles. |
| — — | — de Saisiria. |
| — — | — de Toffia. |
| — — | — de Villa reversura. |
| — — | — S. Martini de Monte. |
| rior Gigniaci. | — de Germania & Tholo Jone. |
| — — | — de Montaignia-le-Templier. |
| Archiepiscopus Lugdunensis. | — de Monte florido. |
| Archipresbiter Treffortij. | — de Valefino. |
| | — de Vallegrigniosa. |
| Archiepiscopus Lugdunensis. | — de Arnant. |
| | — de Facies. |
| | — de Genos. |

| Patroni | Ecclesiæ seu beneficia. |
|---|---|
|  | Ecclesia Montaigniaci prope Burgum. |
| Abbas S. Eugendi. | — de Bua. |
| — — | — de Condes. |
| — — | — de Coisia. |
| — — | — de Chalaye. |
|  | — de Novilla. |
|  | — de Cruisiaco. |
| — — | — de Cimandres. |
| — — | — de Druin. |
| Archiepiscopus Lugdunensis. | — de Corant. |
| — — | — de Rigina. |
| — — | — de Sise. |
|  | — d'Essartines. |
| Prior loci. | — de Lovena. |
| Capitulum Ecclesiæ Lugdunensis. | — de Moiria. |
| Prior S. Petri Matisconensis. | — de Meillonas. |
| — Gigniaci. | — de Montagniaco. |
| — — | — de Pressia. |
| — loci. | — de Gigniaco. |
| Episcopus Bellicensis. | — de Poilliaco. |
| — — | — de Romaneche. |
| — — | S. Juliani & de Villa Chantria. |
| Abbas Ambroniaci. | — de Revona. |
| — — | — de Trancleria. |
| — — | — de Vobles. |
| Prior Nantuaci. | — de Vecles. |
|  | — de Buenco *alias* Altæ Curiæ. |
|  | — S. Mauritij. |
| Prior de Crues. |  |
| — de Saisiria. |  |

| Patroni | Ecclesiæ seu beneficia. |
|---|---|
| | Prior d'Essartines. |
| | — de Tressortio. |
| | — de Lovena. |
| | — de Monteforti. |
| | — de Vobles. |
| | — de Gigniaco. |
| | — de Silligniaco. |
| Archiepiscopus Lugdunensis. | — de Oncia. |

### In Archipresbyteratu Cologniaci.

| Patroni | Ecclesiæ seu beneficia. |
|---|---|
| Capitulum Matisconensis. | Ecclesia de Andelost. |
| — — | — S. Amoris. |
| — S. Nicetij. | — de Borcia. |
| Prior Gigniaci. | — de Cuisello. |
| — — | — de Espi. |
| — — | — de Varennis S. Salvatoris. |
| Abbas S. Eugendi. | — de Cologniaco. |
| — — | — de Monte S. Remigij. |
| Prior Gigniaci. | — de Montaignia le Recondu. |
| — — | — de Cosance. |
| — — | — de Cuisia. |
| — — | — de Champagnia. |
| — — | — de Dompno Martino. |
| — — | — de Gigniaco. |
| — — | — de Donseurre. |
| — — | — de Frontenay. |
| — — | — de Joudes. |
| — — | — S. Crucis. |
| — — | — de Veiria. |
| — — | — de Verona. |

| Patroni | Ecclesiæ seu beneficia. |
|---|---|
| S. Petri Matisconensis. | Ecclesia de Buelle. |
| Archipresbyter Cologniaci. | — de Condas. |
| — — | — de Cormoz. |
| — — | — de Nantello. |
| — — | — S. Sulpitij. |
| — — | — de Rosay. |
| Abbas S. Eugendi. | — de Cormangond. |
| — — | — de Villa Monasterij. |
| Capitulum Mastisconensis. | — S. Iohannis de Torcularibus. |
| | Prior de Villa Monasterij. |
| | — de Castro Caprino. |
| | — de Cologniaca. |
| | — S. Theodori de Donseurro. |
| | Abbas de Miratorio. |
| | Prior de Villa clausa pro castello suo Cuiselli. |

### In Archipresbyteratu Baugiaci.

| | |
|---|---|
| Capitulum S. Pauli. | Ecclesia de Arbignan & de Cermoya. |
| — S. Nicetij. | — de Beiny. |
| Abbas Ambroniaci. | — de Brou *alias* Burgi in Breissia. |
| Capitulum Matisconensis. | — de Cra. |
| — — | — de Chavagnia. |
| Abbas Trevorchij. | — de Chevroux. |
| — — | — de Ponte Vallium. |
| Prior Gigniaci. | — de Foissia. |
| — S. Petri Matisconensis. | — de Gorrevod. |

| Patroni | Ecclesiæ seu beneficia |
|---|---|
| Prior S. Petri Matisconensis. | Ecclesia de Manziaco. |
| — — | — de Marsona. |
| — — | — S. Johannis supra Roissolam. |
| — — | — S. Martini castri prope Burgum. |
| Archiepiscopus Lugdunensis. | — de Lescheroux. |
| — — | — de Malaserta. |
| Custos Lugdunensis. | — Baugiaci ville. |
| Episcopus Matisconensis. | — de Montpons. |
| — — | — de Romenay. |
| Prior loci. | — de Marbo. |
| Capitulum S. Nicetij. | — de Curtasont. |
| Abbas S. Eugendi. | — Attignia. |
| — — | — de Cueil. |
| — — | — de Fluria. |
| — — | — de Viria. |
| Prior S. Petri Matisconensis. | — de Bartauges. |
| — — | — de Rosay. |
| — — | — de Bereisia. |
| — — | — S. Laurentij de Curtia. |
| — — | — de Felins. |
| — — | — de Jaia. |
| — — | — de Tecla. |
| — — | — de Menestreuil. |
| — — | — de Raucies. |
| — — | — de Replonges. |
| — — | — S. Juliani supra Roissosam. |
| — — | — S. Desiderij de Onciaco. |
| — — | — de Sornay. |
| Abbas Trevorchij. | — de Brienna. |
| — — | — Baugiaci Castri. |

| Patroni | Ecclesiæ seu beneficia. |
|---|---|
| Abbas Trevorchij. | Ecclesia de Perona. |
| — — | — S. Dionisij de Saisiriaco. |
| — — | — de Villanova & de Genesta |
| Capitulum S. Pauli. | — de Croseil. |
| Abbas Trevorchij. | — de Chavanes supra Roissosam. |
| Capitulum S. Pauli. | — S. Triverij de Courtoux. |
| — Matisconensis. | — de Confrançon. |
| — | — de Vecors. |
| Prior Gigniaci. | — de Capella nada. |
| — — | — de Estres. |
| — — | — S. Nicetij iuxta Courtoux |
| | — S. Stephani supra Roissosam. |
| Custos Lugdunensis. | — de Courtoux. |
| Capitulum Ecclesiæ Lugdunensis. | — de Poilliaco. |
| — — | — S. Stephani nemorosi. |
| | — S. Sulpitij. |
| Prior Nantuaci. | — S. Martini de Larena. |
| — de Villario. | — de Servigniaco. |
| | Prior de Brou *alias* Burgi. |
| | Castrum de Romenay. |
| | Prior S. Petri Matisconensis. |
| | — de Marbo. |
| | — de Seillons. |
| | — de Monte merulo. |
| | — Baugiaci & de Chivroux. |
| | Capitulum Matisconensis. |
| | Catherini in Ecclesia Matisconensi. |
| | Sacrista S. Petri *alias* de Chevroux. |

Ainsi a esté distingué l'ordre des *Archipreuerez* cy devant transcript, pour cognoistre ce qui depend du siege Archiepiscopal de Lyon & Primatial des Gaules, lequel ha outre ce pour villes & citez suffragantes, Authun, Mascon, Chalon & Langres, ce que ne pouvoit estre teu, attendu l'intention & methode par nous proposée. Voilà tout ce qui concerne l'estat ecclesiastique lyonnois.

Forme & eſtat de la Iuſtice ancienne & moderne
tant ſpirituelle que temporelle de Lyon.

### CHAPITRE XV.

ORES que nous ayons aſſez amplement traitté du droict de juſtice que ſouloit avoir l'Egliſe en la ville de Lyon, ſi eſt ce que par manière de recapitulation, faiſant par meſme moyen un Epitome de toutes les juſtices en general de lad. ville, la repetition breſve de ce que deſſus avec quelque addition ne ſera impertinente, ſans obmettre neantmoins les Chapitres particuliers de chacune d'icelles. Dautant que ce qui eſt icy deſcript concerne pluſtoſt l'eſtat de la Seneſchaulcée & du Siege Preſidial que d'autre choſe. A quoy nous a ſemblé bon premettre ceſt advertiſſement pour ne ſembler eſtre inadvertamment confuz en la forme & Eſtat ſuivant.

A cauſe de l'ancienne fondation de l'Egliſe de Lyon, les Archeveſques, Doyen, Chanoines & Chapitre d'icelle ont heuz (comme dict eſt) pluſieurs beaux droictz, auctoritez, prerogatives & preéminences en lad. ville de Lyon & aux villes, chaſteaux & ſeigneuries qu'ilz ont au païs de Lyonnois.

Entre autres droictz ilz avoient anciennement en lad. ville degré de Iuriſdiction, haulte, moyenne & baſſe Iuſtice, droictz de Regalle tant par terre que par eau es fleuves du Rhoſne & Saone.

Pour raiſon deſquelz droictz & ſpeciallement pour le reſſort & ſouveraineté y a eu pluſieurs differens, dautant que les officiers du

Roy y avoient esté empeschez de maniere que le temporel de lad. Eglise fut saisy & mis entre les mains du Roy (1).

Mais à la requeste de Innocent IV, pape, lors demeurant en lad. ville de Lyon, ces differens furent assopiz & terminez par transaction faicte au mois de novembre l'an 1307.

Et par l'advis de plusieurs grandz seigneurs de ce royaume, specialement de messire Pierre de Belleperche, l'un des plus grandz & doctes personnages qui ayent esté de son temps, le Roy delaissa lad. jurisdiction haulte, moyenne & basse de lad. ville de Lyon à lad. Eglise, soubz toutesfois sa protection, garde, ressort & souveraineté.

A la charge que le premier ressort sera & appartiendra à ladicte Eglise, assavoir que les premieres appellations interiectées de leurs iuges ordinaires ressortiroient pardevant le iuge des appeaux, & dud. iuge des appeaux en la court de Parlement à Paris, ou bien pardevant deux ou trois conseillers de sa Maiesté, qui estoient à ce commis au chois toutesfois de lad. Eglise. En faveur de laquelle fut expressément convenu & accordé que les officiers du Roy ne tien-

---

(1) Il est assez difficile de noter avec une rigoureuse précision toutes les vicissitudes que subit le siége de la Justice Royale du XIIIe au XVIe siècle, d'autant plus que plusieurs de ses déplacements furent le résultat de luttes fréquentes, dans lesquelles les officiers de l'archevêque & du Chapitre avaient eu parfois, mais temporairement, l'avantage. Ce récit de Nicolay se ressent de cette difficulté, il est cependant utile de fixer, comme point de repère, quelques dates qui serviront à concilier ou à redresser les opinions des historiens.

C'est en 1269 qu'avec S. Louis la Royauté est, pour la premiere fois, intervenue dans les querelles de l'Eglise & des habitants de Lyon. (V. Monfalcon, t. Ier, p. 398, édition de 1859). La justice fut remise au Roi par un compromis intervenu entre les parties & daté de cette année. Elle fut rendue en 1272 à l'église par Philippe-le-Hardi, qui retint toutesfois les habitants de Lyon sous sa sauvegarde & institua, pour les protéger, un gardiateur. Elle fut saisie de nouveau en 1312 par Louis-le-Hutin au nom du roi Philippe-le-Bel, qui se rendit définitivement acquéreur de la justice temporelle de la ville par son traité avec l'archevêque Pierre de Savoie, du 10 avril 1312. Cette situation nouvelle donna lieu à la création de la sénéchaussée par édit du 23 juin 1313.

Philippe-le-Long restitua de nouveau la justice temporelle à l'Archevêque, le 4 avril 1320, mais en retenant pour son sénéchal le droit d'appel & pour son gardiateur le droit de protection des habitants; cet officier devait résider à Lyon, mais le sénéchal, hors de la ville & des terres de l'église. L'archevêque a conservé sa justice temporelle jusqu'en 1562.

Depuis 1328, le siège de la justice du ressort était à l'Ile-Barbe; il fut transporté ensuite à Saint-Just hors de la ville & sur un territoire indépendant de la justice de l'archevêque & enfin il fut établi en 1349 avec les autres offices royaux dans le Palais de Roanne. C. B.

droient la iustice en lad. ville de Lyon ny es terres de lad. Eglise & que les habitans d'icelle ville ne pourroient decliner la iurisdiction de lad. Eglise soubz pretexte de l'instance de complainde, laquelle toutefois par prevention doit appartenir aux iuges royaux.

Et de ce temps ne demeuroit en lad. ville aucun officier pour le roy, sinon un personnage que l'on nommoit Gardiateur, lequel estoit choisi & esleu par chascun an, & ne pouvoit estre continué en ceste charge plus d'un an, sinon du consentement de lad. Eglise.

Lequel Gardiateur estoit preposé pour maintenir les citoyens & habitans de lad. ville soubz la protection & sauvegarde du roy; mais led. Gardiateur n'avoit autre degré de iurisdiction & ne debvoit aucunement empescher la iurisdiction de ladicte Eglise.

Dont il semble qu'il estoit au lieu de ceux que nous appellons gouverneurs, lesquelz curieusement doibvent garder que la ville & citoyens de Lyon soient conservez & entretenuz soubz l'obéissance du roy & ne se doivent aucunement mesler du faict de la iustice.

Et combien que par ledict office de Gardiateur ne deust aucune chose estre innovée au preiudice de ladicte iustice ordinaire, toutesfois est advenu que les citoyens & habitans de lad. ville pour le mauvais traictement, ou peut estre des seigneurs de ladicte Eglise, de leurs officiers ou bien pour avoir plus bresve & prompte iustice, appellerent souvent ledict Gardiateur aux fins de les maintenir & garder à la protection du roy & prenoient des penonceaux du roy. Que s'il y avoit aucun qui voulut contredire ladicte maintenue, il estoit mis en proces pardevant les officiers du roy, qui doivent specialement cognoistre des infractions & resistances qui se font aux mandemens & edictz de sa Maiesté. Et de ce Gardiateur l'usage des sauvegardes qui est si frequent & commun en lad. senefchaulcée de Lyon a esté introduict, pour raison de quoy la iurisdiction ordinaire de lad. Eglise fut de peu à peu de beaucoup enervée. Par ce si tost que mutation advenoit en une maison & famille, ou qu'il y eust des differens pour raison des successions, ou bien que l'on voulut s'asseurer des acquisitions, l'on prenoit lettres dudict Gardiateur pour en icelles faisant executer estre maintenuz & gardez en la possession, faifine & ioyffance de la chofe dont eftoit queftion. Et en la province lyonnoife, la pratique eft encores aujourd'huy en ufage d'obtenir lettres de fauvegarde, defquelles lettres s'il y a oppofition, trouble ou empefchement, les officiers du roy en cognoiffent privativement aux juges ordinaires de lad. Eglife.

Or, par fucceffion de temps, les differens furent fi grandz entre les citoyens de ladicte ville, foit pour raifon dudict droict de garde ou des autres cas qui font cenfez royaux que iaçoit que le reffort & fouveraineté en fut refervée au roy tant feulement, de maniere que par lad. tranfaction il n'eftoit loifible de commettre aucunes perfonnes officiers du roy au païs de Lyonnois pour iuger & décider des caufes, ores qu'elles fuffent de petite fomme & de peu de confequence, toutesfois la ville de Lyon commençant de prendre quelque reputation, tant pour les negoces & trafiques que pour le paffage, le roy, pour le bien, prouffict & foulagement de fes fubiectz, & afin que fur les lieux fut rendue juftice fans qu'ilz fuffent contrainctz aller hors la province lyonnoife, auroit eftably le fiege du bailli de Mafcon, fenefchal de Lyon au bourg de l'Ifle lez lad. ville de Lyon pour iuger & decider lefdictz proces, & il y a demeuré long-temps.

Lors le Comté & païs de Foreft eftoit tenu par la maifon de Bourbon, les officiers de laquelle ne cognoiffoient que des cas ordinaires, & pour le regard des cas royaux, comme lefdictes lettres de garde, execution de contractz foubz feel royal, port d'armes, refcifions de contractz, remiffions, graces, pardons & de plufieurs autres, le roy avoit ordonné un juge ou chaftellain à S. Symphorien le Chaftel qui eft une ville en Lyonnois, marchiffante fur le Foreft, qui cognoiffoit defdictes caufes felon les commiffions & addreffes qui luy eftoient faictes par le roy ou fa court de Parlement.

Depuis ledict fiege auroit efté tranfporté à S. Iuft que l'on peut dire eftre fauxbourg de lad. ville de Lyon, & finallement pour la commodité defdictz citoyens en la ville de Lyon en la maifon & hoftel de Rohanne, fituée pres la riviere de Saone, parroiffe S. Croix, & au devant une ancienne chappelle nommée S. Alban, laquelle maison & hostel fut donné au roy par une dame dont ie n'ay peu sçavoir le nom ; c'estoit anciennement une maison forte & insulaire accompaignée de deux grosses tours, mais par usurpation se voit à present qu'elle est ioincte à d'autres maisons (1).

(1) Nicolay se fait ici l'écho d'une des légendes qui avaient cours, au xvi° siècle, sur l'origine de la maison de Roanne. Paradin s'exprime ainsi à son sujet : « Aucuns ont opinion que l'Hostel « de Roanne où se tient & exerce le tribunal de justice royale & siège présidial, a prins ce nom « des seigneurs de Roanne, comme ayans autrefois possédé cette maison, à l'exemple de plus « grands seigneurs qui souloyent avoir des maisons en la cité de Lyon. Toutesfois ie n'ay ny « veu, ny leu, ny ouy aucune chose des seigneurs de Roanne, en toutes les mémoires que j'ay « peu rechercher concernans ce sujet. Il y en a d'autres qui le prenent plus haut, disant qu'entre « les dames de Lyon qui souffrirent martyre sous l'empereur Septimus Severus, il y en avoit « une qui se nommoit Rhodana, de laquelle porte encore le nom cette maison, que l'on nomme « jusques aujourd'huy en latin Rhodana, lequel nom l'on dict avoir esté continué de main en « main & de temps en autre, jusques à présent, & disent avoir esté la maison de cette saincte « dame Rhodana... Tous ces discours sont conjectures, & en pensera chacun ce que bon luy « semblera. » (*Mémoires de l'Histoire de Lyon*, liv. III, chap. 1°, p. 264. — Cf. liv. II, chap. XIV, p. 90).

Tous ces discours ne sont, en effet, que des conjectures, car la vérité historique veut que l'on dise que la maison de Roanne n'était, à l'origine, qu'une simple maison canoniale sujette, comme toutes les autres à cens & servis ; qu'elle fut innommée d'abord, puis appelée *de Roanne*, dès la fin du XIII° siècle, du nom des chanoines qui l'avaient habitée pendant près de cent ans, &, enfin, que le nom de *maison royale*, d'*hôtel* ou de *palais de Roanne*, ne lui fut appliqué que dans la premièr. moitié du xiv° siècle, alors qu'elle échut au roi de France & qu'elle devint le siège de la justice. C'est ce que prouvent des documens dont l'autorité ne sauroit être contestée.

A la fin du XIII° siècle, un chanoine Ilion, mentionné par son seul prénom, avait sur cette maison une créance de 1000 sous, qu'il laissa au chapitre métropolitain pour le service de son anniversaire. Elle était alors appelée *domus Heraclii de Roannes*, parce qu'elle appartenait à Héraclius de Roanne, qui fut chanoine de 1171 à 1209. (V. *Obituarium Lugdunensis ecclesiæ*, p. 30). Héraclius la transmit à son neveu Guillaume de Roanne (v. *Titres d'Ainay*, ch. de janvier 1261), aussi chanoine de la métropole qui, quelques années avant sa mort, en fit donation entre vifs au clerc Renaud de la Ferté, à la charge d'une pension viagère de 100 sous de viennois, & à la condition d'acquitter l'anniversaire d'Ilion & un autre anniversaire fondé par le donateur. Guillaume de Roanne révoqua dans la suite cette donation & légua sa maison, par testament du mois de septembre 1265, à son ami Hugues de la Tour, sénéchal de Lyon. Par un acte séparé, daté du 23 septembre de la même année, Hugues de la Tour accepta le legs & prit l'engagement de payer aux héritiers du testateur 300 livres de viennois & d'acquitter les fondations d'anniversaires assignées sur l'immeuble (v. *Arch. du Rhône*, *Arm. Agar.* vol. 2, n°° 12 & 31).

Hugues de la Tour était fils d'Albert III, sire de la Tour-du-Pin, & frère d'Humbert I de la Tour. Ce dernier, qui recueillit sa succession, devint, en 1281, dauphin de Viennois, par suite de son mariage avec Anne, fille du dauphin Guigues VIII, sœur & héritière du dauphin Jean I. Au mois de décembre 1288, il reconnut tenir en emphytéose de l'église de Sainte-Croix, sous le cens ou servis de 21 deniers forts & nouveaux de Lyon, la maison qui lui provenait de son

Pour raison de quoy les seigneurs de lad. Eglise, prevoyant que l'auctorité de leur justice seroit beaucoup diminuée si celle du roy y estoit ordinairement exercée, feirent grande instance tant envers le roy que sa court de Parlement, à Paris, à ce que led. siège fut remis & transporté hors lad. ville de Lyon.

frère. C'est dans cette reconnaissance que j'ai trouvé cette maison, dite pour la première fois de Roanne : *Cum domus dicta de Roanna, sita Lugduni, prope ecclesiam Sancti Albani Lugdunensis, curtile eidem domini a parte aque Sagonne inferius adjacens, ad nos devenerint ex successione bone me moriens carissimi fratris nostri Domini Hugonis de Turre, quondam senescalci Lugdunensis, nos invenientes relatione fide dignorum & aliis legitimis documentis ipsam domum cum curtile predicto esse & dudum retroactis temporibus exstitisse de directo dominio ecclesie Sancte Crucis Lugdunensis & custodum ipsius, sub annuo censu seu servicio viginti & unius denariorum fortium novorum Lugdunensium... annis singulis solvendorum.. volentes bonam fidem & veritatem agnoscere..., nos presatam domum cum curtile predicto afferimus & recognoscimus nos tenere & velle tenere in emphiteosim, sub annuo censu predicto, ab ecclesia Sancte Crucis predicta, &* (Agar., vol. 2, n° 12).

Après la mort de Humbert I, la maison dite désormais de Roanne fut successivement possédée par les dauphins Jean II, Guigues VIII & Humbert II. Ce dernier, après la réunion du Lyonnais à la France, la céda au roi, d'abord à titre précaire, soit pour y loger le gardiateur royal des Lyonnais, soit d'autres officiers, puis à titre définitif, en même temps que toutes ses terres patrimoniales, par les traités des 23 avril 1343 & 9 juin 1344. C'est ce qui ressort très explicitement d'un acte de Charles VI, dans lequel il s'exprime ainsi au sujet de cette habitation : *in domo nostra Rodane nobis cum Delphinatu Viennensi acquisita* (Cartulaire municipal, p. 278).

Dès l'an 1334, au moins, & par la raison que les panuonceaux du roi s'étalaient sur sa façade, la maison fut qualifiée de *royale*. Dès cette même année on voit aussi Philippe de Chavéry, bailli de Mâcon, essayer de lui faire perdre son caractère d'édifice purement privé, en venant, en personne, y siéger avec le juge-mage de la cité & du ressort de Lyon: (*Coram ipso domino baillivo, in domo regia de Ruanna Lugdunensi, in judicio sedente & existente* (Ibid. p. 128), & cela contrairement aux traités intervenus en 1307, 1312 & 1320, entre le roi & les archevêques, traités par lesquels il avait été très expressément stipulé qu'aucun siège de justice royale ne serait établi dans la ville. Plus tard, en 1341, le juge-mage Jean de Parcy, tenta aussi, mais en vain, d'y asseoir son siège. Enfin, en 1376, Oddard d'Autteville, bailli de Mâcon, en apparence de sa propre autorité, mais en réalité, sans doute, agissant en vertu d'instructions précises, y installa son lieutenant, y fit pratiquer des prisons & construire un tribunal, non seulement pour le juge ordinaire mais encore pour celui des exempts, le maître des ports, le prévôt des monnaies, le lieutenant du petit sceau de Montpellier, le lieutenant du garde du sceau royal de Mâcon & le juge des juifs. Depuis cette époque, & malgré l'opposition la plus vive & la plus énergique des archevêques Jean de Talaru & Philippe de Thurey, malgré aussi un arrêt du parlement qui fut réformé en partie, il est vrai, après 20 ans de procédure, la maison de Roanne, tout en étant, comme au XIII° siècle, grevée de fondations & sujette à cens & servis, devant le siège officiel non seulement des juridictions royales alors établies, mais encore de toutes celles que des nécessités administratives devaient faire importer ou instituer ; on y transféra de Mâcon en 1415, l'atelier monétaire, &, en 1435, la Sénéchaussée. Plus tard on y installa un des 30 sièges présidiaux créés

Tellement que par arreſt de lad. court fut ordonné que led. ſiege feroit levé de lad. maiſon de Rohanne. Et finalement furent eſtablis deux conſeillers de lad. court pour executer led. arreſt, ce qui fut faiƈt : mais comme il advient ſouvent que l'on s'oblie en ſa grandeur, en ſon bien & en ſa fortune, bien toſt apres ladiƈte exe-

par Henri II, plus tard auſſi la Cour des Monnaies, l'Eleƈtion, le Bureau des Finances & le Conſeil ſupérieur.

La maiſon de Roanne conſerva juſque vers la fin du xviie ſiècle ſon aſpeƈt féodal, dont la deſcription de Nicolay & ſurtout le grand plan ſcénographique du xvie ſiècle réédité, il y a quelques années, par les ſoins de la Société de topographie hiſtorique de Lyon, peuvent donner une idée. En 1686, elle fut en quelque ſorte transformée. A cette époque, l'enſemble du monument, qui n'était, à proprement parler, qu'une ſérie de corps de logis formant un quadrilatère irrégulier accompagné de tours à chacun de ſes angles, fut diviſé en deux parties bien diſtinƈtes. Chacune de ces parties reçut une façade en rapport avec ſa deſtination ſpéciale. L'une fut affeƈtée au palais proprement dit, l'autre aux priſons.

Cet état de choſe perſiſta pendant plus d'un ſiècle. En 1760, néanmoins, des plaintes commencèrent à s'élever, puis à faire l'objet d'une correſpondance aƈtive entre les repréſentants de l'autorité royale à Lyon & le miniſtère, contre l'état de vétuſté des priſons & leur inſalubrité, contre les charges très onéreuſes de l'entretien du palais, ſon incommodité & ſurtout ſon inſuffiſance pour tous les ſervices qui y fonƈtionnaient forcément confondus & enchevêtrés les uns dans les autres. Ces plaintes étaient trop juſtes, trop fortement motivées pour reſter ſtériles. M. Lallié, ingénieur en chef des ponts & chauſſées de la généralité, reçut l'ordre d'étudier un projet d'améliorations donnant ſatisfaƈtion à tous les beſoins. Le 8 oƈtobre 1764, il dépoſa ſon rapport concluant à la reconſtruƈtion totale du palais & des priſons & à l'annexion au nouveau palais de l'hôtel de Fléchère, qui lui était contigu, ainſi que de toutes ſes dépendances.

Cet hôtel, qui portait le nom de la famille qui l'avait fait édifier, était ſitué entre le palais, la Saône & les murs de l'ancien cloître de Saint-Jean. Son emplacement était celui du tènement dit jadis de Saint-Alban. Ce tènement qui conſiſtait, au xiie ſiècle, en une égliſe ou chapelle, une maiſon d'habitation & quelques cours ou jardins, fut donné, en 1174 ou 1175, ſous la ſeule réſerve de 10 ſous de cens, par Guichard, archevêque de Lyon, à Odon II, abbé de S.-Oyen ou St-Claude dans le Jura. Le pape approuva cette donation &, par bulle ſpéciale, accorda des privilèges particuliers à l'égliſe qu'il unit à perpétuité à l'abbaye de S.-Oyen & qui fut, quelque temps après, érigée en prieuré.

Le prieur de St-Alban était tenu à réſidence. C'était une ſorte de délégué de la célèbre abbaye bénédiƈtine en permanence auprès du ſiège métropolitain. Les revenus de ſon prieuré conſiſtaient preſque uniquement en quelques droits cenſuels à percevoir ſur le vignoble de Fourvière & en fondations pieuſes faites dans les chapelles intérieures de la Ste-Vierge & de S.-André, revenus à peine ſuffiſants pour ſubvenir à ſon entretien perſonnel. Au xve ſiècle, la maiſon & l'égliſe de S.-Alban conſtituaient une charge ſérieuſement onéreuſe, charge qui n'était, en ſomme, compenſée que par l'agrément ou l'économie que pouvaient trouver les religieux de S.-Claude à venir prendre gîte dans un local à eux appartenant, lorſqu'ils étaient appelés à Lyon.

Dans le but d'exonérer ſon monaſtère, l'abbé Jean Louis de Savoie, fit ceſſion emphytéotique

cution est advenu aussi que pour raison des contraventions & quelques insolences faictes contre l'auctorité du roy & ses officiers (dont il y a cy devant esté faict mention) ledict siege fut remis aud. hostel & maison de Roanne & y a demeuré & continué iusques à present, lieu veritablement plus commode pour l'administration de la justice

de la maison, de ses droits & dépendances, à la réserve d'une pension de 10 livres & d'un logement pour lui ou ses religieux venant à Lyon, à Claude d'Avrillat, docteur en droit, lequel la transmit à Falcon d'Avrillat, son fils, chevalier, président au parlement de Dauphiné, qui mourut en 1534, ne laissant qu'une fille, Méraude d'Avrillat, femme de Laurent Rabot, conseiller au parlement de Dauphiné. Ce dernier en obtint, le 15 mars de la même année, de Pierre de la Baume, abbé de S.-Claude & archevêque de Besançon, une nouvelle cession qui fut confirmée par le pape Paul III. En 1569, il subrogea en son lieu & place Néry de Tourvéon, lieutenant général civil & criminel en la sénéchaussée de Lyon. Le 14 septembre 1574, l'abbé Marc de Rye, autorisé de son chapitre, aliéna d'une manière définitive, purement & simplement, aux seules conditions stipulées par l'acte de 1472 & à la charge en outre de réparer les dégâts commis, en 1562, par les huguenots, non seulement la maison mais encore l'église, qui n'avait plus le titre alors que de simple chapelle, audit sieur de Tourvéon & à Catherine de Chaponnay, son épouse. Le 23 avril 1638, Jeanne Girard, veuve de Charles de Tourvéon vendit, tout le tènement, au prix de 24,000 livres, à Pierre de Sève, seigneur de Fléchère en Dombes, lieutenant général de la sénéchaussée, qui fit raser l'ancienne résidence du prieur & édifier à sa place, mais dans des proportions autrement considérables, la maison appelée depuis, du nom de sa terre patrimoniale, l'*Hôtel de Fléchère*. La chapelle à cette époque tombait déjà en ruine, mais cependant elle ne disparut que bien plus tard. Ce ne fut, en effet, que le 27 mars 1754, que le cardinal de Tencin, archevêque de Lyon, accorda à Etienne-Horace-Gabriel de Sève, baron de Fléchère, conseiller au parlement de Paris, l'autorisation de la démolir & d'en translater le service dans l'église paroissiale de Ste-Croix, à la condition en outre de transporter les vases sacrés, les reliquaires & les fondations dans la même église, de défoncer le cimetière jusqu'à la profondeur de 3 pieds, & de déposer dans le cimetière paroissial les ossements exhumés.

L'annexion de l'hôtel de Fléchère demandée par Lallié pour l'agrandissement du palais, paraissait une nécessité tellement évidente, que quelques jours seulement après le dépôt de son rapport, & conséquemment bien avant que les plans & projets fussent arrêtés d'une manière définitive (ils ne le furent que le 6 avril 1770), les échevins de Lyon crurent devoir entrer en pourparlers avec M. de Sève pour en obtenir la cession. Ces pourparlers aboutirent. Dès le mois de juin 1765, ils purent entrer en possession de l'hôtel, de ses dépendances, & le 1er mars 1768, fut dressé, en forme solennelle, l'acte par lequel la ville, en conformité des lettres patentes du 5 mars 1767, qui mettaient à la charge des communes les prisons & tous les établissements où se rendait la justice, en faisait l'acquisition, moyennant la somme de 60.000 livres & 480 livres d'étrennes, « pour & au nom du roi, & pour servir à tel usage public qu'il plaira à sa majesté d'ordonner. »

La Sénéchaussée, la première, y établit ses bureaux. Elle y tint ses séances jusques en 1776, nonobstant un arrêt du Conseil, du 22 juillet 1773, qui lui avait enjoint d'aller siéger de nouveau dans le rez-de-chaussée du palais. Elle fut remplacée dans l'hôtel par l'Election & le Bureau des

qui foit en lad. ville. Dautant qu'il eſt à la venue & deſcente des païs reſſortiſſans audict ſiege & ioignant lad. riviere de Saone. Et tout incontinent la cognoiſſance deſdictz cas royaux des bailliages de Foreſt & Beauiolois fut attribuée audict ſiege de Lyon, pour raiſon de quoy y avoit ſi grande affluence que c'eſtoit l'un des plus beaux ſieges reſſortiſſans en lad. court de Parlement, à Paris.

Bien tôſt apres, la juriſdiction de ladicte Egliſe commença de diminuer tant parce que les officiers du roy tenoient la main à ce que par les officiers ordinaires ne fut rien entreprins contre & au preiudice de l'auctorité & juſtice du roy. Et auſſi que les doyen, chanoines & chapitre de lad. Egliſe, ſoubz l'auctorité deſquelz lad. Juſtice ordinaire eſtoit exercée par commun avec l'archeveſque dud. Lyon, la luy quictant & delaiſſant entierement, ſans en retenir autre prerogative, ſinon que la preſtation du ſerment des officiers ordinaires, & qu'aux criées & proclamations, qui ſe feroient en ladicte ville, ilz y feroient compris & nommez avec led. archeveſque. Et ſuivant ce, leſd. proclamations ſe faiſoient en la forme ſuivante : de par Monſeigneur l'archeveſque Comte de Lyon, ſeigneur hault juſticier de lad. ville, les doyen, comtes, chanoines & chapitre de lad. Egliſe & Corrier, juge criminel de Lyon, l'on vous faict aſçavoir.

finances. Ces dernières inſtallations, faites à titre tout à fait proviſoire & en attendant la miſe à exécution des lettres patentes de novembre 1772 ordonnant la démolition des bâtiments & la reconſtruction du palais, perſiſtèrent juſqu'à la Révolution, qui ſupprima toutes les anciennes juridictions. Des difficultés financières, moins encore peut-être que des modifications inceſſamment réclamées aux plans dreſſés par l'ingénieur de la généralité, firent différer d'année en année l'édification du palais. Quant aux priſons, dont la ſûreté ſe trouvoit de plus en plus compromiſe par toutes ces lenteurs, un arrêt du Conſeil, du 22 juillet 1784, approuvant les plans dreſſés par l'architecte Pierre-Gabriel Bugniet & ſon devis s'élevant à la ſomme totale de 119,366 livres 6 ſous, décida enfin qu'elles ſeroient immédiatement reconſtruites ſur leur propre emplacement & non ſur celui de l'hôtel de Fléchère, comme on l'avoit projeté d'abord. Le 4 décembre ſuivant l'adjudication du gros œuvre de maçonnerie fut donnée au ſieur Blaiſe Peregri, & le 8 janvier 1785, Antoine Fay, baron de Sathonnay, prévôt des marchands, Philippe Choignard, Antoine Neyrat, Léonard Gay & Louis-Joſeph Baroud, échevins de Lyon, en poſèrent la première pierre avec une inſcription commémorative. Les travaux ne furent complètement achevés qu'en 1793. La priſon de Roanne était un véritable chef-d'œuvre en ſon genre. Bien des gens parlent encore du ſentiment d'effroi, de l'impreſſion de triſteſſe profonde qui les ſaiſiſſaient à la vue de ce ſiniſtre monument.                                              M.-C. G.

Et ladicte Eglise n'a retenu en lad. ville autre jurisdiction, sinon celle que l'on appelle du glaive, laquelle est speciallement introduicte pour les personnes ecclésiastiques demeurans au cloistre de lad. Eglise, pour l'exercice de laquelle justice sont commis toutes les années deux chanoines dud. Chapitre (1).

Et sur ce qu'ilz pretendent que les laiz demeurans audict cloistre sont subiectz & iusticiables aud. glaive, ensemble toutes les maisons qui sont iusques à lad. chappelle S. Alban, & les coponiers de S. George, les officiers du roy les empeschent & soustiennent que ladicte justice est limitée pour les personnes ecclesiastiques habitans aud. cloistre comme dict est.

Doncques ledict sieur archevesque estant demeuré seul seigneur hault justicier de lad. ville de Lyon pour l'exercice de lad. jurisdiction, il avoit officiers, assavoir : juge civil, juge criminel qui s'appelloit Corrier, l'auctorité duquel estoit grande, parce que oultre la cognoissance des crimes il avoit cognoissance de la police de lad. ville privativement au juge civil de lad. ville, qui est aultant que le procureur fiscal, advocat, greffier civil & criminel, & un chancellier qui gardoit ses deux seaux, estimeurs pour assister aux inventaires & faire les prisées & estimation des biens meubles; pour la force de laquelle justice il y avoit un prevost accompaigné de trente archers portans tous hocquetons aux armoiries dud. sieur archevesque.

Lequel prevost estoit tenu faire le guet de nuict & representer l'acte dudict guet le lendemain ausdictz officiers ordinaires pour apres estre procedé contre les delinquans.

Se faisoit toutes les années à la feste nativité S. Iehan Baptiste, le chef guet auquel tous les officiers ordinaires, les coponiers, pelletiers & autres mestiers de lad. ville estoient tenuz se treuver & le crieur public de lad. justice, qui est un estat de grand emolument, parce qu'à luy seul appartient faire toutes proclamations, adiourne-

---

(1) V. Limites du cloitre du Chapitre dans l'étendue duquel ledit Chapitre a toute justice & juridiction de voirie & police, fixées par procès-verbal des 24, 28 mai & 24 juillet 1614. (Archives du département du Rhône, Inventaire in-folio des archives du Chapitre. (V°. *Limites*.)

mens à son de trompe & faire les ventes, criées & subhastations publicques qui estoient à faire en lad. ville de Lyon.

Et estoit accompaigné audict guet de quatre femmes parées & accoustrées en filles de ioye, les tenant dans un filé, lequel guet se faisoit pour une resiouissance & quasi monstre desdicts mestiers.

Le siege de ladicte iustice ordinaire est encloz dans le cloistre de ladicte Eglise pres le palais archiepiscopal, lequel fut basti par reverendissime cardinal de Tournon, lors archevesque dudict Lyon & si bien accommodé de prisons, cachotz, chambre de conseil & salle d'audience que c'est un fort beau & honnorable siege (1), auquel se tenoit trois fois la sepmaine l'audience publique assavoir le lundy, mercredi & le ieudy apres disner. Et ledict crieur estoit tenu assister ausd. audiences, ensemble deux sergens pour faire faire silence.

Ledict archevesque à cause de lad. iustice faisoit marquer à ses armes tous les poix, mesures, crochets & ballances, & pour cest effect il avoit un eschantillon auquel l'on estoit tenu s'adresser pour lesd. marques, voir & visiter lesdicts poix, mesures pour sçavoir s'ilz sont bons legitimes & defectueux.

Plus led. archevesque ha le droict de copponage, qui est un droict qu'il prend à la Grenette sur tous ceux des estrangers, qui apportent du bled pour le vendre & s'appelle droict de compponage, parce que ses officiers ou fermiers ou de ceux dud. Chapitre, qui n'ont quicté ledict droict en delaissant lad. iustice pretendent de chascune charge de bled un coupon, & led. droict est fondé sur ce que lesdictz sieur archevesque & Chapitre sont tenuz de la garde du bled qui repose en lad. Grenette, pour l'entretenement d'icelle. Et dautant que pour raison de ce droict les marchans different souvent d'apporter le bled en la Grenette, les officiers du roy ne permettent ausd. officiers &

---

(1) Cet ancien édifice formait deux corps de bâtiments qui ont été démolis, il y a quelques années ; ils avaient été vendus par la nation le 7 pluviôse an vi, sous le nom de bâtiments de l'ancienne manécanterie. V. aux Archives du département du Rhône dans le bref de vente la description du corps de logis qui avait façade sur la place Saint-Jean & de celui sur le derrière, lequel renfermait les prisons. L'espace occupé autrefois par ces bâtiments fait partie de la place.

fermiers de lever & prendre icelluy droict de coupponage quand il y a cherté de vivres & necessité de grains.

Item ledict archevesque ha droict de ban d'aoust, qui est un fort beau droict en signe de iurisdiction, car durant ledict mois d'aoust, il n'y avoit que le vin dudict sieur archevesque qui deubt estre vendu en ladicte ville, & pour ce faire l'on destinoit deux caves, l'une du costé de Forviere, & l'autre du costé du Rhosne pour vendre led. vin qu'il cueilloit de son creu ou à cause de son archevesché comme les dixmes & autres droictz. Mais d'autant que lad. ville est grande & populeuse, & qu'il n'estoit possible que du vin dudict archevesque ladite ville fut pourveüe, a esté introduict que les citoyens manans & habitans de la ville de Lyon ne peuvent vendre leur vin en détail de tout le mois d'aoust, sans la permission & congé dud. sieur archevesque & de ses officiers, pour avoir laquelle permission l'on lieve certaine somme de deniers sur chascune piece de vin. C'est pourquoy l'on l'appelle ban d'aoust, parce qu'audict mois d'aoust ledict droict se lieve depuis le premier iour de ban, c'est à dire de la publication iusques au dernier iour du mois d'aoust.

Et avant que led. droict puisse estre levé ledict sieur archevesque estoit contrainct faire observer les solennitez & ceremonies anciennes, assavoir que ledict crieur accompaigné de quatre sergens & la trompette pour faire lad. publication tous habillez de blanc, à cheval l'espée nue au poing entroient en la salle de l'audience pour recepvoir les commandemens des officiers de lad. iustice du taux & pris que le vin tant estranger que du païs se vendroit toute l'année en lad. ville.

Pour faire mettre lequel pris, ledict archevesque ou ses fermiers estoit tenu presenter aux advocatz, procureurs & praticiens de ladicte ville assemblez en lad. salle, des petits pains faictz avec des œufz & du beurre, de toutes sortes de poires & speciallement de poires ferrées, pommes de damas & autres fruictz, & du vin du païs & aussi du vin estranger, tellement que par faute d'observer toutes les solennitez susdictes la publication dudict ban d'aoust estoit differée.

Apres que les praticiens avoient gousté ledict vin, le pris y estoit mis par ledict Corrier du consentement & à la requeste dudict promoteur.

Mais parce que lad. ville de Lyon est l'une des plus anciennes & de reputation du royaume de France, honnorée de quatre foires l'année & de la place des changes qui donne loy à toutes les autres villes de l'Europe, favorifée de beaux & grandz privileges, & en laquelle comme passagere à toutes les nations estangeres affluent de toutes partz des personnes, lesquelles pour l'honnesteté & courtoisie des Lyonnois & aussi pour le proussict de la negociation & traficq s'y sont habituez: le feu roy François, premier de ce nom, considerant la consequence que lad. jurisdiction ordinaire apportoit à son service si elle estoit administrée soubz son nom & auctorité, l'auroit faict saisir (1) & exercer par ses officiers du temps du sieur archevesque de Rohan, de laquelle saisie le reverendissime cardinal de Ferrare, archevesque de Lyon, dix-sept ou dix-huict ans apres du temps du roy Henry II du nom auroit heu main-levée (2).

Finalement en l'an 1563 que par permission du pape a esté procédé à la vente du temporel de l'eglise de France iusques à la somme de cent mil escuz de rente, le feu roy Charles IX<sup>e</sup> à present regnant auroit acquiz lad. justice ordinaire moyennant la somme de trente mil livres tournois, & icelle unie & incorporée en la senefchaulcée & siege presidial de Lyon, de maniere qu'à présent en lad. ville il n'y a autre justice ordinaire que celle de lad. senefchaulsée & siege presidial y estabi par sa Maiesté (3).

---

(1) Les lettres de suspension de la cour ou justice ordinaire de Lyon sont datées du dernier jour de novembre de l'année 1531. Biblioth. de la ville, fonds Coste, n° 9,666.

(2) La main levée de la saisie provisoire ordonnée par François I<sup>er</sup> a eu lieu en vertu d'un arrêt rendu en conseil privé du roy le 19 avril 1547. (Archives de la Cour d'appel, 1<sup>er</sup> registre des infinuations).

(3) Tous les historiens ont répété d'après Nicolay & d'après l'opinion qui avait été accréditée au XVI<sup>e</sup> siècle que la justice ordinaire de l'archevêque avait été régulièrement supprimée par voie d'aliénation. D'autres ont même écrit qu'elle avait été confisquée par les protestants & qu'après la cessation des troubles, la Couronne l'avait rachetée des mains de l'archevêque.

Il n'y a eu ni édit royal prononçant la suppression de la justice ordinaire de l'archevêque

Et combien qu'anciennement en la province lyonnoife par la diftribution de la juftice, iugement & decifion des caufes en premiere inftance de quelque nature, qualité ou condition qu'elles fuffent, n'y euft que led. fenefchal, fon lieutenant général, civil & criminel, advocat & procureur du roy, toutesfois d'autant que lad. ville eft

---

comme l'affirme M. Monfalcon (p. 630) ni confifcation violente par les proteftants maîtres de Lyon, ainfi que l'avance M. Niepce. (Archives de Lyon, p. 230).

C'eft la juftice royale elle-même, c'eft la fénéchauffée qui prononça le 13 mai 1562, à la requête du Procureur du Roi, *Pierre Bullioud*, la fuppreffion de la juftice ordinaire & féculière de l'archevêque. La fentence vifa la promeffe faite par le Roi, en réponfe aux remontrances préfentées par le Tiers-État, à Pontoife en août 1561 (art. 14 des cahiers). Le Roi avait déclaré alors que cette juftice ferait fupprimée au décès du titulaire, le cardinal de Tournon, archevêque de Lyon, & ce prélat étant mort le 22 avril 1562, huit jours avant la prife de Lyon par les proteftants, la promeffe royale fut mife d'*office* à exécution par les officiers du Roi quelques jours après. Il n'y a donc eu qu'un raprochement fortuit de dates entre ces deux faits. Mais comme la juftice ordinaire était une fource de revenus pour l'archevêché de Lyon, le Roi ne voulut pas qu'il en fut dépoffédé fans indemnité. Le prix en fut fixé par une adjudication un peu fictive au profit du Roi, le 9 octobre 1563. L'original de cet acte était encore aux archives du clergé de France en 1564.

Vers la même époque, en mai 1562, il avait bien paru un édit du Roi autorifant ou pour parler plus franchement *ordonnant* l'aliénation d'une partie des biens du clergé, afin de donner à la Couronne les reffources néceffaires pour faire face aux dépenfes occafionnées par la répreffion des troubles, mais cet édit n'avait rien de commun avec la réponfe faite par le Roi aux États de Pontoife de 1561, au fujet de la juftice ordinaire de l'archevêque.

Voici au furplus le texte de la fentence de la fénéchauffée relevé fur les regiftres qui font aux archives de la Cour d'appel.

« 13 may 1562. Regiftres de la fénéchauffée.

« A tous ceulx qui ces préfentes lettres verront, nous Jean du Fournel, confeiller du roy, lieutenant général civil, & Néry de Tourvéon, auffy confeiller dudit fieur juge-magiftrat & lieutenant criminel en la fénéchauffée & fiège préfidial de Lyon,

« Scavoir faifons que veue la requefte verbalement faicte par le procureur dudit Seigr en ladite fénéchauffée, au lieu & fiège préfidial de Lyon, contenant que fur les remontrances faictes par les gens du tiers-eftat de ce royaulme au roy & par leurs cayers par eulx donnés à Ponthoife, au mois d'aouft 1561 (art. 14e), ledit tiers-eftat auroyt remonftré à Sa Majefté qu'il n'eftoit bon ne expedient que la juftice qui eftoit le vray droict de Sa Majefté fuft entre aultres mains que des fiennes ou de fes officiers, — ne qu'il y euft en France aucune perfonne qui fe peult afubjecter à aultre que audit feigneur, comme la loy le vouloyt & commandoit, & que c'eftoit une trop grande charge aux eccléfiaftiques qui eftoient empefchez d'annoncer la parolle de Dieu & miniftrer les facrements, leur femble que ledit fieur en debvroit defcharger lefdits gens d'eglife des juftices, les réuniffant à la fienne, de manière que toutes perfonnes de ce royaulme fuffent jufticiables à fes officiers, — fur lequel article auroyt efté répondu par Sa Majefté que, advenant vacation des bénéfices, ça feroit la réunion des juftices appartenant aux eccléfiaftiques à celle dudit feigneur ès villes feulement, requérant & concluant à ce qu'eftant ces jours paffés décédé le fieur

limitrophe, & que plusieurs se licentioient de transporter or, argent, billon monnoyé & non monnoyé, marchandises defendues & de contrebande, le roy a establyen lad. ville de Lyon un maistre des portz, pontz & passaiges, & dix-sept gardes officiers qui sont tenuz demeurer par chacun iour es portes de lad. ville, pour visiter les caisses, balles, fardeaux, tonneaux & autres equippages & charges de quelque marchandise que ce soit, & du transport & de la fraude en faire rapport audict maistre des portz, pour tout incontinent estre procedé à la confiscation de lad. marchandise.

Pour raison de quoy & de l'affluence des marchans estrangers qui se hazardent le plus souvent à faire led. transport & des contraventions esdictes ordonnances, la jurisdiction dud. maistre des portz est fort belle, joint qu'il cognoist de la reve & traicte foraine.

Aussi les marchans & voituriers du sel, frequentans ordinairement lad. ville, ayans faict plusieurs plainctes de ce que les greneticrs, contrerolleurs, mesureurs & autres officiers de la gabelle commettoient plusieurs abuz à la vente & distribution du sel, à fin d'y pourvoir, a esté establypar le roy en lad. ville un visiteur qui cognoist desd. causes procedans de lad. gabelle, non seulement de ce qui se faict en ladicte ville, mais aussi en tout le ressort qui consiste en la ferme du royaume, laquelle comprend le Lyonnois, Forest, Beauiolois, Masconnois, Vivarez, & lors que lesdictz païs tiroient le sel & le faisoient conduire à liberté, ledict visiteur cognoissoit de grandes causes. Mais depuis quelque temps le roy ha des fermiers qui sont chargez

---

Reverme, cardinal de Tournon, archevêque, comte de Lyon, qui avoit la justice audit Lyon qu'elle fût réunie avec ladite justice dudit siège de la sénéchaussée audit Lyon estant advenu le cas porté par lesdits cayers. — Veue aussy iceux cayers & mesme ledit 14e article & responses faictes sur iceluy. Nous avons dit & disons que ladite justice & juridiction temporelle haulte, moyenne & basse, cy-devant exercée soubs & par les officiers dudit sieur archevesque en ladite ville de Lyon est & sera saisie & laquelle nous avons saysi sous la main du roy, pour être soubs son bon plaisir exercée par les officiers de Sa Majesté en ladite sénéchaussée de Lyon, & sont faittes deffenses tant aux officiers dudit sieur archevêque de ne eulx entremestre de l'exercice de ladite juridiction que aux manans habitants & aultres de ladite ville. » Se pourvoir par devant eulx sur peyne de mil marcs d'or & aultre greygneve peine qu'ils & chascun d'eulx pourroient encourir envers le Roy, faisant le contraire.

C. B.

de faire conduire toutes les années au grenier de ladicte ferme certaine quantité de muidz de sel. Et pour la voicture il y a aussi des fermiers deputez par lesdictz païs.

En ladicte ville de Lyon sont d'ancienneté establies quatre foires franches avec plusieurs grandz privileges attribuez aux marchans frequentans icelles, en faveur desquelz & afin que les differens d'entre les marchans soient promptement iugez, le roy a establi un conservateur qui cognoit desdictes causes : Et parce que ladicte ville consiste entierement en marchandise, qu'elle est habitée par nations estranges, ladicte conservation est l'une des plus belles jurisdictions qui soit en lad. ville.

A l'occasion desquelles marchandises, le roy a aussi establi un bureau à la douanne qui est le lieu où toutes les marchandises sont apportées pour estre visitées, pesées & ballées, & où il fault payer les droictz, entrées & subsides ordonnées à lever sur les marchandises entrans en ladicte ville, que s'il y a contravention ou faute de la part des marchans, ledict bureau en cognoit, qui est composé de lieutenant general civil, cinq conseillers, advocat & procureur du roy, & en icelluy preside le thresorier de France en la generalité de Lyon.

Combien que ladicte ville de Lyon soit l'une des villes franches du royaume, immune & exempte de tailles, toutesfois depuis l'ordonnance des Estatz à Orleans, ledict privilege a esté levé & osté, pour raison de quoy y a eu grandz proces & contentions entre ladicte ville & plat païs de Lyonnois. Et pour les tailles ordinaires & soulde de gens de guerre que le roy veut estre imposées & levées, les esleuz ont esté establiz pour faire les departements desdictes tailles, cognoistre en surtaux, voir & visiter les villes, bourgs & villages dud. plat païs, & selon les soulles & desgastz descharger les paroisses desdictes tailles ainsi qu'ilz cognoissent la faculté de chacune d'icelles le pouvoir porter.

Anciennement ladicte eslection n'estoit composée que de deux esleuz ; depuis, le roy en a erigé trois autres qui sont cinq, un procureur, contreroleur & greffier. Ilz tiennent le bureau & administrent la iustice au palais de Roanne à l'entrée d'icelluy en un parquet, qui est bien accommodé de tapisserie pour l'honneur & auctorité dud. siége.

Or, quand toutes les susdictes iustices estoient unies à celle de la senefchaulfée, que les cas royaux des bailliages de Forest & Beauiollois y estoient attribuez, & que tous les differens qui sourdoient audict païs de Lyonnois estoient iugez & decidez en premiére instance ou par appel en lad. senefchaulfée, c'estoit l'un des plus beaux & honnorables siéges qui fut en tout le ressort de la court du Parlement à Paris, spécialement des païs de droict escript. Et seroit chose utile & grandement proussitable de reprendre (si ainsi plaisoit à Sa Maiesté) ceste ancienne observance que toutes les iustices fussent unies & incorporées en lad. senefchaulfée & siege presidial auquel y a bon nombre de juges, grandz personnages, doctes & experimentez, signamment Monsieur de Chastillon, president presidial, qui a succédé à Monsieur Michel Larcher, conseiller du roy, en sa court de Parlement à Paris, & au temps nostre visitation establi surintendant au faict de la iustice, homme veritablement digne de telle charge, comme il l'a faict paroistre aux Lyonnois l'espace de trois ans qu'il y a administré iustice, comme aussi faict à present led. sieur de Chastillon, duquel n'est besoing faire icy plus recommandable mention, veu que sa doctrine, preudhommie & sincere administration de iustice le rend assez celebre tant aud. Lyon qu'ailleurs; apres y a Monsieur de Langes, lieutenant general, & pour le faire bref, tous les officiers dudict siege, lesquels s'employeroient à l'expedition, iugement & decision des causes des dessus dictes iustices, particulierement au grand bien & soulagement du pauvre peuple.

Ladicte senefchaulfée a demeuré longtemps sans autres officiers que d'un lieutenant general civil & criminel, lieutenant particulier, advocat & procureur du roy & greffier, mais le roy considerant que la iustice estant exercée par si petit nombre d'officiers, l'expedition d'icelle estoit le plus souvent differée & retardée, & quelques fois grandement suspecte, mesmes que par l'affluence des causes lesd. lieutenans n'ayans moyen de voir les proces s'en rapportoient à des praticiens & advocatz qui pour n'avoir le ferment au roy, n'eftoient curieux de faire extraictz & rapporter les proces comme il eft porté par les ordonnances, voire que l'on s'en fioit le plus fouvent aux greffiers, chofe qui eftoit fort dangereufe, en quoy l'honneur & auctorité de la juftice n'eftoient aucunement obfervez, furent creez par le feu roy François, premier de ce nom des confeillers en lad. fenefchaulfée, qui eftoient affeffeurs neceffaires & coadiuteurs aufdictz lieutenans en l'adminiftration & diftribution de la juftice.

Mais comme lefdictz lieutenans eftimoient que par le moyen de ladicte creation leur auctorité fut diminuée, leurs charges divifées, avec le prouffift & emolument qu'ilz tous feulz avoient accouftumez de prendre, ilz ne ceffarent qu'ilz ne feiffent fupprimer lefd. confeillers & iufques à practiquer le païs pour les faire rembourfer de de la finance qu'ilz en avoient payée au roy.

Depuis, par le feu roy Henry, deuxiefme de ce nom, les fieges prefidiaux ayans efté creez en plufieurs provinces de ce royaume (1), fut eftably en lad. ville de Lyon un fiege prefidial (2) lequel fut ung & incorporé en lad. fenefchaulfée, auquel fiege reffortiffent les bailliages de Mafcon, Foreft & Beaujollois, & à la confervation de Lyon, es cas des edictz defdictz prefidiaux, affavoir s'il n'eft queftion que de deux cens livres tournois pour eftre iugez en dernier reffort & fommairement, & de cinq cens livres tournois par provifion.

Peu de temps apres ledict eftabliffement, fut créé en chacun des dicts fieges Prefidiaux, un prefident, lieutenant general, criminel, lieutenant de robbe courte & un fecond advocat du Roy.

Tellement que prefentement audict fiege de Lyon y a un prefident, unze confeillers, lieutenant civil, lieutenant criminel, lieutenant particulier, tous lefquelz s'affemblent tous les iours pour vaquer à l'expedition de la juftice tant civile que criminelle, & femblablement de la police.

---

(1) Edit de janvier 1551.
(2) L'inftallation du fiége préfidial a eu lieu folennellement le 7 juillet 1552 (V. S.), dans la grande falle de l'archevêché, à 7 heures du matin, en préfence de toutes les autorités de la ville.

Lefdictz officiers n'avoient anciennement lieu pour s'affembler finon que lad. maifon de Roanne, en laquelle oultre qu'elle eftoit fi vieille & caducque, & que le danger de ruine y eftoit eminent, n'y avoit qu'une petite falle mal propre pour leur audience, & en la conciergerie une chambre de confeil mal accommodée.

Les greffiers & bancs des procureurs eftoient en la rue S. Iehan, tenans boutiques comme s'ilz euffent efté marchans, au tres grand fcandale & diminution de l'auctorité de la juftice; de quoy le Roy adverti par remonftrances fur ce faictes par lefdictz officiers, a permis des amendes dud. fiege lad. maifon de Roanne fut reparée & accommodée.

Ce qu'a efté faict depuis quatre ou cinq ans tant feulement de maniere que prefentement y a une fort belle falle pour les procureurs, lefquelz y ont tous leurs bancs comme à la falle du Palais, à Paris, & ne tiennent plus boutiques es rues; dans laquelle falle les greffiers civilz font accommodez d'une fort belle & grand'chambre, & à l'entrée de lad. falle le greffe criminel.

Au-deffus eft la falle de l'audience de la grandeur de celle des procureurs, & le parquet & fiege defdictz officiers fort bien accommode, ornée & illuftrée des amoiries du Roy, de tapifferie à fleurs de lys & pour les fieges des magiftrats & le furplus, d'une tapifferie de haulte liffe, belle & riche.

En lad. falle & à côté d'icelle, y a la chambre civille, la chambre criminelle; le parquet des gens du Roy eft un peu plus bas; toutes lefdictes chambres font meublées des ordonnances & autres livres de droictz neceffaires aufdictz juges.

L'audience eft tenue audict palais le mardy, jeudy, vendredy & fabmedy; les apres difnées du mercredy fe tient la pollice, pour laquelle il y a quatorze bourgeois qui font choifiz, nommez & efleuz toutes les années par les efchevins de Lyon qui ont charge chafcun en fon quartier d'entendre le faict de lad. pollice & tous les iours de mercredy fe treuver aud. palais & faire rapport de ce qu'ilz fçauront appartenir au reglement de ladicte police.

Plus en ladicte ville de Lyon eft tenue la court de Parlement de

Dombes au palais fufd., le iour de mercredy, foubz le nom & auctorité de Monfeigneur de Montpenfier, feigneur fouverain dudict Dombes.

Ladicte court de Parlement eft compofée d'un prefident (qui eft le Sr de Chaftillon (1) fufdict) de fept confeillers, un advocat & procureur general, & en icelle court reffortit tout le païs de Dombes confiftant en unze chaftellenies.

Autresfois lad. court de Parlement fouloit eftre tenue en la ville de Molins, mais par permiffion du Roy elle a efté transferée en lad. ville de Lyon, tant pour la commodité d'icelle ville que dudict païs, lequel abondant en grains, en ayde & fecourt lad. ville fi toft qu'elle en ha difette & neceffité.

Davantage, il y a dans lad. ville le Sr Archevefque qui a fa juftice comme dict a efté cy-devant.

L'archevefché de Lyon eft de grande eftendue, enclavé foubz fix Parlemens, & comme la court de Parlement de Paris eft la fupreme & plus grande, auffi ha ledict archevefché beaucoup plus de païs; foubz ledict Parlement afçavoir la ville & cité de Lyon, les païs de Lyonnois, Foreft, Beauiollois & Roannois; foubz le Parlement de Tholoze une particule du païs de Vivarez; foubz le Parlement de Dombes feant à Lyon, le païs de Dombes; foubz le Parlement de Grenoble une partie du Daulphiné; foubz le Parlement de Dole, partie de la Franche-Comté; & finalement foubz le Parlement & Senat de Chambery, les païs de Breffe, Beugeois & Veroneis.

Ledict sr Reverendiffime Archevefque, comte de Lyon & primat de France ha fes officiers ecclefiaftiques eftabliz en ladicte ville de Lyon.

Affavoir premierement fon grand vicaire general en fpirituel &

---

(1) Jérôme de Chatillon, qui fuccéda à la charge de premier préfident au parlement de Dombes, à Jean Fournel, en 1572. Il était fils de Pierre de Chatillon, écuyer, feigneur du Soleillant, en Forez. (V. Guichenon, *Hiftoire de la Souveraineté de Dombes*, publiée par M. Guigue. T. II, p. 8).

temporel qui ha la collation des benefices dud. Archevefché & baille autres lettres de grace.

Item fon official ordinaire & metropolitain qui ha la cognoiffance de toutes caufes & actions civilles entre perfonnes pures laiz & pardevant lequel comme metropolitain reffortiffent les appellations des evefchez de Mafcon, Chalon, Autun & Langres, qui font les quatre fuffragantz de lad. archevefché de Lyon, foubz lequel official ordinaire il y a quatre greffiers & un autre greffier métropolitain, qui reçoit les actes des appellations reffortiffans des quatre evefchez fus mentionnez.

Item l'official de la court commune (ainfi appelée parce qu'elle eft commune audict S$^r$ Reverendiffime Archevefque & doyen de l'eglife cathedrale & metropolitaine de Lyon, & qui enfemblement conferent led. eftat) cognoift des caufes criminelles fur ceux de lad. ville & cité de Lyon & fauxbourgs d'icelle, lequel official a femblablement fon greffier particulier.

Finalement led. Archevefque ha fa court de fiege primatial, en laquelle devoluent & reffortiffent toutes les appellations defdictes courtz d'officialité ordinaire & metropolitaine des excés & court commune, auffi les appellations emifes des archevefchez & provinces de Tours, Sens & Roüan; à ladicte archevefché de Tours, reffortiffent les evefchez d'Angers & du Mans; à celle de Sens, Paris, Orleans, Troyes, Chartres, Auxerre, Meaulx, Nevers. En fomme, toutes les appellations des archevefchez & evefchez de la Gaule Celtique reffortiffent à lad. province de Lyon. Aud. fiege primatial y a un feul greffier.

Item ha ledict feigneur reverendiffime archevefque un procureur general.

*Forces establies par le Roy pour la Justice.*

Vingt-sept sergens royaux qui doibvent demeurer en ladicte ville pour executer les mandemens de lad. justice.

Chevallier du guet accompaigné de son lieutenant, greffier & cinquante archers.

Lieutenant de courte robbe & dix archers, fault qu'ilz soient montez & armez.

Prevost des marelchaulx, son lieutenant, greffier & des archers jusques au nombre de dix-sept.

Deux cens harquebouziers qui sont ordinaires en ladicte ville pour tenir main forte à l'exécution des mandemens de lad. justice & specialement pour la paix, repos & tranquillité de ladicte ville.

---

*De la Citadelle de Lyon.*

Oultre ce, que pour raison que lad. ville est l'une des villes limitrophes & des principales clefz de ce royaume, Sa Majesté considerant de combien importoit la seurté d'une tant opulente place, y feit construire une citadelle commandant à la ville du costé de la montaigne appellée la Coste S. Sebastien en l'an 1564 (1).

---

(1) Ce fut pendant le séjour que fit à Lyon, au mois de juin 1564, le roi Charles IX, que fut commencée, sous ses yeux, la construction d'une vaste & puissante citadelle, qui commandait la ville, afin de contenir les deux partis catholiques & protestants, toujours prêts à en venir aux mains. La citadelle de Saint-Sébastien comprenait dans son enceinte tous les terrains qui s'étendent de la Grande-Côte à la rue de la Tourette, d'un côté, & de l'autre, depuis le rempart de la Croix-Rousse jusqu'à la rue Masson. Les habitants des paroisses du plat pays furent contraints

Et pour gouverneur en icelle fut eſtably Monſieur de Chambery, homme illuſtre, ſignallé & recommandable par ſa proüeſſe & ſage conduicte, & ſoubz luy pour la garde de lad. citadelle furent mis trois cens ſoldatz. Mais depuis, ledict ſeigneur de Chambéry a paſſé de ce ſiecle en un plus heureux.

Audict Sr de Chambery a meritoirement ſuccedé Monſieur de la

de venir travailler, par corvées, aux terraſſements. Telle fut l'activité déployée que les ouvrages de terre furent à peu près terminés en ſix mois. Pendant les deux années ſuivantes, on travailla à dégager les abords de la citadelle, à creuſer les foſſés d'enceinte, à établir les contreſcarpes & les glacis qui s'étendaient fort loin.

Pour les ouvrages extérieurs de la citadelle, on expropria divers terrains qui ont ſervi à former la place dite des Bernardines & les immeubles ſitués ſur le côté oriental de la Grande-Côte, depuis le ſommet juſqu'à peu de diſtance de la rue Caponi, ſur une profondeur de plus de 115 pieds. Entre la Grande-Côte & la côte des Carmélites, le glacis s'étendait juſqu'au monaſtère de la Déſerte, c'eſt-à-dire juſqu'à la rue récemment ouverte en prolongement de la rue du Commerce.

La démolition de cette citadelle, vivement réclamée par le Conſulat lyonnais, fut autoriſée par lettres patentes du roi Henri III, en date du 30 mai 1585. Elle fut ſi complète qu'il n'en eſt pas reſté pierre ſur pierre, & qu'on ne peut reconnaitre, d'aucune manière, ſon emplacement. D'autre part, on ne connait aucun plan, aucun deſſin, aucune deſcription de cette fameuſe forterreſſe. Quelques indications, éparſes çà et là dans les documents de nos archives, nous apprennent ſeulement que la rue Maſſon a été faite dans le fond du *grand foſſé* de la citadelle pour ſervir aux charrois des matériaux de la démolition. Ainſi, nous liſons, dans un acte de vente de 1593, que le grand chemin, *de nouveau fait par la ville*, tendant de la Grande-Côte à la côte Saint-Vincent, lequel traverſe les fonds de la citadelle, ſera conſervé par l'acquéreur avec une largeur ſuffiſante pour les charrois & autres néceſſités publiques. Dans une tranſaction de 1609, il eſt dit auſſi que ce chemin ſera conſervé avec une largeur d'au moins 30 pieds.

C'eſt ſans doute, parce que ce chemin a d'abord ſervi pour les charrois des pierres, provenant de la démolition de la citadelle, & pour laquelle on avait requis tous les *maſſons* de la ville, qu'il a pris & conſervé longtemps le nom de rue Maſſon, remplacé aujourd'hui par celui de rue du Bon Paſteur.

Le plan ſcénographique de Lyon, publié par la Société de topographie hiſtorique, & qui eſt antérieur de quelques années à la citadelle de 1564, nous montre qu'il exiſtait alors ſur le côté occidental de la Grande Côte, au lieu appelé les *Pierres plantées*, douze petites maiſons avec jardins. Elles étaient conſtruites, depuis peu de temps, ſur l'emplacement d'une grande terre que le ſeigneur de Perez avait vendu naguère, par pies, pour former un nouveau quartier. Ces maiſons furent compriſes dans les immeubles expropriés par le roi, pour former l'enclos de la citadelle. Dans le terrier de 1356, tout le territoire de Saint-Sébaſtien, occupé par la citadelle & ſes dépendances, eſt déſigné ſous les noms de *Marci Juliani, Mar Julliani ſeu Marci Juliani, — in loco vocato Mar Julian in forreis,—in territorio Margelyani, in territorio ſancti Juliani.* En 1687, le même lieu eſt appelé : *Territoire de mal Julien; — territoire du Cugnet en mal Julien.* (Note communiquée par M. Vermorel.)

Mante, piemontois, chevalier de l'ordre du Roy, lequel pour ne degenerer de l'antique & illuftre progenie dont il eft yffu, faict paroiftre auiourd'huy la magnanimité dont il eft imbeu ayant le gouvernement de ladicte citadelle avec le femblable nombre de foldatz que deffus a efté dict. De forte que non fans caufe, lad. citadelle a efté erigée en ladicte ville de Lyon frontiere & marchiffante aux autres païs eftrangers, aufquelz elle ferme la porte des Gaules; qu'eft la caufe que ladicte citadelle eft de grande confequence à toute la France.

## L'ordre, estat & police de la communauté de la ville de Lyon.

### CHAPITRE XVI

LES affaires communs de la ville de Lyon sont regiz & gouvernez par douze conseillers eschevins, un procureur, homme de robbe longue, un secretaire & un receveur qui sont esleuz & choisiz à la maniere que s'ensuit :

Assavoir lesdictz conseillers eschevins par les terriers & maistres des mestiers, des plus notables & suffisans habitans de ladicte ville de Lyon.

Les terriers sont les deux plus anciens conseillers du nombre de ceux qui doivent sortir de charge, l'année de laquelle est question, assavoir l'un à la part du Rhosne, & l'autre à la part de Forviere.

Les maistres desd. mestiers sont ceulx qui sont esleuz & choisiz par lesdictz eschevins pour avoir l'œil & surintendance sur chascque mestier de ladicte ville, & rapporter les faultes qui se commettent en iceux. Et sont communement deux de chascun desdictz mestiers.

Lesdictz terriers & maistres des mestiers s'assemblent le dimanche avant la S. Thomas, en l'hostel commun de ladicte ville, pour faire ladicte eslection.

Et sont par iceulx terriers & maistres des mestiers esleuz par chacun an six nouveaux conseillers, assavoir trois du costé de Forviere & trois du coſté du Rhoſne, & autres ſix des eſleuz la precedente année demeurent en charge, & les ſix plus vieux ſont deſchargez & deſmis.

Ladicte eſlection faicte, elle eſt publiée le jour feſte de S. Thomas en l'egliſe S. Nicier, & ſe faict une harengue en latin & en françois par quelque docte perſonnage, avant que faire lad. publication.

Les procureur, ſecretaire & recepveur de lad. ville ſont eſleuz, choiſiz, nommez & pourveuz par leſd. eſchevins & ſont officiers perpetuels.

Comme auſſi eſt le voyer de ladicte ville qui ha la ſur-intendance ſur la ſanté de ladicte ville, paviſſement & nettoyement des rues, demolition des maiſons & baſtiments ruineux, reparations & entretenement des rues, portz, ponts & paſſages de la ville de Lyon & faulxbourgs d'icelle.

Leſdictz eſchevins & officiers de ladicte ville s'aſſemblent communément trois fois la ſepmaine.

Aſſavoir le mardy & le jeudy en l'hoſtel commun de lad. ville pour traicter des affaires communes & pourvoir à l'ordre de police d'icelle ville.

Plus le dimenche au bureau de l'Hoſtel-Dieu du pont du Rhoſne pour traicter des affaires dudict Hoſtel-Dieu, voir & viſiter les comptes du receveur d'icelluy, tant ſa recepte que ſa miſe faicte par chacune ſepmaine, & autrement pourvoir à la néceſſité des pauvres ſelon l'occurence.

Et ne peuvent leſdictz eſchevins eſdictes aſſemblées rien conclure qu'ilz ne ſoient pour le moins ſept & preſide en icelle le plus ancien eſleu d'iceulx eſchevins.

Leſdictz conſeillers eſchevins ont pluſieurs belles auctoritez, privileges, preeminences & prerogatives.

Car oultre ce qu'ilz ont tout pouvoir de diſpoſer & ordonner des affaires communes de ladicte ville, & auſſi de tous affaires concernans ledict Hoſtel-Dieu.

Par lettres patentes du Roy Loys unzieſme, en datte du 29 d'avril l'an mil quatre cens ſoixante quatre, ilz ont pouvoir d'eſlire & choifir par chafcune des quatre foires qui fe tiennent en lad. ville, perfonnes capables & fuffifans pour avoir l'œil & furintendance defdictes foires & prendre garde que par les fergens & autres officiers ne foit faict aucun tort ou extortion aux marchans & auffi de vuyder amiablement & appoincter les queftions & debatz, qui peuvent pendant lefdictes foires furvenir entre les marchans. Item d'eflire & nommer au feneschal de Lyon ou fon lieutenant, les corratiers.

Plus, par autres lettres patentes dudict Roy Loys unziefme, en datte du dixiefme novembre mil quatre cens foixante cinq, ilz ont pouvoir d'eflire & choifir les grabelleurs de l'efpicerie & droguerie, & de prendre les prouffictz & emolumens dudict grabellaige, lefquelz prouffictz font applicables & adjugez aux pauvres.

Plus, ont pouvoir & auctorité, à eux octroyée par le feu Roy Henry de faire abattre & demolir toutes faillies & autres baftiments avançans fur les rues & places publiques de ladicte ville, & autrement pourvoir à tout ce que concerne la décoration d'icelle.

Plus, par lettres patentes du Roy Charles à prefent regnant, du mois d'octobre mil cinq cens foixante-cinq, confirmées par arreft du Confeil privé de Sa Maiefté, du premier iour d'avril mil cinq cens foixante neuf, & par autre arreft dudict confeil du quatriefme avril mil cinq cens feptante, ilz ont par concurrence & prevention avec le feneschal de Lyon cognoiffance du faict de la pollice pour l'entretenement des edictz faictz fur le taux des vivres, hoftelliers & cabaretiers pour le faict des poix & mefures, hofpitaliers & maladreries, avec pouvoir de mulcter les differens iufques à trois livres parifis d'amende.

Plus, ont de toute ancienneté lefdictz efchevins heu la fur-intendance de la Grenette & des boulangers de ladicte ville tant pour le regard du poix, pris, mefure que de la bonté du pain & du bled.

Et font lefdictz efchevins par privilege a eux octroyé par le feu Roy Charles huictiefme, au mois de decembre l'an mil quatre cens nonante cinq, nobles eulx & leur pofterité née & à naiftre en loyal mariage. Et peuvent ioüir de tous privilleges, franchifes & libertez que ioüiffent les autres nobles de ce royaume, comme de parvenir à l'eſtat & ordre de chevallerie & acquerir fiefz, arriere fiefz, jurifdictions & feigneuries fans payer finance de franchief du nouvel acqueſt.

Sont en oultre lefdictz efchevins francz, quictes & exemptz de tous oſtz, chevaucheries, ban & arriere ban encores qu'ilz tiennent fiefz à ce tenuz & obligez.

Les articles fufdictz ont eſté fommairement extraictz des lettres patentes & privileges octroyez par les rois de France aux confeillers, manans & habitans de la ville de Lyon, lefquelz nous ont eſté delivrez par iceux efchevins, en cette forme, fignez de Favot, fecretaire de ladicte ville.

# De l'inflitution de l'aumoſne ordinaire de Lyon & des officiers créez pour l'execution & entretenement d'icelle.

## CHAPITRE XVII.

IL n'y a aucun doubte que les nerfz d'une Republique ne ſoient les loix & reigles politiques eſquelles giſt entierement la force & conſervation de ſon eſtre, & ſpeciallement en ce qui concerne l'ayde & ſecours mutuel du prochain : de ſorte qu'à bon droict la ville de Lyon (qui iamais n'a eſté manque à tout ce qui eſt requis en l'adminiſtration civile) iouït non ſeulement de ſon priſtin eſtat & bonheur, mais d'un beaucoup plus grand. En quoy l'on peut cognoiſtre combien DIEV ſe plaiſt aux œuvres affeclées ſainctes & qui procedent de charité, comme l'inſtitution d'une aumoſne ordinaire qui fut miſe ſus par les citoyens de Lyon, lorſque le royaume de France fut perſecuté de famine l'an mil cinq cens trente-un, où veritablement ilz feirent preuve de leur bon zele & ſincere affection d'humanité envers l'infiny nombre des pauvres fameliques qui de toutes parts y affluoient (1).

---

(1) La dépenſe que néceſſitèrent les ſecours à diſtribuer fut conſidérable, mais la charité fut plus grande encore quand les commiſſaires chargés de la requête rendirent leurs comptes, il reſtait en caiſſe 396 livres, 3 ſous, 6 deniers. Une aſſemblée de notables décida de créer un établiſſement permanent de ſecours avec ces premières reſſources. Tel a été le point de départ d'une inſtitution qui a maintenant à ſa charge 400 vieillards & dix mille enfants trouvés. (Montfalcon, *Hiſtoire de Lyon*, édition de 1859, t. 2, p. 601.)

Et dautant qu'ilz n'estimoient estre assez d'avoir pour une fois subvenu à si grande penurie & calamité, ilz y voulurent pourvoir pour l'advenir, & de faict chascun d'iceulx citoyens d'une voluntaire contribution meit peine d'ayder à l'erection d'une si saincte & charitable œuvre.

Pour l'administration entretenement & execution d'icelle aumosne fut advisé d'y establir & créer des officiers.

Sçavoir est un secretaire pour le bureau qui est notaire royal, un soliciteur & clerc pour les affaires de lad. aumosne.

Un aumosnier.

Quatre serviteurs ou bedeaux pour donner crainte aux pauvres & leur faire tenir l'ordre requis.

Un musnier.

Un boulanger.

Un maistre d'eschole ou pedagogue pour les enfans masles.

Une maistresse pour les filles.

Tous lesquels officiers ont gaiges pour leur vacation & ont esté entretenuz des le temps susdict iusques au jourd'huy, que l'on augmente ordinairement lad. aumosne de bienfaictz. Et parce que ceste police est aultant notable comme elle est plaine d'édification, nous en avons touché ce mot separement.

Des privileges des foires de Lyon & de la court de confervation eſtablie à cauſe d'icelles.

## CHAPITRE XVIII.

LES rois de France ont heu de tout temps la ville de Lyon tellement affectée qu'ilz l'ont touſiours voulu pour l'augmentation doüer de privileges & preéminences ſur toutes les autres citez; meſmes à raiſon des foires y eſtablies: les lettres patentes ou ſont contenuz iceux privileges nous en ſont ſuffiſante foy; celles du roy Philippe de Valois, en datte du ſixieſme d'aouſt l'an mil trois cens quarante-neuf, où eſt entièrement contenue la forme qu'il entend eſtre obſervée eſdictes foires, l'exemption des marchans forains oultremontains & aultres; celles du roy Charles cinquieſme contenans la creation & inſtitution de deux foires en lad. ville de Lyon, l'une à Paſques, l'autre à la feſte de Touſſainctz, en datte du neufieſme iour de febvrier l'an de grace mil quatre cens dix-neuf; celles du roy Loys unzieſme contenant l'amortiſſement des foires de Geneve pour les transferer à Lyon, tant à raiſon de la rebellion faicte par ceux dudict Geneve a l'encontre du duc de Savoye, leur ſeigneur naturel, que pour le bien & utilité de ladicte ville de Lyon, en datte du vingt-cinquieſme d'octobre l'an mil quatre cens ſoixante deux. Encor'autres du roy Loys unzieſme contenans la franchiſe des quatre foires de Lyon pour attirer les marchans à la frequentation deſdictes foires, données au mois de mars au ſuſdict; celles du roy Charles huictieſme, octroyant de nouveau les deux foires ſuſdictes avec une interpofition des lettres dudict roy Loys unziefme contenans l'inftitution des vifiteurs des marchandifes, & autre interpofition de lettres dudict roy Loys pour le faict des Gabelles, les deux lettres interpofées en datte, la premiere du vingt neufviefme avril mil quatre cens foixante quatre & la derniere du dixieme novembre mil quatre cens foixante cinq, & les aultres dud. roy Charles, du mois de juin l'an mil quatre cens nonante quatre. La confirmation defdictes faite par le roy Loys douziefme, du mois de juillet l'an mil quatre cens nonante huict.

Et d'autant que pour l'entretenement defdictes patentes pour le regard defd. foires, il eftoit befoing de treuver moyen de brefve & prompte décifion des controverfes qui fourdent entre les négociateurs & marchans frequentans lefdictes foires; lefdictz rois avoient eftably un confervateur & garde des privileges fufdictz, lequel cognoiffoit de toutes chofes qui fe paffoient au commerce d'icelles foires.

Avoit de couftume ledict confervateur, fans figure de plaid de proceder fommairement à fentence & condition de garnifon & confignation des fommes de deniers ou autres chofes defquelles eftoit queftion entre les parties plaidans, lefquelles eftoient contraindes de fouffrir l'execution de la fentence de garnifon inclufivement par emprifonnement de leurs perfonnes, fans avoir egard aux appellations frivoles que le debiteur & partie condamnée interiectoit iournellement felon le ftile de ladicte court de confervation.

Mais par la licence de certains marchans qui s'ufurperent l'auctorité d'appeller dud. confervateur & de fa fentence de garnifon, advenoient grandes pertes aux marchans creanciers pour n'avoir moyen de pourfuivre les debiteurs iufques aux lieux de leurs demeures.

Le roy François, premier du nom, pour obvier à ceft abuz reftablit icelluy confervateur en fon priftin eftat & pouvoir, defendant expreffement à tous marchans d'appeller de fes jugemens, & à tous juges d'en cognoiftre avant fentence de garnifon, apres laquelle ordonna que la caufe reffortiroit nuement à la court de parlement à

Paris, lesdictes lettres de confirmation sont en datte du mois de fevrier l'an de grace mil cinq cens trente-cinq & sont lesdictes lettres celles dont use le conservateur qui exerce encor'au iourd'huy sa iurisdiction selon leur forme & teneur.

Aultres lettres dud. roy François confirmans les privileges desdictes foires & les exemptant de son edict sur l'imposition foraine, reve, domaine forain & hault passaige, dattées du vingt-septiesme avril, l'an mil cinq cens quarante trois.

Astranchissement du droict de reve, dommaine forain & hault passage faict par le roy Henry deuxiesme, le douziesme d'octobre l'an mil cinq cens cinquante deux; autres lettres de confirmation & arrest desdictz privileges d'icelles foires par led. roy Henry le vingt deuxiesme septembre l'an mil cinq cens cinquante trois. Abolition, exemption & suppression en definitive du droict de foraine, reve, dommaine forain & hault passage octroyée par ledict roy Henry en faveur de sa ville de Lyon durant les franchises des foires d'icelle ville, du septiesme iour du mois d'avril l'an mil cinq cent cinquante trois.

Autres patentes du roy Henry pour remise de la foraine aux conseillers & eschevins de Lyon avec suppression des officiers creez pour lever icelle, lesdictes patentes dattées de mars l'an de salut mil cinq cens cinquante cinq.

De tous lesquelz privileges, libertez & franchises iouit encor'auiourd'huy ladicte ville de Lyon & peut dire n'avoir rien perdu de l'ancienne illustration & fame que luy causoient les foires ainsi que dict Strabon comme nous avons ia monstré cy devant. (1)

(6) M. Vachon, archiviste de la ville de Lyon, vient de publier une monographie très interessante sur le Tribunal de la conservation.

Des changes, qui ordinairement aux quatre foires de la ville de Lyon font practiquez, avec un traicté de toute efpece de change en general.

## CHAPITRE XIX.

A cauſe de la grande affluence de marchans qui frequentent les foires de Lyon, il eſt impoſſible de pouvoir y exercer commerce ou traffique aulcune ſans le moyen des changes, leſquelz pour n'eſtre communs ne ſont parvenuz à la cognoiſſance de beaucoup de perſonnes. Mais pour ce qu'ilz ſont particulierement neceſſaires & d'importance au bien & utilité de la Coronne & pour leur rarité nous avons icy recueilly la maniere comme ilz ſe pratiquent eſd. foires.

L'ordre d'icelles eſt tel : Il y a quatre foires l'année, foubz les noms d'Aouſt, Touſſainctz, les Rois & Paſques. Il y a quatre foires de payemens des changes foubz les meſmes noms, leſquelles ordinairement peu de jours apres ſuivent les foires de marchandiſe. Ces foires ſont de telle importance qu'elles ont cours par toutes les parties de l'Europe.

Premier eſt à noter qu'en ces changes ne ſe traitte & traffique autre eſcu que de marc, vallant 45 s. piece. Et parce ayant à recouvrer deniers, celuy qui debvra ſera obligé à payer de plus à ſon creancier un eſcu & demy pour cent, payant la partie en quelque ſorte que ce ſoit, ſoit en or ou en monnoye courant par le royaume,

& cecy s'appelle payement d'aife. Et ores que le creancier n'ait vouloir de retirer fes deniers, ne s'entend neantmoins que d'efcu de marc fans autre chofe.

Mais venant à la diftinction particuliere des foires, il faut noter qu'il n'y a foire, pour petite qu'elle foit, qu'en la place du Change à Lyon ne fe traictent les millions d'or.

Prenons donc pour commencement au royaume d'Efpaigne. Il s'y fouloit faire quatre foires & payemens foubz les noms de Villalor & Reyfetto, may & octobre, toutesfois, puis quelque temps en ça, il ne s'y negocie que pour may & octobre : la forme eft celle qu'il fe donne à Lyon un efcu de marc pour avoir, en la plus prochaine des foires d'Efpaigne, un nombre de maravedi, lequel eft plus ou moins felon l'abondance ou la neceffité de la place.

De ces foires de Lyon fe negotie par led. royaume d'Efpaigne par Sibile, Tolede & Madrid & fe baille femblablement par lefdictes places, pour avoir en une ou toutes icelles tant de maravedi plus ou moins felon que dict eft, un efcu de marc, & par exemple ce qui s'eft baillé en l'année mil cinq cens feptante, felon le cours de laquelle nous formerons tout ce traicté.

S'eft donné pour Sibile, de maravedi     390
   pour Tolede     386
   pour Madrid     386

Il y a encore audict royaume d'Efpaigne, Valence, pour lequel lieu fe donne à Lyon un efcu de marc, pour avoir là tant de folz & s'eft faict en lad. année à     21 s. 8.

Il fe negotie en beaucoup plus de lieux d'Italie. Premierement pour Venife fe donne à Lyon un marc d'or revenant à 65 efcuz, pour avoir à Venife un nombre de ducatz & s'eft donné l'an fufd. pour ducatz     63 2/3

Et fe practique ainfi par toutes les villes d'Italie où fe faict commerce.

Pour Gennes, fe donne à Lyon un efcu de marc pour avoir à Gennes tant de folz & l'an fufd. s'eft donné pour     57. 2. s.

Pour Milan, fe donne à Lyon un marc pour avoir à Milan

tant de ducatz imperiaux, il s'eſt faiƈt l'an fuſd. pour   72 3/4 duc.

Pour Florence, il fe donne à Lyon un marc pour avoir à Florence tant d'efcuz d'or d'Italie, il s'eſt faiƈt l'an fuſd. pour   56 1/3 v.

Pour Lucques fe faiƈt comme pour Florence & pour cè le pris y a eſté l'an fuſd. à   56 7/8 v.

Pour Naples, fe donne un marc à Lyon, pour avoir à Naples tant de ducatz & l'an fuſd. le pris a eſté   68 0/2 duc.

Pour Rome, fe donne un marc à Lyon, pour avoir tant de ducatz de chambre & s'eſt faiƈt l'an fuſd. pour   53 1/3 duc.

Pour Palerme & Meſſine fe donne à Lyon un marc pour avoir à Palerme ou Meſſine tant de carlins & s'eſt faiƈt l'an fuſd. pour   22 1/3.

Pour Anvers fe donne à Lyon un efcu de marc pour avoir tant de gros & s'eſt faiƈt l'an fuſd. pour avoir   80 g.

Pour Londres, fe donne à Lyon un efcu de marc pour avoir tant d'efterlins à Londres.

Il y a encore quelques autres places où fe negotie par le moyen du change de Lyon, mais non fi abondamment qu'aux fuſd., favoir eſt Paris, Noremberg, Auguſte, Ancone, Boloigne & Avignon.

Les termes des payemens des fuſd. places, aſſavoir : Sibille, Tolede, Madrid, Palerme, Meſſine & Londres efchéent à deux mois apres la lettre de change faiƈte.

Quant aux autres places, il n'y a point de certain terme daultant qu'il eſt en la volunté des banquiers de Lyon. Et parce la pluſpart de leurs termes efchéent ainſi :

De Gennes & Milan, vingt iours apres la lettre de change.

Florence, Rome, Veniſe, Lucques & Anvers, vingt cinq iours apres lettres de change.

Naples & Valence, trente iours apres la lettre de change faiƈte.

Il fe change encores de Lyon, à Chambery ou Poligny en ceſte maniere :

On donne à Lyon 117 vv de marc pour en avoir 200 audiƈt Chambery ou Poligny & fe faiƈt plus ou moins felon que la place eſt abondante ou petite. Et a ceſte cauſe ne s'en peult donner certaine reigle, attendu que le tout est conduict par l'occurence du temps.

Il n'y a pas long temps qu'on souloit changer par depost, qui est à un 2 pour cent ou plus ou moins, selon qui dict est, mais il ne se practique plus par l'inhibition de notre Saint Pere Pie 5. Ores que par icelluy change de depost se faict plus de traficq & negoce que par tous les autres ensemble. Mais pour donner à cognoistre quel il est il fault noter ce que s'ensuit.

---

*De toutes espèces de change en general, avec le vray calcul & supputation des sommes baillées en change.*

Si l'usage des changes n'avoit receu corruption & esté depravé par la malversation de ceux qui les exercent, il seroit licite & permis à chascun, voire grandement necessaire pour la commune negotiation d'un païs en autre, qui s'accommodent l'un l'autre de ce qui leur abonde & leur faict reciproquement besoing, par le moyen des changes royaux, le nom desquelz monstre assez comme licitement on en peut user; car qui baille cent escuz à Lyon ne faict grand preiudice au preneur d'en recevoir à Rome cent & quatre, comme l'on souloit faire autresfois, mesmes de nostre aage; mais parce que la forme d'iceux est commune, il n'est besoing d'en faire autre mention.

Quant aux autres changes excedans le precedens, ilz sont si dommageables & pernicieux que les princes, seigneurs, gentilzhommes, marchans & aultres privées personnes devroient pluftot vendre de leurs biens meubles ou immeubles, que de s'exposer à ce damnable train, lesquelz par leurs monopolles peuvent retirer tous les deniers d'un païs & en accumuler si grand nombre que de petitz varletz ilz deviennent incontinent grandz seigneurs. Et qui importe plus, s'il se dresse quelque guerre entre deux princes, ceux mesmes qui habitent le païs de l'un ayderont l'autre, auquel ilz sont plus affectez & soubstrairont toute la finance de celluy soubz lequel ils habitent par le moyen de leurs changes. Quant aux manieres esquelles ilz les practiquent, elles sont diverses & en si grand nombre qu'à peine peut-on imaginer la moindre ruse de leur pernicieuse caballe. Vray est qu'il nous en conste oultre les royaux susd. deux autres, l'un desquelz est appellé change sec.

### CHANGE SEC.

Ilz prestent à un homme qui ha affaire d'argent de trois, quatre cens escuz es païs d'escuz & es païs de ducatz & autres especes d'or y courans, plus ou moins selon la qualité des persones, en convenant ensemble que celluy qui preste tiendra sur les changes ce qu'il ha presté, iusques à ce qu'il soit remboursé & envoyent par lettres de changes les sommes qu'ilz ont prestées, pour les faire tenir en divers païs, & mesmes où ilz ont advertissement que l'argent est plus cher, donnans charge à quelcun, auquel ilz commettent leurs affaires, de leur renvoyer lesdictes lettres avec protestation de la faulte du payement d'icelles & au plus grand pris que le marc d'or a vallu le iour que l'on a faict les changes & la protestation, ou bien ilz donnent charge aux susdictz leurs negociateurs de tenir registre & compte à part desd. sommes, sur certain nombre & nom qu'ilz leur envoyent par figure d'une lettre de l'alphabet.

### ARGENT BAILLÉ EN DEPOST.

Il y a une autre maniere de change beaucoup plus pernicieuse &

dangereufe que toutes les autres, qu'on dict argent baillé en depoft & fe faict en cefte maniere. Celluy qui emprunte cent efcuz s'oblige à payer douze pour cent par an ou bien à raifon de trois pour quartier, que l'on dict à Lyon de foire en foire, fans penfer que le dernier de foire en foire fe monte beaucoup plus que l'autre.

Car cent efcuz preftez de foire en foire ou de quartier en quartier, à raifon du trois pour quartier, rendent au bout de l'an 112 vv.

Mais à raifon de quatre pour quartier, comme il fe practique ordinairement, reviennent au bout de l'an à la fomme de 116 vv.

### L'INTEREST DE L'INTEREST.

Il y a encores en ce depoft une caballe plus exceffive, c'eft que fi le débiteur fault à payer les fommes preftées de quartier en quartier, il eft contrainct de payer l'intereft du principal & l'intereft de l'intereft, de forte qu'au bout d'un temps la fomme preftée arrive à un nombre prefque infini comme s'enfuit :

Cent efcuz à 54 f. piece preftez, à raifon de trois pour quartier, reviennent au bout de l'an à la fomme de      112 v. 29 s. 8 d.

Et au bout de cinq ans, reviennent à la fomme de      180 — 33 — 9 d.

Et au bout de dix ans, reviennent à la fomme de      332 v. 31 s. 7 d.

Et au bout de douze ans, lefdictz cent efcuz preftez à la raifon fufd. comprenant l'intereft de l'intereft comme deffus eft dict, reviennent à la fomme de      421 v. 16 s. 0 d.

Mille efcuz preftez aud. pris rendent au bout de l'an la fomme de      1125 v. 26 s. 8 d.

Et au bout de cinq ans reviennent à      1806 v. 13 s. 6 d.
Et au bout de dix ans reviennent à      3325 v. 45 s. 10 d.
Et au bout de douze ans à      4212 v. 52 s. ts.

Dix mil efcuz preftez aud. pris de 3 pour 100 pour quartier vien-

nent au bout de l'an à la somme de       11255 v. peu plus.
  Au bout de cinq ans reviennent à       18067 v. 27 s. 0 d.
  Au bout de dix ans viennent à       33258 v. 26 s. 4 d.
  Et au bout de douze ans à la somme de       42129 v. 34 s. 9 d.
  Cent mil escuz prestez audict pris de 3 pour quartier viennent à la somme de       112551 v. peu moins.
  Pour cinq ans       180675 v. peu moins.
  Pour dix ans       332584 v. 47 s. 4 d.
  Pour douze ans       421296 v. 23 s. 6 d.
  Le calcul d'un million d'escuz, au pris de 3 pour quartier, monte en un an la somme de       1125510 v
  En cinq ans monte       1806750 v.
  En dix ans       3325847 v.
  En douze ans       4212964 v. 23 s. 4 d.

## CALCUL A 4 POUR 100 POUR QUARTIER.

Cent escuz prestez de quartier en quartier, à 4 pour quartier, montent au bout de l'an la somme de       116 v. 53 s. 2 d.
  Au bout de cinq ans       222 v. 11 s. 2 d.
  Au bout de dix ans       489 v. 31 s. 11 d.
  Et au bout de douze ans montent       672 v. 32 s. 6 d.
  Mil escuz prestez de quartier au bout de l'an à la somme de       1169 v. 45 s. 8 d.
  Au bout de cinq ans       2222 v. 3 s. 8 d.
  Au bout de six ans       4895 v. 48 s. 2 d.
  Et au bout de douze ans       6726 v. 2 s. 0 d.
  Dix mil escuz prestez de quartier en quartier rendent au bout de l'an la somme de       11698 v. 24 s. 8 d.
  En cinq ans       22220 v. 36 s. 8 d.
  En dix ans       48958 v. 49 s. 8 d.
  Et en douze ans       67260 v. 20 s. 0 d.

Cent mil escuz, prestez à 4 pour 100 de quartier en quartier, rendent au bout de l'an la somme de  116984 v. 30 s. 8 d.
En cinq ans  222206 v. 42 s. 8 d.
En dix ans  489589 v. 49 s. 8 d.
Et en douze ans  672603 v. 38 s. 0 d.
Un million d'escuz, prestez comme dessus de quartier en quartier monte pour un an  1169845 v. 36 s. 8 d.
Pour cinq ans  2222067 v. 48 s. 8 d.
Pour dix ans  4895899 v. 10 s. 0 d.
Et au bout de douze ans  6726037 v. 2 s. 0 d.

A CINQ POUR CENT DE QUARTIER EN QUARTIER.

Cent escuz, prestez à raison de 5 pour 100 par chacun quartier, reviennent à  125 v. 29 s. 8 1/2.
Au bout de cinq ans  265 v. 20 s. 9 d.
En dix ans, ilz viennent à la somme de  698 v. 24 s. 6 d.
Et en douze ans, à la somme de  1083 v. 28 s. 9 d.
Mil escuz, prestez à raison que dessus, viennent en un an à la somme de  1215 v. 27 s. 1 d.
En cinq ans à la somme de  2653 v. 45 s. 6 d.
En dix ans à la somme de  6984 v. 29 s. 0 d.
Et au bout de douze ans à  10835 escuz 17 solz 6 deniers.
Et ainsi consequemment iusques à un million.

---

*Autre manière d'usure, occultement pratiquée & grandement perniciense.*

Il se treuve encore une damnable & diabolique maniere d'usure, laquelle ha moins d'apparence de meschanceté, si elle n'est accortement descouverte & se practique en ceste sorte.

Un gentilhomme ou autre ha necessairement affaire de treuver cent escuz à emprunter, s'adresse à un corratier (car par le moyen de telles malheureuses personnes s'exercent toutes ces secretes pipperies) ayant intelligence avec le presteur & dressera celluy qui cherche deniers à quelcun qu'il luy fera entendre estre charitable, officieux & voluntiers secourant les personnes au besoing, lequel presteur faisant semblant d'estre desnué d'argent, dont il sainct estre fort marry, s'offre pour faire plaisir de prester iusques à sa vaisselle d'argent, à ses draps de soye, à quelques chaines, bagues, ioyaux ou autres meubles, desquelz se pourra recouvrer argent en bref; celuy qui ha necessité se treuve merveilleusement favorisé & redebvable au presteur d'un tel office de courtoisie. Mais voicy comment il preste : Si le marc d'argent ne vault que quinze ou seize livres, il le vend à raison de vingt, voilà le premier lucre. Or, le débiteur pressé est contrainct de vendre soudainement lad. vaisselle ou autre meuble & pour ce faire s'adresse encore de rechef aud. corratier, ministre de ceste sathanique invention, lequel lui faict vendre à un tiers qui ha intelligence avec celluy qui l'ha vendue, de sorte que le premier vendeur la rachepte par interposée personne, & ce qu'il ha vendu vingt il le reprend pour douze ou quinze au plus.

Voila combien ceste façon d'usure excede toutes les autres, ce que ne seroit si difficile d'abolir, sans le ministére des corratiers attiltrez qui en font ouverture facile aux usuriers, tellement que toute ceste maniere de gens, qui participent à tant de damnables inventions & caballes, est une vraye peste des lieux où elle habite.

C'est tout ce que nous avions proposé de traiter des changes, usures & caballes qui s'exercent au iour-d'huy tant à Lyon qu'en tous les autres lieux de ce royaume, mesmes es lieux de traficq & commerce comme Lyon, qui est la cause que ce discours ne debvra sembler impertinent ny hors de propos.

Des marchandises qui sont de la manifacture ordinaire de la ville de Lyon & autres païs de la France debitées en icelle ville.

## CHAPITRE XX.

PUISQUE nous avons deliberé de n'obmettre chose qui concerne les foires de Lyon, specialement de ce qui appartient au principal traficq qui s'y exerce, il est bien necessaire de specifier, au plus pres que faire se pourra, les marchandises y debitées qui sont tant de la manifacture de Lyon, fauxbourgs d'icelluy & païs de Lyonnois, que es païs de Beauiollois, Daulphiné, Forest, Auvergne & autres de ce royaume, lesquelles sont apportées là par le moyen des foires, & les marchans forains, pour s'accommoder d'icelles, en amenent d'autres, l'utilité ou inutilité desquelles est besoing remarquer soigneusement.

Et premier de celles qui se font à Lyon.

Velours,
Satin,
Damas,
Taffetas,

Rubans & passemens de soye de toutes sortes & couleurs en merveilleuse quantité.

S'y faict aussi merveilleux train de soyes crues & tainctes, qui se taignent aud. Lyon en divers endroictz & en toutes couleurs tres belles & vives.

La filleure de ladicte soye se faict en la ville & fauxbourgs de S. Chamond en Lyonnois en telle abondance & quantité, que l'on en estime la manifacture & traficque à plus de cent mil escuz tous les ans, car il y a d'ordinaire de moins cent molins qui travaillent à filler lad. soye, & ce par le moyen des marchans Milannois habitans à Lyon & speciallement par MM. les Darutz, qui en font un commerce & traficq admirable.

Aussi se faict aud. Lyon tres grande quantité de rubans,
Passemens,
Cordons,
Coiffes & autres ouvrages d'or, d'argent & de soye.

Plus toutes sortes de toilles,
De soye,
Soye, coton & fil.
Or & argent & soye, rayées & ouvrées tres belles de toutes sortes & couleurs.

Plus guimpes,
Colletz de crespe d'or & d'argent tant bon que faux,
Canetilles de toutes sortes.

Se faict encores à Lyon & es environs grande quantité de toilles de chanvre, de lin, blanches, crues, fines, moyennes & grosses,
Nappes,
Serviettes grandes & moyennes ouvrées.

Plus s'y font bourses,
Gandz,

Fil à couldre de toutes couleurs,
Ceintures de velours, d'autres foyes & de cuir,
Chappeaux & bonnetz de velours & de laine,
Efplingues,
Ficelles,
Fil d'arbalefte,
Toutes fortes de cordage,
Couftils fins & moyens à faire lictz,
Parchemin & velin,
Peignes,
Mordz de brides & efperons,
Grilletz & fonnettes,
Cartes,
Dez,
Tabliers a iouer,

Plus s'y font violes,
Violons,
Ciftres,
Guiterres,
Leutz,
Fleuftes d'allemand,
Fleuftes à neuf troux,
Hautbois & cornemufes & autres fortes d'inftrumentz.

Orfevrerie & argenterie, groffe & menue,
Peintures à huille & à detrempe fur toille,
Toutes fortes d'armes, tant offenfives que defenfives,
Pouldre à canon,
Fournimens d'efpées & dagues.

Lingerie de toutes fortes,
Potterie d'eftaing de la plus belle de tout le royaume,
Potterie de Maiolique, aultant belle qu'en Italie.

Aux pays de Lyonnois, Beauiollois, Foreft, Charlieu & Charrolois, en quelques lieux du Daulphiné, mefme à fainct Symphorien d'Auzon, y a plufieurs bons tifferans, qui fe font mis à faire grand train de toilles de chanvre, de lin, & des toilles eftroictes, claires & blanches, lefquelles font enlevées es foires de Lyon pour eftre envoyées en Turquie, Alexandrie & Surie, pour faire des Tulbans d'icelles pour les Turcz.

---

*De l'imprimerie de Lyon, avec un advertiffement pour la reduire au priftin eftat, qu'elle fouloit eftre anciennement.*

L'un des plus grandz commerces & trafiques, qui fe face en la ville de Lyon, eft ou fouloit eftre, le pappier imprimé & à imprimer. De forte que l'imprimerie eftoit l'une des plus fameufes de l'Europe & d'icelle refultoient de merveilleufes utilitez, lucres & prouflictz & maniement de deniers aux Lyonnois, lefquelz pour la perfection dud. art d'imprimerie employoient beaucoup de perfonnes qui autrement demeuroient inutiles. (1)

(1) Le premier livre imprimé à Lyon, avec date, eft le *Lotharii Compendium*, dont l'impreffion fut terminée, le 15 feptembre 1473, par Guillaume Leroy. Mais l'imprimerie a, fans aucun doute, été importée dans notre ville plufieurs années auparavant. D'autres livres, imprimés par Guillaume Leroy, & non datés, accufent, par leur compofition moins perfectionnée, une époque bien antérieure. D'autre part, la ville de Bâle poffédait des preffes, dès l'année 1467. Or, les relations quotidiennes, qui exiftaient entre les deux villes, permettent de croire fortement que l'imprimerie ne tarda guère de s'établir après cette époque, à Lyon, où elle devint bientôt floriffante, comme nous l'apprennent les nombreux ouvrages fortis des preffes des imprimeurs lyonnais, & dont M. Pericaud nous a donné, quoique d'une manière incomplète, la longue lifte dans fa *Bibliographie lyonnaife au XV<sup>e</sup> fiècle*. M. Baudrier, préfident de chambre à la Cour d'appel de Lyon, s'eft livré auffi, avec une remarquable érudition, à une étude approfondie de l'hiftoire des premiers temps de l'imprimerie dans notre ville. Une brochure de quelques pages, pleine de faits & de renfeignements ignorés jufqu'à ce jour, publiée récemment par le favant magiftrat, fous ce titre : *Une vifite à la Bibliothèque de l'Univerfité de Bâle, par un bibliophile lyonnais* (Lyon,

Ce que voyans les tres chrestiens rois de France, mesmes le roy François, premier du nom, pere & restaurateur des bonnes sciences, & depuis luy le roy Henry 2, voulurent exempter icelle imprimerie de tous droitz de reve, dommaine forain & hault passage, doüannes, gabelles & autres subsides, qui estoit la cause que le cours des livres estoit meilleur & s'en faisoit plus grand train que d'autre marchandise quelconque.

Mais quand l'on a voulu tollir ceste exemption pour rendre lesdictz livres & papiers subiectz aux charges de la douane, l'ancienne vogue de l'imprimerie est bien descheüe de sa pristine excellence, & aussi à raison des immunitez, franchises & privileges, dont les princes estrangers & circonvoisins doüent non seulement les livres, mais aussi tous ceux qui en trafiquent pour les attirer.

De là provient l'affluence du commerce qui s'en faict à Geneve, d'ond l'on souloit autresfois apporter le pappier à Lyon & de Nantua, mais au iourd'huy le subside les en a divertiz, d'aultant qu'ilz l'employent à Geneve sur le lieu mesme où ilz sont francs, comme à Bourg en Bresse, à Chambery, à Thurin, à Florence & en mil autres lieux trop longs à desduire.

Doncques, s'il plaisoit à sa Maiesté de faire refleurir sa ville de Lyon, en ce qui la rendoit tant opulente & fameuse & avoir egard que l'exemption desd. livres luy tournera à plus de proussict & d'émolument que le subside qui en pourroit estre levé, ce sera un tres grand bien tant à ceste ville qu'à tout le royaume.

Il n'est besoing d'autre chose pour cest effect que de confirmer le privilege qui fut octroyé aux maistres libraires & imprimeurs de France par le roy Henry, l'an de salut 1553, afin que par cy apres le droict de doüanne, qu'on y pourroit lever, ne soit cause d'abolir du tout ce que peu y est resté, & qui se peut remettre sus en bref par le moyen proposé.

---

Brun, 1880), nous a révélé déjà tout ce que peut nous apprendre le travail d'ensemble que M. Baudrier prépare, depuis longtemps, sur ce sujet si interessant. Aussi tous nos érudits lyonnais attendent-ils, avec impatience, le jour où l'auteur pourra livrer au public le fruit de ses savantes & laborieuses recherches.  A. V.

*Autres marchandises de la manufacture de France menées aux foires de Lyon.*

Il ha cy devant esté traitté de la pluspart de la manufacture de Lyon, Lyonnois & ses adiacens, mais parce que cela ne peut fournir aux cours des foires, nous avons recueilly au plus pres ce que les autres païs de France y envoyent de leur ordinaire manufacture.

Et premierement.

Vellours de Tours & de Tholoze, de toutes sortes & couleurs.

Satin de Tours,

Damas,

Sarges de Tours,

Taffetas de Tours & Paris,

Toilles de soye de Paris & de Tours, ouvrées & non ouvrées,

Passemens, rubans, cordons,

Coiffes de soye, d'or & de soye, fines & saulses,

Canetilles de toutes sortes,

Bonnetz de soye ou callottes,

Chappeaux & bonnetz, tant de soye que de laine,

Et toutes autres especes de tisseures d'or, d'argent, qui se font auiourd'huy en ce royaume.

### LAINES DU CREU DU ROYAUME.

Laines crues de Languedoc,

De Provence,

Daulphiné,

Normandie,

Berry,

Picardie,

Champaigne,
Brie,
Bourgoigne,
Bretaigne,
Laines de Paris fillées, tainctes en escarlate,
Laines d'Amiens de toutes couleurs & laines blanches fillées.

### COUVERTURE ET MANTES DE DIVERS LIEUX ET FAÇONS.

Couvertures à mode de Catheloigne de Montpellier, Narbonne & autres lieux du Languedoc.
Autres couvertures de laine de Beauvais.
De Caen,
De Roüen,
D'Amiens,
De Reims.
Lefquelles font conduictes es foires de Lyon & de là tranfportées hors du royaume en divers païs eftrangers, mefmes en Italie.
Demies oftades d'Amiens & d'Abeville,
Oftades & oftadins d'Abeville,
Sarges d'Amiens à façon d'Aifcot, inventée aud. Amiens, puis l'an 1568.
Camelotz d'Amiens,
Droguetz de Paris,
D'Amiens,
D'Abeville,
De Roüen & de plufieurs autres lieux.

### TAPISSERIE ET TAPIS DE LA MANUFACTURE DU ROYAUME DE FRANCE.

Tapifferies de haulte liffe avec or, argent & foye & des moyennes de bas pris.

Tapisserie de Rouen,
D'Auvergne & de Felletin & plusieurs autres lieux.

### TAINCTURES DU CREU DE FRANCE.

Graines & pouldres d'escarlate de Languedoc & Provence.
Pastel d'escarlate de Languedoc & Provence,
Garance de racine & en pouldre de Languedoc,
De Provence,
De Compiegne,
Escorces d'arbres & plusieurs autres manieres d'herbes & racine servans à lad. tainçture.

### CHAPPEAUX.

Chappeaux d'Albanois ne se font qu'en Auvergne & sont transportez es païs de Levant, Grece & Transilvanie.
Autres chappeaux de laine à long poil.
Feultres de Lyon,
De Paris,
D'Auvergne & autres divers endroictz de ce royaume, où il s'en faict grand nombre de si fins qu'ilz peuvent estre parangonnez à ceux d'Espaigne & Portugal.

### FORCES.

Forces grandes à tondre les draps se font en Limosin,
A Sainct Bonnet le Chasteau, petite ville du païs de Forest, & ne les font si parfaitement en aucun autre endroict, qui faict qu'elles sont transportées en tous les lieux où la drapperie s'exerce, elles se vendent fort cheres.

## QUINCAILLERIE DE TOUTES SORTES.

Harquebouzes & pistolles de Forest.

Lames d'espées & dagues de Vienne, les plus excellentes de l'Europe, qui se transportent par tous les autres païs estrangers mesmes en Italie & en Espaigne, où ilz ne font que leur donner la trempe.

Cousteaux, cizeaux & forcettes de Falaize,

De Roüen,

Molins,

Tholoze,

Chastelleraud,

Montauban,

Langres,

Thiers & en autres lieux de ce royaume.

Mordz à chevaulx, mulles & mulletz, bossettes, estriez, boucles, esperons & toutes autres ustensilles de fer & d'acier.

### MERCERIES.

Bources de Caen,

De Lyon,

Paris,

Roüen,

Tours,

Troyes en Champaigne,

Ceinctures de vellours à hommes & femmes, de Lyon,

Paris,

Roüen.

Ceinctures de cuir & demi ceinctz de toutes sortes & couleurs.

Rubans de soye,

Fil, fayette & capitons.

Vergettes & decrottoirs de Paris,
Roüen,
Sonnettes, campanes & clochettes à muletz.
Paulmes, eſtœufs & racquettes,
Quadrans de toutes ſortes,
Eſcriptoires, ganivetz & plumes à eſcrire.
Lanternes de corne, de fer blanc & de toille cirée.
Acier en mace, lequel eſt en telle abondance qu'oultre la fourniture du royaume, en eſt tranſportée grande quantité es païs eſtrangers.
Fil de fer,
Fil d'acier.

### OUVRAGES DE FER ET D'ACIER, CUIVRE ET AUTRES METAULX

Landiers ou chenetz de fer, couvertz de cuivre iaune ou laton.
Chandelliers de cuivre, laton, fer & eſtaing.
Rafreſchiſſoirs de cuivre ou cuvettes,
Reſchaulx,
Fontaines,
Baſſins de toutes ſortes,
Seaux & autres uſtenſilles de maiſon, de fer, cuivre & eſtaing.

### OUVRAGE DE BOIS.

Peignes de Lyon,
Paris,
Roüen,
Orleans,
Poiĉtou,
Limoux en Languedoc, eſquelz lieux ilz ont du bois & autres racines fort exquiſes propres à faire Fleutes.

Cueillers,
Patenoſtres,
Jeux d'eſchetz & de tablier,
Quenoilles & divers autres ouvrages.
Eſtuitz de peignes,
De chappeaux & bonnets,
De vaiſſelle d'argent,
A mettre voirres,
Lunettes,
Fourreaux d'eſpées, deſquelz ſe faict ſi grande abondance au royaume, que la pluſpart des eſtrangers les viennent querir & en vient grand prouffict.
Nappes,
Serviettes,
Eſſuyoirs de Troyes en Champaigne,
Lyon, Lyonnois & Beauiollois,
Paris, Roüen, Caen, Auxonne.

Eſtaminets de Reims,
D'Auvergne.
Et d'autres lieux du royaume & ſe tranſportent preſque par tout le monde, meſme en Grece, Turquie, Barbarie, Rhodes, Candie, Cypre, Italie, Eſpaigne, Portugal, Sicile & Allemaigne, & en pluſieurs autres royaumes & païs. Mais celles de Reims ſont les meilleures & ſervent es païs chaudz à faire habillemens & à paſſer les farines & drogues des apothicaires.

Cartes à ioüer de Lyon,
Paris,
Roüen,
Troyes,
Thiers en Auvergne, d'où elles ſont tranſportées iuſques en Turquie, Italie, Eſpaigne, Portugal, Allemaigne, Angleterre & Eſcoſſe.

Fil de lin, de chanvre, d'eſtouppes, filez & non filez,
Fil d'arbaleſte de Lyon,
De Maſconnois,
Du Daulphiné,
Fil tainct à couldre de toutes couleurs, de Lyon,
Paris,
Roüen,
Eſplingues de Lyon,
De Paris,
De Puy en Velay,
Mante,
Roüen,
Gandz de Lyon,
De Paris,
Roüen,
Vendoſme,
Iſſouldun en Berry,
Montpellier.

## ESPICERIES ET DROGUERIES.

Saffran d'Albigeois.
De la Rochefoucaud.
De la Limaigne d'Auvergne,
Caours,
Et des jardins de pluſieurs autres provinces de France.
Manne du Daulphiné & de Provence.
Anis de Provence & autres lieux du royaume.
Verdet ou verd de gris de Montpellier.
Tormentine d'Auvergne & autres lieux circonvoiſins.
Poix reſine.
Poix noire d'Auvergne & autres lieux.
Huille de laurier.

Mirrhe.
Camomille.
Melilot.
Et plusieurs autres huilles, gommes, drogues & simples, servans à la medecine.

Plumes d'oyes & de duvets pour lictz.
De Touraine,
Nivernois,
De l'Isle de France,
De Brie,
D'Auvergne,
Bourbonnois,
Berry,
Champaigne.
Coutils à faire lictz de plume, de bourre & cotton.
Coutilz de Caen,
De Bayeux,
Falaize,
Lyon,
Vienne,
Roüen,
D'Auvergne & de plusieurs autres endroictz de ce royaume.
Bonnetz rondz ou quarrez,
Tocques,
Bonnetz de nuict à oreilles, de laine & autres de la façon de Paris,
Roüen,
Carcassonne,
Narbonne,
Limoges.
Chappelletz ou patenostres de pierre & de voirre esmaillez & autres especes de chappelletz que l'on faict en France.
Chappelletz d'or & d'argent,

D'Agathe,
Perles,
Lapis,
Grenatz,
Coral,
Pourcelaine,
Ambre blanc, iaulne, noir, gris,
Jayet,
Citrin,
Coquilles de perles,
Efmail,
Voirre.

Bois de diverfes fortes & couleurs, lefquelz chappelletz font enlevez du royaume & tranfportez, en grande quantité, par tous les païs des chreftiens.

Autres ouvrages d'email de façon de Limoges & autres lieux.
Images emaillez,
Medalles,
Couppes,
Baffins,
Sallieres,
Aiguieres,
Vafes,
Ballances grandes, moyennes & petites, à pefer,
Crochetz grandz & petitz,
Romaines à pefer,
Fins trebuchetz de Limoges,
Paris & autres lieux
Livre imprimez, de Lyon,
Paris,
Poictiers,
Roüen,
Orleans,
Dijon,

Bourges,
Reims,
Tholoze.

Ouvrages de bois couvert de cuir & de fer.
Coffres de bahutz, à charger fur mulletz ou charrettes.
Garderobbes à bahutz.
Grandes malles & mollettes de bois couvertes de cuir.
Eftuiz à bonnetz & à inftrumens de mufique, de façon de Lyon,
Paris,
Roüen & autres endroictz.
Ganivetz ou taille-plumes de Bayonne.
Chaftelleraud.
Molins,
Montpellier,
Rouen,
Angers,
Falaize,
Langres,
Tholoze,
Compiengne,
Montauban.

Poiffons falez, qui fe pefchent au royaume par les Normans, Bretons, Picardz, ceux de Languedoc & Guienne.
Harencs blancqs & foretz.
Macquereaux,
Mourues,
Merluz,
Seiches,
Tonine,
Anchois,
Sardines,
Marfoüin,

Daulphin,
Baleine,
Saulmont,
Alozes.

Pierres dures tant pour baftir que pour faire images & autres ouvrages fubtilz.

Marbre blanc, noir gris,
Jafpe.
Ardoife,
Albaftre,
Tuf & autres pierres en grand nombre.

Et generallement plufieurs autres diverfes marchandifes du creu & manufacture du royaume, lefquelles font vendues ou changées es foires de Lyon, comme armes de guerre,

Harquebouzes,
Piftolles,
Lames d'efpées & poignardz,
Cuiraffes,
Cottes & manches de maille,
Hallecretz & harnois,
Lances, Picques, Javelines, Pertuifanes, Hallebardes & Efpieux,
Poudre à canon,
Salpeftre,
Hallonnes à faire voile.

Lefquelles marchandifes font tranfportées en divers païs & caufent un grand prouffict. Il a efté impoffible de faire un vray denombrement de toutes les marchandifes de la manufacture de France, qui fe trafiquent efd. foires de Lyon; toutesfois nous avons tafché de traitter les plus communs.

MARCHANDISES AMENÉES DES PAÏS ESTRANGES EN CE ROYAUME.

Refte maintenant à defduire quel prouffict ou quel dommage &

superfluité causent, en ce royaume, les marchandises y amenées des païs estranges, avec la commune estimation du traffiq qui se faict desd. denrées en temps de paix.

Nous commencerons doncq aux haultes Allemaignes, qui sont de grande estendue, comprenans ce qui est joinct des païs septentrionaux, sçavoir est : Dannemarc, Norvege, Suede, Prusse, Livonie, Lituanie & autres.

Et premierement s'amene desd. païs en France, or & argent monnoyé & non monnoyé,

Or en lingotz,
En cendres,
En masse,
En billon,
En ouvraige,
Cuivre en rozettes,
Battu en tables,
En cullotz,
Fil de laton,
Laton,
Fer à faire barres & rondeaux aux coffres & bahutz,
Autres ustensilles de fer blanc & noir en feuille.

Lesquelles marchandises sont bonnes & prouffitables & en estime le trafiq. tous les ans, par commun advis, de six à sept millions de livres tournois.

Fustaines d'Augsbourg,
Bougran,
Boccassin,
Toilles de S. Gal,
Cottes de mailles,
Hallecretz & autres especes d'armures fort bien ouvrées,
Faulx, faulcilles & dains à faucher les prez & les avoines.
Chevaulx d'Allemaigne pour la guerre,
De Hongrie,
De Dannemarc,

De Frize.

Cires en gros pains,

Goderan pour les navires,

Suifz en grandz tonneaux,

Cuirs fecz,

Soulphre vif & mort,

Et autres marchandifes, bonnes & vallables pour la commodité du royaume, la traffique defquelles eft eftimée fe monter tous les ans de deux à trois cens mil livres.

Sont pareillement amenées defd. païs en ce royaume plufieurs marchandifes fuperflues & pernicieufes comme :

Martres fubelines,

Loups cerviers,

Ronzeaulx,

Hermines,

Letices,

Bellettes noires & d'autre forte,

Lubernes,

Brifeaux & autres efpeces de fauvagine & riche pelleterie.

Sarges d'Arras,

De l'Ifle,

Dafcot,

Demies oftades,

Oftadines,

Draps frizez fins, appellez frizes d'Efpaigne,

Trippe de vellours,

Satin de Bruges.

La commune eftimation de ce qui eft amené tous les ans monte à la fomme de cinq cens foixante mille livres. Ores qu'elles apportent grand preiudice au royaume, d'aultant qu'elles empefchent la vente & diftribution de celles qui s'y font, comme l'on en a veu l'experience lorfque lefd. frizes d'Efpaigne eftoient en vogue, les marchans falfifierent les marques d'Efpaigne & les appoferent à celles de Roüen, Montevillier & autres & pour le seul tiltre d'Espaigne s'en debitoit tres grande quantité.

Maintenant nous traitterons des marchandises vendues & amenées en ce royaume des basses Allemaignes qui sont : Flandres, Hollande, Zelande, Brabant, Hainaut, Arthois, Liege & Gueldres & autres lieux desd. basses Allemaignes, speciallement de la ville d'Anvers de laquelle sont amenées :

Tapisseries de haulte lisse d'or & soye,
Tapisserie d'or, argent & soye,
Tapisserie de fine laine avec soye seulement,
De laines fines seulement,
De laines moyennes,
De laines grosses.
Toille de Hollande,
De Zelande,
Hainault,
Cambray,
De Brabant,
Battiste.

Lesquelles tapisseries & toilles sont du tout inutiles & mesmes à raison de ce que les marchans estrangers enlevent les estoffes de ce royaume, speciallement de Lyon où y a grande quantité de sillasses, chanvres & estouppes & des païs de Champaigne, Picardie & Bourgoigne. Ce neantmoins il s'en faict annuellement traffique pour plus de neuf cens mille livres.

Est aussi amenée dud. Anvers en ce royaume grande quantité de drogues, regrattées comme toutes sortes d'espiceries :

Poivre,
Canelle,
Girofle,
Gingembre,
Maci,
Mastic,
Saffran & autres especes d'espiceries,

Rheubarbe,
Caffe,
Turbic,
Scamome,
Mirabolans, & autres drogues,
Bonnes huiles,
Tainctures & couleurs,
Cire,
Miel,
Sucre,
Coton,

Et autres choses prolixes à spécifier par le menu, desquelles la cire, le sucre & le coton sont requises, encore en fault-il user avec mediocrité; il se faict train tous les ans des drogues susd. pour trois à quatre cens mille livres.

Aussi s'amene tous les ans dud. Anvers, pour plus de soixante mil livres de Goderan,
Blaye,
Obelon,
Ordolme,
Or de masse,
Noix de Galle,
Tornesol,
Garence,

Borras & autres couleurs, servans aux painctres qui sont nuisibles & non necessaires aud. royaume, toutesfois portent plus de prouffict que de dommage, car partie s'applique aux tainctures & partie à racoustrer les navires.

Quant aux marchandises precieuses, bagues & pierreries regrattées & amenées en ce royaume comme:
Emeraude,
Diamans,
Rubiz,
Ballais,

Escarboucles,
Berilles,
Saphirs,
Grenatz,
Plasmes,
Chrysolites,
Topazes,
Turquoises,
Perles,
Agathes,
Lapiz,
Azur,
Anneaux & autres pierreries de toutes sortes,
Musc,
Ambre gris,
Civettes.

Parfums & autres odeurs & drogues aromatiques & odoriférantes, elles sont du tout inutiles & pernicieuses au royaume, car elles ne feurent oncq inventées pour estre vulgaires, à raison de leur grand pris & valeur, ains seulement pour les princes & grandz seigneurs qui ont moyen de fournir à telz fraiz. Toutesfois la commune opinion est qu'il s'en amene tous les ans, pour plus de cinq cens mille livres.

Des poissons salez amenez en France & autres salures comme :
Cappres,
Cresse marine ou perse pierre,
Olives & autres ; on s'en peut facilement passer pour l'abondance que ce royaume en a ; il s'en faict train annuel de cent mil livres.

A bonne & juste occasion l'entrée du costé d'Anvers a esté & est encores deffendue pour les draps de soye tainct & autres manifactures de soye, qui s'en amenoient ordinairement & s'ameinent encores de present ou par permissions & privileges subreptices comme :

Velours de Gennes & d'ailleurs,

Taffetas dud. Gennes,
Satins,
Damas,
Rubans d'or & de soye,
Passemens & autres tisseures de soye,
Draps d'or & de soye,
Draps d'argent & de soye,

Car toutes ces denrées sont superflues & neantmoins les marchans estrangers en font passer grand nombre par Anvers, à fin d'éviter le payement du droict d'entrée, qui se paye à Lyon sur toutes les manifactures d'or & de soye, mesmes d'autant que ce sont riches marchandises qui doivent pour led. droict presque à raison de trois pour cent. Et combien qu'aux marchans & conducteurs desd. draps ait esté rabbatue presque la moictié de ce qu'ilz souloient payer dudict droict, par ordonnance du roy & grace specialle qu'il a pleu à Sa Maiesté sur ce leur impartir, toutesfois iceux marchans & conducteurs taschent de frustrer iournellement de son droict & payement d'entrée, les amenant par voyes obliques & indirectes, chose qui porte tous les ans dommaige au roy de grandes sommes de deniers. Vray est que les marchans exposent leurs marchandises au hazard d'estre prinses & confisquées par le costé d'Anvers, contre la defence & inhibition qui en est faicte, nonobstant laquelle en font entrer tous les ans pour plus de deux cens milles livres.

Les autres manifactures de lingerie qui en sont amenées, comme chemises ouvrées d'or & soye, de soye seule, de fil blanc seul, colletz, mancherons, couvrechefz, mouchoirs, gorgerins ouvrez comme dessus, sont aussi du tout inutiles & superflues.

Et toutes fois si on se vouloit contenter de celles qui se font en France aussi belles & durables, l'argent y demeureroit sans qu'il fut transporté ailleurs. Mais l'on achepte plus tost le nom que la denrée. La traffique qui s'en faict tous les ans est communement estimée à cinquante mille livres.

Il n'est besoing d'inferer, en ce lieu, les païs de France où se faict grande quantité de fromages, pour estre assez notoire, qui est la cause que ceux qu'on charge à Anvers, pour amener icy comme :

Fromage de Hollande,

De Bethune,

De Hainaut,

De Brabant, sont du tout inutiles, mesmes que les jambons contrefaictz au royaume se vendent pour ceux Mayence, de sorte que la France n'en a que faire pour en avoir plus que sa fourniture. Et tous les ans y en est amené pour dix ou douze mille livres.

Mais ce qui s'amene desd. païs prouffitable & utile aud. royaume sont comme :

Cuirs salez,

Cuirs tannez,

Cuirs non apprestez avec leur poil,

Basannes,

Suifz & autres gresses.

Car oultre ce qu'elles servent grandement, les marchans françois en font de grandes trafiques & les revendent aux estrangers, d'où procedent grandes sommes de deniers, autresfois s'en souloit amener pour plus de cinquante mille livres.

Les Roussins,

Doubles courteaux,

Hacquenées,

Chevaulx de la franche Comté,

Chevaulx des Ardaines,

Et plusieurs autres, ne sont necessaires, toutesfois servent tant au faict de la guerre comme au service ordinaire. Et les marchans du royaume en font revente aux estrangers, de sorte que le prouffict y est grand, il s'en amene quelques années pour plus de cinquante mille livres.

Cy devant ont esté à plain declairées toutes les denrées ou la plufpart tant utiles que superflues, qui se chargent es haultes & basses Allemaignes pour estre conduictes en ce royaume. A present fera faicte pareille mention des denrées & marchandises amenées d'Angleterre, Escoffe & Hirlande, comme s'en suit :

Et premierement,
Or en nobles Henry & à la rose,
Or en angelotz,
Or en escuz,
Or en lingotz,
Or en ouvrage,
Argent monnayé,
Argent en masse,
Argent en billon,
Estaing en Saulmon,
Estaing ouvré & non ouvré,
Plomb en saulmon,
Plomb ouvré & non ouvré,

Lesquelz ne sont seulement prouffitables au royaume, ains requis & necessaires, pourveu qu'ilz soient employez en marchandise du creu d'icelluy, comme certainement font les Anglois, car ilz les convertissent en vins, toilles, merceries & pastel, plus liberallement que ne font les autres nations estrangers qui traffiquent lesd. metaulx. Et d'icelluy costé vient ordinairement grande abondance dud. or & argent monnoyé, qui par commune estimation peut monter annuellement deux à trois millions de livres.

Desd. païs sont amenés cuirs groz non apprestez & apprestez,
Cuirs gros avec leur poil,
Suifz & gresses de plusieurs sortes,
Charbon de pierre, à forger.

Lesquelles marchandises, oultre les grandes commoditez qu'elles apportent au royaume, sont revendues aux estrangers qui y conversent, tant à Roüen, Paris, Bourdeaux, Troyes, la Rochelle, Nantes, Limoges, qu'aux foires de Lyon. Et sont estimées lesd. choses valloir tous les ans cent cinquante mille livres.

Sont aussi amenées d'Angleterre seulement & non d'ailleurs laines fines & linestre,

Laines moyennes & grosses,
Drapz fins de linestre,
Drapz de Couesant,
Frizes à faire doubleures,
Estametz fins,
Ostades fines,
Ostades moyennes,
Et autres draps de laine.

Lesquelles laines & draps gastent & diminuent la manifacture de ceux du royaume & empeschent la vente de celles du creu du païs de Languedoc & autres, qui sont aussi bonnes que celles des estrangers, mesmes qu'ilz se servent des nostres pour faire les draps, dont apres ilz nous viennent faire tant d'estime, & toutesfois en est amené tous les ans pour plus de deux cens mille livres.

Plusieurs sortes de pelleteries s'ameinent d'iceux païs, comme Connilz de poil accoustrez & prestz à mettre en œuvre & plusieurs autres sauvagines qui ne sont de hault pris ny necessaires au royaume, ce nonobstant en est par chacun an amené pour quinze ou vingt mille livres, selon le commun advis.

Hacquenées,
Hobins,
Guilledins,
Et autres especes de chevaux non necessaires, sinon aucuns qui servent à la cavallerie legere & ne sont des meilleurs, toutesfois est treuvé en avoir esté amené, pour une année, pour trente ou quarante mille livres aud. royaume.

Desd. païs s'amenent des poissons salez tous les ans, pour vingt ou trente mille livres, dont la France n'a que faire, attendu les pesches qui se font en icelle.

Maintenant fault parler quelles marchandises & denrées viennent de Portugal en ce royaume & tenu l'ordre susd.

Et premierement :
Espiceries de toutes sortes,
Drogueries de toutes sortes,

Lesquelles sont moins regrattées que celles qui descendent d'Anvers, toutesfois sont inutiles & superflues ; il s'en amene tous les ans pour trois cens mille livres.

Pierreries & perles,

Parfums & drogues aromatiques, semblables à celles d'Anvers, mais en plus grande quantité, inutiles & superflues pour les raisons susdictes, & en est amené au royaume tous les ans, pour plus de trois ou quatre cens mille livres.

Sucres de toutes sortes,

Miel,

Cire,

Qui ne sont necessaires, toutesfois la quantité en est si grande qu'elle se monte tous les ans deux cens cinquante mille livres.

Aluns de plusieurs especes,

Bois de Bresil,

Et autres choses servans a tainéture, pour six ou sept vingt mille livres tous les ans, qui sont bien requises & prouffitables.

Confitures liquides,

Confitures seches,

Mirabolaus,

Cappres en conserve,

Olives en conserve,

Creste marine en conserve,

Superflues & inutiles & toutefois le pris en est si exorbitant & hors de raison qu'il en est amené desd. païs du Portugal, pour plus de cinquante mille livres par an.

Figues & raisins,

Dates,

Orenges,

Citrons,

Limons,

Amandes,

Pivons,

Noisettes & autres fruiétz inutiles & superflus, attendu la grande abondance qui en croift en ce royaume, auquel en eft amené tous les ans pour quarante ou foixante mille livres.

Grande quantité d'huille d'olive,

Huille de poiffon,

Defquelz l'on fe pourroit bien paffer, veu la quantité de l'huille de Provence & Languedoc & huille de poiffon, qui fe faict en la Guienne ; s'en amene en France tous les ans pour quarante mille livres.

Vins baftardz,

Vins de taige,

Vins de rofette,

Et plufieurs autres fortz vins blancz & claires, qui font fuperfluz & non neceffaires, ne fervans qu'à faire defpendre follement vingt ou trente mille livres par an à ce royaume.

Plus eft apporté de Portugal en France grande quantité de :

Ducatz à la petite croix,

Doubles ducatz à la petite croix bons & prouffitables,

Ducatz à la grande croix ou à la potence, qui ne font fi bons en aloy que les autres & peuvent porter, à qui ne les cognoift, plus de dommage que de prouffict. Il en a efté amené pour une année pour plus de huict cens mille livres.

A prefent fera faicte mention des denrées & marchandifes chargées es Efpaignes pour eftre amenées en France tant par mer que par terre comme s'enfuit :

Et premiérement :

Soyes crues du païs,

Et plufieurs autres, mais à caufe des defences y mifes s'en amene peu, on en a veu amener pour une année pour plus de deux millions de livres.

Defdictz païs s'apporte l'or & argent qui enfuit :

Ducatz vieux à deux teftes,

Ducatz nouveaux à deux teftes,

Doubles ducatz vieux & nouveaux,

Piftolletz,

Or en lingotz,

Realles d'argent de plufieurs efpeces,

Argent en maffe,

Qui eft tres prouffitable & eft apporté par an pour plus de trois millions de livres.

Nonobftant les defences faictes d'amener des chevaulx, on ne laiffe d'en faire merveilleufe traffique comme :

Genetz d'Efpaigne,

Vilains d'Efpaigne,

Et plufieurs autres chevaulx, defquelz l'on fe peut bien paffer & partant non neceffaires, ce neantmoins en eft amené tous les ans pour plus de cinquante mille livres.

Il eft auffi amené tous les ans pour plus de cent mille livres d'alun, qui eft bien neceffaire pour la tainéture des drapz.

Allemelles d'efpées,

De poignards & dagues,

Boucliers de Catheloigne & Barcelone,

Et autres boucliers bien duifibles & non neceffaires, defquels, à caufe des defences, ne s'amene que pour quatre ou cinq mille livres par an.

Eft amené aud. royaume tous les ans pour plus de cinquante mille livres tournois de fucere qui eft affez duifible, mais non neceffaire pour les raifons devant dictes.

Le faffran, qui eft amené tous les ans defd. païs, monte une fomme de deniers admirable, toutesfois n'en demeure gueres en France, car il en croift plus que pour fa fourniture & en eft beaucoup tranfporté hors; mais les Allemans enlevent tout celluy des Efpaignes que l'on ofe affermer feurement monter tous les ans à plus de quatre cens mille livres.

Velours & autres petitz draps de foye,

Soyes tainctes & rétorfes,

Laines,

Draps frizez fins,

Draps d'efcarlate de Valence,

Draps de Parpignan & autres draps,
Crespes de soye entremeslez d'or & d'argent,
Crespes sans or ny argent,
Toilles de soye tissues avec or & argent,
Toilles de soye seulement,
Ouvrages de lingerie d'or & d'argent,
Ouvrages en lingerie de fil blanc seulement,
Gandz d'ocaigne,
Gandz parfumez,
Loups cerviers,
Genettes noires,
Genettes grifes,
Lubertins ou lubernes,
Rampais,
Esmeraudes & autres especes de pierreries,
Musc & parfums de toutes sortes.

Toutes lesquelles choses portent grand detriment & preiudice au royaume, pour les grandz deniers qu'elles en espuysent, car il en est par an amené pour plus de deux cens mille livres.

Confitures liquides,
Confitures seches,
Pivons en pommes & hors pommes,
Vins bastardz,
Vins de Romanie,
Vins d'Allicantz & autres sortes de vins estranges,

Lesquelles marchandises sont du tout inutilles & dommageables au royaume, & peuvent monter tous les ans de vingt à vingt-cinq mille livres.

Tout ce qui vient desd. Espaignes par la mer descend à Bayonne, Bourdeaux, la Rochelle, Nantes, basse Bretaigne, Havre de Grace, Roüen, Dieppe, Boloigne,

Et ce qui vient par la mer de Levant, à Narbonne, Aiguesmortes & Marseille,

Et ce qui vient par terre defcend à Bayonne, Tholoze, Narbonne tirant à Parpignan.

Les marchandifes qui font chargées en la ville d'Avignon & au conté de Venife font comme :

Drap d'or, argent & foye,
Toilles d'or & argent fins,
Velours de toutes couleurs en grand nombre,
Satins petitz de toutes fortes & couleurs,
Damas,
Taffetas,
Rubans, paffemens, treffes & autres tiffeures de foye & de filozelle,
Soyes tainctes,
Soyes torfes,
Filozelle tainctes,
Soyes de capiton tainctes.

Lefquelles marchandifes fe peuvent monter par an à trois cens mille livres, font dommageables au royaume.

Laines groffes,
Laines blanches & tainctes,
Amandes quelque peu,
Figues quelque peu,
Raifins femblablement,
Pivons quelque peu,
Huilles d'olive petitement,
Et autres huilles non en quantité,

Qui font fuperflues pour les raifons fus alleguées & en eft amené tous les ans pour dix ou douze mille livres.

Des Italies, Levant & Barbarie font amenées en ce Royaume plufieurs denrées & marchandifes comme :

Draps d'or & d'argent enrichiz de fleur fus fleur qui font du plus haut pris qui foit,

Draps d'or & d'argent non enrichiz,
Toilles d'or figurées,
Toilles d'argent plaines,
Draps de foye tainctz en cramoifi rouge, incarnal & violet.
Draps de foye de toutes fortes & couleurs,
Camelotz d'or & foye,
Camelotz d'argent & foye,
Camelotz de foye,
Soyes crues de plufieurs païs de Levant & Italie en grande quantité.
Soyes tainctes en toutes couleurs,
Or & argent traict,
Or & argent filé,
Canetilles d'or, d'argent & de foye,
Paffementz,
Rubans,
Traffes,
Boutons,
Colletz,
Coiffes,
Franges,
Et autres ouvrages de toutes fortes & façons, fort exquis & de hault pris.

Plus corceletz,
Hallecretz, cuiraffes & haultes pieces,
Aubertz, brigandines, heaumes, morrions, fallades & toutes efpeces d'armes, tant pour la tefte que pour le refte du corps.
Gros boucliers, rondelles, targes ou pavois,
Harnois de chevaux à la legere,
Pennaches,
Dardz & javelines,
Pertuifanes,
Garnitures d'efpées, dagues & poignards,

Fournimens d'harquebouzes & pistolles,

Masques de diverses sortes,

Accoustremens pour faire momeries,

Espées, dagues, harquebouzes ouvrées d'or & gravées,

Et mil autres petites denrées exquises de grand coust & peu de proufict, qui se peuvent monter annuellement à la somme de treize ou quatorze millions de livres que l'Italie emporte contant de France.

Item des païs de la Pouille & Calabre s'ameine tous les ans en ce royaume pour plus de quatre cens mille livres d'espiceries & drogueries, saffran & malvoisies.

Plus en est amené grande quantité de pierreries comme perles, diamans & autres sortes,

Parfums,

Crespes,

Tapis de Turquie,

Barragans,

Toilles tainctes,

Ouvrages de lingerie,

Chappeaux de soye à long poil,

Chappeaux de paille fort excellemment ouvrez,

Plumes d'autruche & d'autres sortes,

Draps d'escarlate de Venize & de Florence,

Sarges drappées de Florence & d'ailleurs,

Estametz fins de Venise, Milan, Florence & d'ailleurs, lesquelles marchandises se montent tous les ans plus de cinq ou six cens mille livres tournois par an, quoy qu'elles soyent du tout inutiles & superflues aud. royaume & mesmes les sarges drappées & estametz qui empeschent la manifacture, qui en est si grande abondance en France dont nous ne devons nous taire en ce discours, daultant que le faict de la drapperie & des tailles est de merveilleux proufict & en provient grandes sommes de deniers, lesd. draps de laine se font à Paris en grande quantité.

Roüen tant du feau que du viconté,
Montevillier,
Vire & autres villes circonvoifines,
D'Aumalle,
Beauvais,
Soiffons,
Meaux,
Sens,
La Ferté,
Eftampes,
Bourges,
Chafteauroux,
Felletin,
Mante,
Le Puy en Auvergne,
Poictou,
Carcaffonne & plufieurs autres villes & villages du royaume,
Et les farges fe font à Orleans,
Tours,
Poictiers,
Caen,
Amiens,
Abbeville,
Beauvais,
Sens & autres villes.
Ces toilles de lin & chanvre qui font blanches, crues, fines, moyennes & groffes fe font à Paris,
Roüen,
Lyon,
Troyes,
Laval,
Authun,
Auxonne,
Nyort,

Chaſtellerault,
Victré & autres villes du Maine,
Poictou,
Champaigne,
Bourgoigne,
 retaigne,
Foreſt,
Beauiollois,
Picardie,
Normandie,

Et en pluſieurs autres païs du royaume ou leſd. draps, ſarges & toilles ſe font en ſi merveilleuſe quantité qu'il en eſt tranſporté preſque par tout le monde, ſans qu'il ſoit beſoing qu'on y en amene d'ailleurs comme dict eſt.

S'amene encores deſd. païs de Calabre, Pouille & circonvoiſins:
Loups cerviers,
Martres ſubellines,
Peaux de la Romanie & de Naples.
Plus bonnetz de Mantouë,
Bonnetz de velours,
Samy tainct & noir,
Oſtades & ſarges de Cipre,
Vaiſſelle de porcelaine, de marbre, albaſtre, eſmail,
Albaſtre, caſſidoine & porphire en roche non ouvré,
Verres, couppes, baſſins & aiguieres & autres ouvrages de criſtallin de Veniſe & d'ailleurs.
Cordoüan & marroquins de Turquie & autres païs du Levant,
Fuſtaine de Milan & Piemont,
Ris de Levant & des Italies,
Miel de Levant,
Galles de Levant,
Acier de Piemont,
Alun de Civita-Vecchia ou Cité vieille,

Graines & pouldre d'escarlate de Levant, bien peu,
Azur d'outre mer,
Malvoisie de Candie,
Raisins de Damas,
Raisins de Corinthe,
Chevaux du royaume de Naples, Turquie, Barbarie, Sardaigne & Corsigue servans au faict de la guerre,
Faulcons sacrez & gerfaux,
Faulcons gentilz,
Faulcons villains,
Faulcons peregrins,
Faulcons lasniers & autres especes d'oyseaux de proye, qui sont amenez de divers païs de Levant, de la Cilicie, de l'Isle de Rodes, de Cerigo, de la Pouille & de la Calabre & d'ailleurs, au moyen desquelles denrées chevaux & oyseaux est enlevé tous les ans de ce royaume plus de cinq à six cens mille livres.

Toutes lesquelles marchandises de manifacture & autres denrées amenées desd. païs estrangers en ce royaume sont vrayes pierres aymantées non pour tirer le fer, mais l'or & l'argent qu'elles enlevent à foison, de maniere que par la particuliere supputation de toutes les susdictes choses, selon la commune opinion des personnes qui des le berceau n'ont suivy autre profession que la marchandise, elles peuvent monter tous les ans à quarante millions de livres, somme de grande consequence, la dixiesme partie de laquelle ne demeure en France par eschange ou autrement, tellement que tout le reste est transporté contant hors du royaume. Et fault noter que les supputations de la somme susdicte s'entendent, si les temps sont tranquilles que le commerce se face librement de nation en autre. Et en ceste sorte l'argent se transporte hors du royaume en temps de paix, duquel depuis en temps de guerre on ha si grande necessité que pour en recouvrer on ne sait où recourir qu'aux soulles & surcharges du menu peuple & signamment du plat païs, lequel est si espuisé qu'à peine peut-il respirer, ayant esté agité de tant de desastres. Vray est que visant de bien pres & espluchant le fond de la matiere, il semble que nous soyons nous mesmes cause de noz malheurs, par l'obly que chascun commet en son devoir tant est corrompu le siecle present ; le laboureur veut s'égaller & faire le bourgeois, le marchant veult faire le gentilhomme, le gentilhomme le seigneur, & le seigneur le prince ; mesmes en ce qui concerne la façon d'un accoustrement, ainsi que l'expérience nous le monstre ordinairement qu'un simple artisan, sans avoir moyen d'ailleurs que de son iournallier travail, ne craindra de se vestir de draps de soye, une simple bourgeoise en deuil portera l'hermine, la martre subelline, & communement les doigtz & le col ferrez de grande quantité d'or, accompaigné de diamans, rubiz, esmeraudes, saphirs, agathes, chrysolites, marguerites & autres perles & pierreries de grandissime pris & valeur. L'usage desquelles ne fut oncq inventé que pour les princes, comme beaucoup de marchandises dont a esté faicte mention cy devant comme : draps d'or frizez & non frizez, draps d'argent, tapisseries d'or & de soye, de soye seule & autres, & generallement toutes choses qui excédent la commune façon de ce que la civilité & la faculté permet de porter. Ainsi que les anciens le souloient bien estroictement observer, & n'y avoit que les seulz princes ausquelz fut licite de porter, user & se vestir de telles riches & magnifiques denrées, encores y gardoient-ilz merveilleuse modestie pour contenir leurs subiectz en leur devoir par bon exemple.

Le traicté des changes & foires de ceste nostre cité de Lyon eust esté manqué si nous n'y eussions adiousté ce présent discours des marchandises qui, au moyen desd. foires, se traffiquent par tout le royaume. Il ne sera doncques treuvé estrange d'en avoir parlé iusques icy & quelques motz en passant de ce qui concerne la generalité de la France.

Quant aux droicts d'entrée & doüanne, que payent icelles marchandises en la ville de Lyon & ailleurs, il n'est besoing d'en faire autre mention dautant que l'ordonnance y expressément faicte par Sa Maiesté est au Recueil des Ordonnances.

## De l'Ellection du Païs de Lyonnois.

### CHAPITRE XXI.

LE denombrement de toutes les parroisses, qui dependent de la jurisdiction des esleuz de Lyonnois n'a empesché que particulierement nous n'ayons esté soigneux d'enquerir les moyens & facultez d'icelles. Où nous avons euz infiniz advertissemens des penuries & disettes, que leur ont causé les guerres civilles & la sterilité de tant de precedentes années, qui faict que ne pouvans plus fournir aux exorbitantes surcharges qu'ilz ont ordinairement, ilz sont contrainctz de quicter, comme on dict, la terre pour le cens. De sorte qu'il seroit beaucoup plus expedient de les soulager que d'en tirer laine & peau : dautant qu'il est impossible qu'ils puissent iamais restaurer leurs pertes, estant ainsi vexez de subsides & demeureront par ce moyen tousiours pauvres. Chose qui redonde grandement au preiudice du prince, la grandeur duquel ne consiste apres Dieu qu'en l'aise, heur & felicité de ses subiects. Nous avons retirez les privileges & jurisdiction desd. Esleuz en la forme que ensuit, signée des trois esleuz & de leur greffier.

En la ville de Lyon y a un siege & auditoire d'election avec une chambre de conseil, le tout dans le cloz du Palais Royal, appellé Rohanne, & à l'entrée dud. Palais, du costé dextre. Dans lad.

chambre du conseil, l'on tient les assiettes des tailles, lettres patentes en vertu desquelles sont faictes lesd. assiettes & impositions, baulx à ferme des aydes & subsides, actes de receptions de caution, roolles & chartreaux des tailles & autres actes & registres concernans le faict du service de Sa Maïesté & du publicq. Et en icelle chambre de conseil les esleuz de lad. ellection, procureur du roy & greffiers s'assemblent de iour à autre, tant pour vuyder & iuger les procés par escript, proceder aux departemens des tailles, audition & commun examen des comptes du faict des aydes, munitions, estappes & autres affaires qui se presentent & instruction des procés criminelz.

En ladicte ellection, il y a de present trois esleuz : un lieutenant ou commis, un procureur du roy & un greffier.

Il y a aussi deux receveurs des aydes & tailles qui sont alternatifz, un receveur du taillon ou solde de la gendarmerie, & quatre commissaires ou sergens des tailles.

Du temps du feu roy Loys unziesme, il n'y avoit que deux esleuz en lad. ellection.

Le feu roy François premier en crea iusques au nombre de quatre & un contreroleur.

Et le feu roy Henry crea un cinquiesme esleu, depuis deux desd. esleuz & le contrerolleur sont decedez, aux lieux desquels n'a esté pourveu, parce qu'il n'en est pas bezoing, d'autant que lad. ellection est de petite estendue.

Lesdictz esleuz tiennent les plaidz pour l'administration & expedition de la Justice, trois iours de chascune sepmaine, sçavoir : les lundy, mercredy & vendredy apres mydi, où assiste le procureur du roy en lad. ellection.

Quand bon semble à Monsieur le Général des finances en la charge & generalité de Lyon, il y assiste & preside, mesmes lors que les fermes des aydes & gabelles, subsides & impositions, mises sus le vin entrant en la ville de Lyon & autres villes du païs de Lyonnois, sont proclamées & deslivrées.

La cognoissance & iurisdiction desd. esleuz est du faict des aydes, gabelles, tailles, impositions, emprunts, munitions, estappes, solde de 50,000 hommes de pied & autres affaires dépendant du faict des guerres & extraordinaire en première instance, ressortissant les appellations qui sont interiectées d'eulx en la court des aydes à Paris.

Et procedent lesdictz esleuz au mespart & coctisation desdictes tailles par capitations & sur les chefz tenans maisons ou leurs héritiers & biens tenans, & non pas feux, comme il est faict en plusieurs autres endroitz & païs de ce royaume, estant ses tailles personnelles & pour icelluy sont imposées les personnes es lieux & paroisses où ilz demeurent, pour tous les biens qu'ilz tiennent quelque part, qu'ilz soient situés & assiz, ou pour les proufictz qu'ils peuvent faire soit en censes, fermes ou autres negociations.

L'election du Lyonnois contient, en ce que consiste la ville de Lyon & tout le païs de Lyonnois, qui est d'estendue en longueur environ dix huict ou vingt lieües, sçavoir depuis Verlieu de Chavaney soubz Coindrieu, où commence le païs de Lyonnois iusques à Changy, S. Bonnet des Carres & Arson pres la Pacaudiere où finist icelluy païs. Et de largeur puis lad. ville de Lyon iusques à S. Foy l'Argentiere, païs & election de Forest, qui sont quatre lieües ou environ de largeur.

Lesdictz esleuz ont un commis en la ville de Charlieu aud. païs de Lyonnois, pour le soulaigement du peuple & instruire les petites matières, à cause que lad. ville de Charlieu est distante de la ville de Lyon de dix à douze lieües.

---

*Assiettes & impositions faictes sur le plat païs de Lyonnois en l'année mil cinq cens septante.*

Par lettres patentes du Roy, données à Orléans le neufiesme iour de juillet 1569, addressées ausd. esleuz de Lyonnois, leur a esté mandé asseoir & imposer sur les manans & habitans du plat païs de Lyonnois, pour l'année mil cinq cens septante.

Assavoir pour le principal de la taille de quatre millions de livres la somme de quarante mil cinq cens soixante six livres, trois solz, six deniers tournois.

Et pour les fraiz tant de l'assiette, gaiges d'officiers qu'autres menuz fraiz, la somme de seize cens quatre vingtz seize livres tournois.

Pour la creüe de seize cens mil livres, qui revient à trois sols pour livre du principal de la taille, la somme de cinq mil sept cens trente une livre, un solz, deux deniers tournois.

Et pour les fraiz de ladicte creüe, la somme de sept cens vingtz livres huict solz, deux deniers tournois.

Pour l'exemption du vicomté de Thureine, la somme de cent cinq livres, dix sols tournois.

Pour l'equivalent, qui est ordinaire & accoustumé estre levé en ladicte ellection, la somme de dix huict cens livres tournois.

Pour la continuation des reparations & fortifications de la ville de Lyon, la somme de trois mil six cens quatre vingtz une livre, dix solz tournois, que doibt porter lad. ellection des soixante mil livres tournois, ordonnées estre levées par chascun an pour cest effect.

Et pour les fraiz, quatre vingtz dix huict livres, deux solz, quatre deniers tournois.

Et oultre ce, la somme de deux mil six cens livres tournois, pour la portion contingente à lad. ellection du payement des gaiges des lieutenans de longue & courte robbes, leurs greffier & archer.

Item par autres lettres patentes de l'an susd. 1569 du neufiesme iour de juillet, données audict Orleans, aussi addressans auxdicts Esleuz de Lyonnois, leur a esté pareillement mandé d'asseoir & imposer sur lesdicts manans & habitans dud. plat païs de Lyonnais la somme de quinze mil cent neuf livres, quinze solz, six deniers tournois, pour leur part & rate de l'augmentation de la solde de la gendarmerie, au lieu des fournitures, ustensilles & logis, que l'on souloit fournir en argent.

Et pour les fraiz tant de l'affiette & coctifation que de la recepte defd. deniers, la fomme de trois cens cinquante huict livres fix fols tournois.

Item par lettres de commiffion du S<sup>r</sup> General des finances en la province & generalité de Lyon, du fixiefme iour de febvrier l'an 1570, addreffées auxdicts elleuz de Lyonnois, a efté mandé affeoir & impofer fur lefd. habitans du plat païs de Lyonnois, la fomme de huict mil cent treize livres, quatre folz, huict deniers tournois, à quoy monte la creüe de quatre folz pour livre, à raifon du principal de la taille, & ceux pour la levée & entretenement d'un grand nombre de chevaux & muletz employez à la conduicte de l'artillerie & des vivres des camps & armées de Sa Maiefté, fuivant les lettres patentes de lad. Maiefté, addreffées aud. S<sup>r</sup> General, pour en faire le département fur les ellections de ladicte generalité, données à Angers, le quinziefme iour de janvier an fufd. 1570.

Et pour les fraiz de l'affiette & receptes de lad. creüe la fomme de cent cinquante neuf livres, trois deniers tournois.

Plus pour deux autres commiffions dud. fieur général des finances des feptiefme fevrier & huictiefme juillet an fufd. 1570, addreffées aufd. elleuz de Lyonnois, leur a efté mandé impofer fur lefd. habitans dud. plat païs de Lyonnois, la fomme de cinq mille deux cens livres tournois, pour leur part & rate de la folde de deux cens hommes de guerre, à pied, Suiffes, entretenuz en garnifon en la ville de Lyon durant l'année fufd. fuivant & pour les caufes plus à plain declairées en deux paires de lettres patentes de Sa Maiefté addreffées audict fieur general, les premieres d'icelles données à Collonges les Reaux, le 28<sup>e</sup> décembre 1569, & les dernieres à Argentan, le 18<sup>e</sup> juin 1570.

Et pour les fraiz de l'affiette & recepte de la fufd. fomme, la fomme de deux cens dix huict livres tournois.

Lefquelles fommes ci-deffus declarées font en tout la fomme de 86,472 l. 1 f. 7 d. & ont efté impofées fur les manans & habitans dud. plat païs, mefmes es villes, villages & paroiffes denombrées en la page       exactement & felon leur ordre.

Oultre lesquelles tailles & durant les troubles de guerre led. païs de Lyonnois a esté grandement oppressé des logis, passages & séiour tant de la gendarmerie qu'autres gens de guerre, faisans plusieurs excés sur le peuple, à quoy l'on n'a pu remedier pour la necessité du temps, qui a causé une extrème ruine & pauvreté au peuple du Lyonnais.

Estat & jurisdiction de la Maistrise des portz de la ville & Seneschaulsée de Lyon & Bailliage de Mâcon.

### CHAPITRE XXII.

SI la cité de Lyon (comme nous avons par evidens tesmoignages monstré au cinquiesme chapitre) a esté anciennement signallée & fameuse, à cause de l'apport des deux fleuves qui la decorent, il n'est de merveille si la providence des anciens administrateurs de ladicte cité avoient en singuliere recommandation le traficq & commerce qui s'y exerçoit par le moyen d'iceux. Car afin que plus fidellement les marchandises y amenées fussent transportées es autres parties des Gaules, ilz establirent un maistre des portz qu'ils nommoient communément en latin PATRONVS ARARICVS ET RHODANICVS (1), lequel estat ha depuis continué d'aage en aage iusques à present, pour la consequence des choses qui ont traicté par lesd. fleuves du Rhosne & Saone. Il est à present

---

(1) Plusieurs inscriptions de notre Musée épigraphique se rapportent à des patrons des nautes du Rhône & de la Saône, l'. notamment celles de L. Betius Superior (Portique XIII, n° 110), de Julius Severinus (Port. XIV, n° 119), de Caius Apronius & de Minthatius Vitalis (Port. XXI, n°s 179 & 181.

exercé par le sieur Barthelemy Alexandrins, Florentin, lequel nous ha delivrée la declaration qui en suit signée de sa main.

Premierement, la jurisdiction & maistrise des portz s'estend depuis Tossel, sur la riviere de Saone, à deux lieües au dessoubz de Mascon du costé de Bresse, finissant au long du cours de lad. riviere de Saone & du Rhosne, iusques à Chavaney, petite ville sur le Rhosne du costé du royaume.

Semblablement le maistre des portz ha la cognoissance sur tous les pontz, portz & passages tant de la ville & seneschaussée de Lyon que païs de Lyonnois.

Sa cognoissance consiste sur le transport d'or & d'argent, billions, munitions de guerre & toutes autres marchandises prohibées & défendues comme chevaulx de pris, toutes marchandises & denrées subiectes aux droicts de rêve foraine & hault passage.

Pareillement sur l'entrée de draps d'or, d'argent & de soye, fil d'or, d'argent, tresses, passemens & toutes marchandises subiectes à la gabelle, tant de cinq pour cent que de deux & demy pour cent, qui luy a esté concedée par les lettres du roy Loys unziesme, dattées de l'an 1480 & de son regne le 20ᵉ. Et sur les courriers, messagers & gens sans adveu, comme font foy les lettres du roy Loys douziesme, sur ce octroyées aud. maistre des portz, en datte de l'an 1512, pour le restablissement de ce que les esleuz avoient indeüement usurpé sur ladicte maistrise, à raison de certaines lettres subreptices que led. Roy Loys revoque par les susdictes, attribuant au surplus audict maistre des portz, la cognoissance de l'alun & espicerie.

Aussi ha icelluy maistre cognoissance sur les portz, peages & passages, tous empeschemens de navigage, droict d'espaves & generallement sur tous les delicts, crimes, abuz & malversations, qui s'y commettent.

*L'exercice de ladicte Jurifdiction & Officiers d'icelle.*

Ledict maiftre des portz ha dix huict gardes conftituées par le roy, fans aulcuns gages, ains feulement ont le tiers des amendes & confifcations adiugées & acquifes au roy par led. maiftre.

Il ha auffi fes lieutenant, procureur du roy & greffier en ladicte maiftrife & tient fon fiege en l'auditoire deffufd. de Roanne, felon l'exigence des cas, iugeant les procez fommairement, duquel les appellations reffortiffent directement à la court de Parlement à Paris.

*Gages du Maiftre des Ports.*

Icelluy maiftre des portz ha de gaiges la fomme de trois cens onze livres, cinq folz, sçavoir eft, fur les deniers de la douanne de Lyon, deux cens livres & cent unze livres cinq folz fur les deniers provenans de la recepte du dommaine du Roy.

# Du dommaine de Lyon & païs de Lyonnois.

## CHAPITRE XXIII.

LA recepte du dommaine de la ville de Lyon & païs de Lyonnois se consiste en si peu de chose, eu esgard à la grandeur & opulente renommée que ha lad. ville, qu'il ne seroit presque besoing d'en faire mention, n'estoit pour satisfaire à l'accoustumée observation de ce qui concerne nostre charge exerceant laquelle esd. ville & païs, nous avons peu voir (comme il sera amplement specifié cy apres) que toutes les meilleures places sont possedées par les ecclesiastiques, par seigneurs, gentilzhommes & autres personnes privées, qui faict que ce dommaine est l'un des moindres de la France; ioinct aussi que ce qui en restoit a esté vendu & aliéné, de sorte qu'en icelluy ne s'agist d'aultre chose que de ce qui ensuit.

Premierement :
Des receptes non muables la somme de  xxxiii L. ii s. iiii d.
Recepte muable,  ciiii$^{xx}$ v L. v. s.
Recepte des mines,  Néant.
Resve,  ii$^M$ v $^c$ Livres.
Seaux & greffes,  $^c$ iiii$^{xx}$ x L.
Du greffe de la conservation des privileges des foires par chascune année,  viii $^c$ L.

Du greffe de Ste. Colombe lez Vienne, ⅢⅠⅠˣˣ xv L..
Du greffe des esleuz, Néant.
Du greffe des inventaires, ⅢⅠⅠᶜ x L.
Du greffe de la fenefchaulfée, Néant.
Du greffe de la vifitation du fel, lx L..

Amendes & confifcations advenues au roy par les fentences des prefidiaux de Lyon, en l'année 1568, fuyvant laquelle eft dreffé le prefent eftat de recepte, montent ⅠⅠ ᶜ xxviii L. xv s.

Autres amendes adiugées au roy par le maiftre des portz de la ville de Lyon, ix ᶜ lxxi L. xviii s.

Amendes adiugées au roy par fentences du lieutenant criminel durant lad. année, cxv L..

Autres amendes adiugées au roy en lad. année, dont les parties font appellans & les deniers mis es mains du receveur ordinaire, fe montent la fomme de mix ᶜ xxix L. ix s. vi d.

Amendes de la court des refforts & autres jurifdictions de lad. ville de Lyon, Néant.

### DESPENCE SUR LAD. RECEPTE.

En fiefz & aumofnes, xli L. ii s. vi d.
Gaiges d'officiers, xi ᶜ ⅢⅠⅠˣˣ xviii L. ii s. vi d.

Rentes deües & accouftumées eftre prinfes fur la reve cartulaire, à caufe de quelque droict pretendu en proprieté de fondz fur lad. reve, vi ᶜ vii L. xiii s. viii d.

Rentes à pris d'argent affignées fur le revenu annuel d'icelle reve, montent v ᶜ L.

Rentes deües à ceux qui avoient acquis foubz grace de réméré quelque portion dud. dommaine, qui depuis furent depoffedez & affignez de rente & revenu annuel fur cefte prefente recepte felon les deniers par eux fourniz, montent cⅢⅠⅠˣˣ xv L. vii s. ii d.

Fraiz de juſtice en lad. année, vıı<sup>c</sup> Lxxı L. xıx s.
Taxations, v<sup>c</sup> L.
Dons faictz par le Roy à monſeigneur de Nemours ſur des confiſcations, montent vıı<sup>c</sup> Lvı L. xvı s. vııı d.
Taxations des Threſoriers de France, ı. L.
Deſpence commune, ıııı<sup>xx</sup> ııı L. x s.

Oultre la recepte deſſus ſpecifiée, le Roy a acquis des maiſons, terres & poſſeſſions dans le pourpris & encloz de la citadelle, qui ont eſté eſtimées à xxxı <sup>M</sup> ııı <sup>c</sup> ıııı<sup>xx</sup> ııı L. x s. vı d., dont ſa Maieſté faict recompenſe aux propriétaires, & eſt tenu le recepveur d'en tenir eſtat en ſa recepte.

Somme que la recepte ſe montoit en lad. année ſans comprendre leſd. acquiſitions, la ſomme de vııı <sup>M</sup> v <sup>c</sup> xvııı L. ıx s. ıx d.
Et la deſpenſe de lad. année 1568, ıııı <sup>M</sup> vıı <sup>c</sup> xvıı L. xııı s. x. d.
Reſte de franc pour le Roy, de la recepte dudict dommaine pour l'année ſuſd. la ſomme de ıı <sup>M</sup> vııı <sup>c</sup> L. xv s. xı d.

La declaration de l'eſtat du dommaine ſuſd. nous a eſté délivré en ceſte forme par M<sup>e</sup> Symphorien Buatier, recepveur d'icelluy dommaine.

Il ſuffira d'avoir iuſques icy faict exacte mention de ce qui
concerne l'eſtat antique, ancien & moderne de la ville de Lyon,
ſon excellence, ſes déſaſtres, ſes adminiſtrateurs, ſes juſtices,
ſes foires, changes & marchandiſes, bref tout ce qui
requiert la deſcription generalle & particuliere de
ladicte ville, laquelle a eſté preferée à la deſcription
generalle du païs de Lyonnois, auquel elle
donne le nom & le renom.

*Description génaralle du païs de Lyonnois.*

La province lyonnoise est située & assise en l'une des principales parties de la Gaule Celtique, que l'on dict Lyonnoise (du nom de la cité de Lyon). Du costé d'orient elle est separée du Daulphiné & du pays de Bresse par le cours des fleuves du Rhosne & de la Saone; devers l'occident elle a le fleuve de Loire, qui la divise du Roannois; de la part du midi, elle se ioinct au comté de Forest & de septentrion au Beauiollois; contenant en longueur, en ce que contient la ville de Lyon & païs de Lyonnois du lieu & paroisse de Verlieu soubz Coindrieu iusques à Changy & S. Bonnet des Carres, oultre Loire, pres la Pacaudiere, de dix huict à dix neuf lieües, & en sa largeur, de la ville de Lyon iusques à Greizieu le Marché, limitrophe de Forest, environ cinq lieues & de tout circuit, comprenant les angles & enclaveures de trente cinq à trente six lieues. Ceste region est assez rude & penible, d'autant que la pluspart consiste en montaignes & peu de plaines & si est subiecte à toutes iniures du temps, mesmes aux inondations & ravages d'eaux, qui y sont quelques fois si grandes & desbordées qu'elles emmeinent le fond, les arbres, les fruictz & la semence.

Ledit païs n'a que quatre notables plaines, dont la premiere est entre Villefranche, Chazey, Lisy, le Mont d'Or & la Saone (à la prendre aux limites du Beauiollois), & est tres bonne & feconde en grains, vins, foins & fruictz.

La seconde est entre Dampmartin, Larbresle, Tarare, Lentilly, Poüillenay, Greizé la Varenne & Tassins, mais le terroir n'est du tout si bon que la premiere, si ce n'est en pasturage & prairies.

La troisiesme plaine qui est fort estroite s'estend le long du Rhosne iusques à Givort & icelle est fertile en bleds, vins & foins.

La quatriesme est au franc Lyonnois oultre la Saone, de la part de Dombes, elle est assez fertile & abondante, mais elle est tres petite.

*Du franc Lyonnois & de sa franchise.*

Puis qu'il est venu à propos de parler du franc Lyonnais, ie diray en passant, sans l'affermer toutesfois, ce qui s'en treuve par escript dans un livre de Gregoire Florentin, intitulé : *Liber in gloriosos confessores*, au chap. 63, où il racompte que Leon, premier du nom, empereur des Romains, avoit une fille vexée de l'ennemy, qui ne vouloit se departir d'elle que par l'adiuration de l'archidiacre de Lyon, lequel il ne nomme, l'empereur envoye querir icelluy archidiacre, qui vaincu d'importunité & à la suasion & commandement de son archevesque s'achemine à Rome, où estant il chassa l'esprit malin. En recompense de quoi l'empereur luy faict offres de grandz thresors, lesquelz ledict archidiacre refusa & supplia l'empereur qu'il luy pleut exempter de tribut les parroisses estans trois lieues à l'entour de Lyon, ce qu'il obtint & impetra en sa faveur (1). Et de ce temps lesd. paroisses sont demeurées franches, quoy qu'on ait voulu attempter de les charger de tailles. Mais les franches ont gaigné leur proces contre les autres parroisses, & pour quelque present qu'elles font au roy de huict en huict ans, elles sont exemptes, iouyssans du privilege susd. Lesd. parroisses sont douze en nombre, sçavoir est :

---

(1) Nicolay adopte ici l'opinion émise par Paradin, au sujet de l'origine des franchises du Franc-Lyonnais. Mais elle ne saurait être accueillie. La concession faite par l'empereur Léon, vers 467, n'a pu être qu'une confirmation ou une restitution des privilèges du droit italique, dont Lyon avait été privé, par l'empereur Majorien, en l'année 457. Sinon, on se demanderait pourquoi toutes les communes de la banlieue de Lyon ne jouissaient pas, avant la Révolution, des mêmes immunités que celles du Franc-Lyonnais. Aussi, aujourd'hui, on s'accorde généralement à dire que si ces dernières étaient exemptes des droits d'aide, de gabelle, d'octroi, en un mot de tous les impôts établis dans le royaume, ces franchises leur avaient été assurées par la royauté, quand les habitants des localités, formant l'ancien Franc-Lyonnais, consentirent à leur réunion au royaume de France, au XVe siècle.     A. V.

Vimy (1),
Rochetaillée,
Fontaines,
Cuyres & Calluyres,
Fleurieu,
Genay,
Cuirieu,
S. Iehan de Thurignieu,
Beynod,
S. Didier de Formans,
S. Bernard d'Anfe,
Riortiers.

*Montaignes remarquables au païs de Lyonnois.*

Entre les plus belles & notables montaignes du Lyonnois, l'on en peult remarquer quatre principalles, affavoir : le Mont-d'Or, le Puy de Pylate, Arjoz & Pipet.

Le Mont-d'Or, en affiette belle, bonne & fertile, eft communement eftimée la plus belle & delectable montaigne de France, & impofa le nom à icelle l'empereur Probus, à caufe d'une montaigne de femblable nom qui eft en Dalmatie, pays natal dud. empereur, lequel permit aux Lyonnois de planter vignes au Mont-d'Or (2).

---

(1) Aujourd'hui Neuville-fur-Saône.

(2) Le fait rapporté ici par Nicolay & qui, depuis, a été répété fans preuves, par la plupart de nos hiftoriens lyonnais, eft loin d'être établi. Car s'il eft certain que Probus autorifa dans la Gaule la culture de la vigne, qui avait été interdite par Domitien, on ne faurait affirmer, avec certitude, qu'il la fit planter fur les coteaux du Mont-d'Or lyonnais. Il fuffit, en effet, de lire les hiftoriens contemporains pour s'affurer que le Mont-d'Or, dont ils parlent tous, était fitué dans la Méfie, patrie de cet empereur : *Montem Aureum apud Mefiam fuperiorem, vineis conferuit* (V. Aurélius Victor. *Les Céfars*, xxxvii, *Epitome* xxxvii. — Vopifcus. 18. — Eutrope xvii.

A. V.

Le puy de Pilate, à tres haulte & double crouppe, est presque la plupart du temps inaccessible pour les neges qui y sont ordinaires, elle est couverte d'espesses forestz & produict quantité de beaux sapins. Le vulgaire parle fort fabuleusement de lad. montaigne & de Pilate.

Arjoz & Pipet (1) sont montaignes voisines peuplées de bois de haulte sustaye, principallement Arjoz & de plusieurs bois tailliz.

Quant aux autres montaignes, qui sont en bon nombre au Lyonnois, la plupart d'icelles sont belles collines, fertilles & abondantes en bledz, vins & fruictz.

---

*Des Mines dudict païs de Lyonnois.*

Au païs de Lyonnois, ia puis longues années ont esté descouvertes plusieurs belles mines ou minieres tenans de l'or, argent, azur, plomb, cuyvre, soulphre, antimoine & charbons de pierre, lesquelles (à ce que nous avons peu voir à l'œil & entendu par ceux du païs, mesme des officiers des lieux), estans soigneusement fouillées par personnes entendues en l'art & qui eussent bon moyen, elles apporteroient un grand prouffict au roy & au public. Il y a aussi plusieurs belles perrieres au Lyonnois, à tirer pierres de taille comme s'ensuit:

Au lieu de S. Bel tendant à Chevene (2), y a une mine laquelle participe d'or, d'argent & d'azur.

La mine de Savigny, au lieu de la grange Bonichon, distant un quart de lieue de Savigny, tirant à S. Romain de Popez, est de plomb & d'argent, une once pour cent.

---

(1) Sans doute, la montagne de Popée, qui domine le village de Saint-Romain de Popée, près de Tarare.

(2) Chevinay, commune du canton de Vaugneray (Rhône).

La mine de S. Laurens de Chamoffet, pres le chafteau de Tourville, en la montaigne appellée chez Noyers, fe trouve grande quantité d'antimoine.

La mine de Vaugneray, à un quart de lieue de l'églife tirant à Courzieu, tient quatre onces d'argent pour cent de plomb.

La mine de Montrottier, tirant en Foreft, eft de plomb & argent & tient trois onces d'argent pour cent de plomb.

La mine de Chaffelay, pres le chemin d'Anfe à Lyon, eft de plomb & d'argent & tient pour cent de pierres, octante livres de plomb & une once & demye d'argent.

La mine de Bruilloles, qui eft à un traict d'Arquebouze de l'églife, fut defcouverte par Jacques Cœur de Bourges, de laquelle furent faictes les pieces d'argent appelées Jacques Cœur. Elle eft de plomb & d'argent & tient pour cent de plomb cinq marcz d'argent.

La mine de Cheiflieux, ou les Baronnatz de Lyon ont faict befoigner fut auffi defcouverte par Jacques Cœur & tient de l'or & du foulphre.

A S. Genis Terrenoire, vers S. Chamond, font des mines de charbon de pierre & femblablement à Rive de Gier, mais non en telle qualité. Les habitans de ce païs font tous noirciz & parfumez de la fumée de ce charbon, pour l'ufage ordinaire qu'ilz en font en leur chaufage en lieu de bois.

Mais le principal prouffict qui en provient, c'eft des forges, au moyen de quoy eft le Giereftz fort fréquenté d'une infinité de certains pauvres eftrangers forgerons, lefquelz vont & viennent comme oyfeaux paffagers, mefme à l'occafion du voifinage des forges de S. Eftienne de Furan en Foreft.

---

*Autres chofes notables.*

A S. Chamond, au païs de Giereftz, fe faict & prépare quantité ineſtimable de ſoye iuſques à la tainéture & s'y nourriſſent les vers des grands meuriers y eſtans, le trafficq & commerce de la ſoye y eſt bien tel qu'il paſſe cent mille eſcuz tous les ans, & qu'ainſi ne ſoit oultre la faéture & filleure de lad. ſoye, il y a en la ville & es faulxbourgs plus de cent molins à retordre icelle crue.

A S. Cire au Mont d'Or, & autres lieux es environs, ſont les tant riches perrieres à tirer la pierre, meſme en groſſeur de quartiers & lozes, tables & pavemens marquetés, dont la cité de Lyon eſt la plupart conſtruiéte & decorée.

A Cheiſſieu, ſont pareillement les belles perrieres de pierre iaulne, deſquelles auſſi ſe conſtruiſent ordinairement pluſieurs beaux baſtimens à Lyon.

Au meſme lieu de Cheiſſieu, au fond deſdiétes perrieres ſourd une fontaine tant belle & abondante en eau que diſtribuant particulierement des fontaines par toutes les maiſons de la ville, faiét encores mouldre deux molins en icelle, à raiſon de quoy ce lieu s'appelle Cheiſſieu, ou eau cheante, dautant que ce mot antique *yeu*, ſignifie eau, comme ie l'ay leu en beaucoup d'anciens titres, & comme il eſt aiſé à verifier par pluſieurs noms de lieux terminans en yeu pour raiſon des eaux là yſſans ou paſſans comme Liſſieu, Courzieu & pluſieurs autres que ie n'allegueray pour eviter prolixité.

*Des Fleuves, Ruiſſeaux & Torrens.*

Le charroir du commerce des fleuves de Loyre, du Rhoſne & de la Saone par le Lyonnois, Beaujollois & Charrolois, eſt de douze lieuës de Rohanne à Lyon & fort difficile & aſpre chemin par les montaignes de Tarare.

Ayant donc amplement diſcouru de la ſituation du païs des montaignes, mines & perrieres du Lyonnois, nous viendrons maintenant aux fleuves & rivieres qui l'arroufent, le traverfent & confinent, commençans aux deux principaux, le Rhofne & la Saone.

---

### Du Rhofne.

Le Rhofne eſt fleuve impetueux & violent & l'un des plus grandz & memorables de l'Europe. Il prend ſon origine d'une haulte montaigne des Alpes, des anciens appelée *Iuberus*, ou ſelon aulcuns *Vrſelus* & par les modernes le Mont de la Fourche, ou Mont Fourchu, par ce qu'il ha deux croupes ; tout ioignant ce mont, ſourd une grande fontaine de laquelle, ainſi que pluſieurs afferment, le Rofne prend ſa vraye naiſſance, puis eſtant augmenté de divers fleuves, ruiſſeaux & torrens, provenans des eaux des montaignes deſcoulans tous enſemble des haultz & hideux rochers & eſtroictes vallées, faict un bruict & tintamarre ſi epouvantable que deux hommes parlans de pres l'un de l'autre, à peine ſe peuvent ilz entendre, car deſcendant par les cailloux & aſpres rochers, il tumbe avec telle furie que non ſeulement ſe refoult en eſcume, mais en vapeur & groſſe bruine. Il traverſe la Savoye par le Valeſien & ſe dilate tellement par les plaines & vallées, qu'il ruine & ravage comme une fouldre les lieux par où il paſſe, de maniere que ceux de Viſp & de Durtmand ſont contrainctz, pour ſauver leurs champs & labourages, de faire des rampars & grandes chauſſées. Eſtant ce furieux fleuve hors du Valeſien, il ſe gette dans le lac de Genéve & d'icelluy ſortant, il vient coſtoyer le franc Lyonnais & ſe gettant ſoubz Lyon où il reçoit la Saône, paſſe au long du Lyonnais juſques ſoubz Coindrieu qui ſont de ſept à huict lieues, & en ceſte eſpece contient les portz qui s'enſuivent : le port de Pierre Benoiſte, le port d'Herigny, le port de Vernaiſon, le port de Grigny, le port de de Givors, le port des Molles à Vienne, seulement pour aborder les batteaux, le port de Coindrieu & le port d'Alban, qui est à une lieüe soubz Coindrieu. Ce fleuve, suivant son cours entre le Vivaretz & Languedoc, le Dauphiné & la Provence, recevant avec luy plusieurs autres belles rivieres & ruisseaux & entre autres Lisere, la Drome qui passe soubz Orgon & la Durence ou Druence, qui ne sont gueres moins ravissans quand ilz se desbordent que le Rhosne, lequel se desgorgeant dans la mer, se depart en trois branches & faict trois bouches, dont la premiere qui tend à Aiguesmortes s'appelle Espaignolle, la seconde est la Metapie, qui descend vers les trois Maries, & la troisieme, qui est la plus grande, est la Marsillotte.

---

### Du fleuve Arar dict à present la Saone.

La Saone, anciennement appelée Arar, est fleuve tres doux & lent, lequel descendant des marches de Lorraine vers Lisieu, passe à costé de Dijon, & de là visitant les villes d'Auxonne, Verdun, Chalon, Tournu & Mascon, entre dedans le Lyonnois au long du chemin de Beau-ieu, Villefranche en Beauiollois & Anse en Lyonnois, arrousant celle tant bonne & belle lieüe, que l'on dict en commun proverbe qu'entre Anse & Villefranche est la meilleure lieüe de France, elle separe le Lyonnois du franc Lyonnois & costoyant le Mont-d'or faict l'Isle Barbe, & traversant la ville de Lyon au dessoubz de l'abbaye d'Aisnay va espouser le Rhosne qui luy oste son nom. Et par ainsi est presque Lyonnoise environ cinq lieües, où elle contient les portz de Riortiers, de S. Bernard d'Anse, le port de Trevol, le port Masson au droict de Genay, le port de Vimy & celluy de Rochetaillée avec les deux de l'Isle Barbe.

## De Loire.

Loire, fleuve tres renommé de France, des Latins dict *Ligeris*, prend son origine & naissance des montaignes d'Auvergne d'une grande fontaine appelée Loire, à six lieues au dessoubz du Puy, découle le long du Velay & traverse le comté de Forest iusques à Roanne, ou elle separe le Beaujollois du Roannois & un peu plus bas passe entre les deux parties du Lyonnois, l'une appellée le Charluois, l'autre d'oultre Loire. Et par ainsi elle touche environ trois lieues le Lyonnois, où elle contient les portz d'Aigully, de Poilly & d'Aiguirande, puis costoyant la Bourgoigne & le Bourbonnois, touche à Nevers, à deux lieues soubz laquelle elle reçoit Alier & finalement continuant son cours au dessoubs de Nantes, desgorge en l'Ocean.

---

## De Giers.

Giers (ou Gierdeuse en vieil langaige Gaulois, qui signifie epouvantable ou effroyable, & de laquelle est denommé le Gierestz par ou elle passe), prend son origine en la montaigne du Puy de Pylate, passe à S. Chamond & à Rive de Giers, & se lance dans le Rhosne au droict de Givors. C'est un torrent tres impetueux, mesmes en temps de creüe d'eau, car lors ne se pourroit guasser, mais il y a des pontz dessus comme à S. Chamond, Rive de Giers, S. Romain en Giers, son canal l'a plus pavé de nature & de fort belles pierres de gray.

## D'Azargue.

Azargue, qui fignifie hazardeux gué, pour la varieté & changement qu'il faict foudain en fes paffaiges, vient de Beaujollois, entre vers Ternant en Lyonnois, paffe au pont de Tarez, là où il charge Valfoanne, s'en va coftoyer Cheiffieu & Chaftillon d'Azargue, puis recepvant la Brevenne à Dorrieux, fe tourne contre Chazay, paffe près la ville d'Anfe, auquel lieu fur le grand chemin de Bourgoigne à Lyon eft tres dangereux à paffer à gué, en temps de creües d'eaux & advient fouvent que plufieurs perfonnes s'y noyent à faulte de faire reparer & entretenir le pont ou de bonnes & fortes planches, lefquelles, encores que fouvent elles foient reffaictes, font toft apres par un malheur rompues. Et eft la commune opinion que c'eft dautant qu'elles empefchent le lucre du bac qui y eft tenu aux grandes eaux, avec un arrançonnement à l'endroict de ceux qui y paffent le plus grand monde. Ce furieux torrent d'Azargue entre donc en la Saone vers Amberieu, parroiffe affize un peu plus bas que les planches. Le moyen de paffer Azargue à l'endroict de Lyonnois fus pont & planches, c'eft au pont de Tarez, Cheiffieux, Lozanne & lieu fufd. pres d'Anfe.

## De Brevenne.

Brevenne, qui par fon nom declare affez fa brefve venue, part des montaignes contre Foreft vers l'Argentiere, paffe à Montromain, Courzieux & S. Bel, puis arrivée qu'elle eft à l'Arbrefle, s'accompaigne de Tourdenne venant de Tarare & tous deux en un aupres de Dorrieux s'en vont dans l'Azargue.

### De Sournay.

Sournay est belle riviére beaucoup plus paisible que les sus nommées, elle prend sa source & origine des montaignes & bois d'Arjos en Beaujollois, prend son cours par un canton de Masconnois & passant par Chasteauneuf entre au Lyonnois, approchant Charlieu & un peu plus bas que la paroisse S. Nizier soubz Charlieu elle entre dans Loire. Elle produict de bons poissons.

Quant à la Tourdenne & autres petitz torrentz & rivieres comme le Rieux, Doullins, Felin, Bassenon, Garon, Tressede, Dorlet & Soanne, pour n'estre de grande importance sinon es temps des creües d'eaues, nous n'en ferons autre mention.

---

*Ensuivent les noms & situations des villes,*
*bourgs & paroisses du Lyonnois, suivant*
*l'ordre des roolles de l'ession &*
*l'exacte visitation faicte par*
*l'expres commandement*
*de sa Maiesté.*

Et premierement :

La ville & cité de Lyon, cy devant tres amplement descripte & designée.

S. Iust, faulxbourg de Lyon sus la montaigne en païs de vignoble, clos & enceinct de fossez & muraille, estant sur le grand chemin de Lyon en Aulvergne, souloit autresfois estre bien basty & habité à cause de l'eglise collegiale, qui y estoit sumptueusement bastie & plusieurs belles maisons de chanoines, mais le tout a esté ruiné aux premiers troubles.

Oultre & ioignant S. Iust, y a un autre beau faulxbourg cloz avec un beau & riche prieuré, auquel souloit avoir plusieurs belles & notables sepultures antiques, mais à present non plus qu'à S. Iust n'y est resté que les fragmens. Ledict prieuré est dict de S. Hyreny ou S. Hirenée, comme il est au Pollet.

La justice temporelle de S. Iust souloit appartenir à Messieurs les doyen & chanoines & celle de S. Hirenée au prieur du lieu; mais puis quelques années par permission du roy ont esté acquises par monsieur de Langes, lieutenant general à Lyon, & par le sieur de Mont-ioly, receveur du dommaine & taillon de Lyonnois.

Veize, autre faulxbourg de Lyon, sur le chemin tendant de Lyon à Paris, soit par le Bourbonnois ou par la Bourgoigne, il est le long de la Saone en païs de bledz & vins, la justice duquel fauxbourg appartenoit d'ancienneté à l'abbé, religieux & couvent d'Ainay; mais ainsi que les susd. a esté acquise par le general Cadmus (1).

La Guillotiere, autre fauxbourg au dela le pont du Rhosne à la part du Daulphiné, chemin pour aller en Italie & Provence, est bon païs à bledz & prairies. La justice appartient à l'archevesque de Lyon d'ancienneté.

S. Foy, parroisse close dans un fort, sur le coustaud de S. Iust, duquel il est distant un quart de lieue, est bon païs à bledz & bons vins, estant à messieurs de S. Iehan.

Dardilly, parroisse dans un fort, située sur un hault en bon païs de vignoble, est à l'archevesque de Lyon.

Escueilly, paroisse & eglise au decouvert, en bon païs de bledz & sur le grand chemin de Lyon à Paris, appartient à messieurs de S. Iehan.

Tassins est annexe de Charbonnières, l'eglise dans un fort ruinée, païs de bledz, prez & bois, à messieurs de S. Iehan.

---

(1) Claude Camus, tresorier général de France, en la généralité de Lyon, seigneur de Châtillon d'Azergues, de Bagnols, d'Arginy, de Frontenas, de Vaise & de la Roche.

Charbonnières, chappelle & village à descouvert, en païs produisant bons bledz & bois, à messieurs de S. Iehan.

S. Genis les Ollieres, lieu d'assez maigre terroir & petitz vins, est à messieurs de S. Iehan.

S. Cire au Mont d'or, l'eglise dans un fort, est situé au pied du Mont d'or, abondant en bons vins, quelque peu de bledz, foins & fruictz, & les plus belles & riches carrieres à tirer grandes pierres de taille à faire tables, marches & autres ouvrages d'architecture de tout le Lyonnois, & si y a plusieurs belles fontaines, à messieurs de S. Iehan.

S. Didier au Mont-d'or, l'eglise dans un fort, en bons païs à bledz & vins, à messieurs de S. Iehan.

Colonges, parroisse & eglise au descouvert, pres la Saone, au pied du Mont-d'or, bon païs de vignoble, à messieurs de S. Iehan.

Couzon, parroisse dans un fort & bon bourg pres la Saone au pied du Mont-d'or, païs de vignoble des meilleurs vins du Lyonnois & si est environné de plusieurs belles prairies & iardins & vergers, il appartient à messieurs de S. Iehan.

S. Romain, bon bourg, parroisse & grosse tour quarrée pres la Saone, en bons païs de vignoble, il appartient à l'archevesque de Lyon.

L'Isle Barbe, bon païs de bledz, foin & vin, mais de petite estendue. En lad. Isle y a une belle & ancienne abbaye de moines noirs, mais puis quelques années reduictz en chanoines par dispense du du pape. Il y souloit avoir trois beaux & anciens temples, le plus grand à nostre Dame qui estoit le chef; au bout de l'Isle, contremont la Saone y en avoit un autre de S. Anne & un autre dedié à S. Loup, mais ilz furent tous ruinez aux premiers troubles.

Albigny, parroisse & chasteau fort sus une mothe pres la Saone, au droict de Vimy, au pied du Mont d'or, en bon païs de vignoble, à messieurs de S. Iehan. Il est dict Albigny à cause des trouppes, que Albin (fuyant l'empereur Septime Severe) laissa aud. villaige, qui depuis fut nommé *Castra Albini* & maintenant en langaige corrompu, Albigny.

S. Germain, paroiſſe & chaſteau au pied du Mont d'or, païs à bledz & bons vins, à meſſieurs de S. Iehan.

Curis, parroiſſe à deſcouvert, en bons païs à bledz & tres bons vins, appartient au ſieur de S. Forgeulx.

S. André du Coing & Limonnes, païs maigre produiſant des vins mais peu de bledz, eſt poſſedé par l'archeveſque de Lyon.

Polleimieu, parroiſſe & chaſteau fort en païs de vignobles, y croiſt quelque peu de ſeigle à cauſe que le païs eſt froid, il eſt au ſieur du lieu.

Liſſieu, parroiſſe au deſcouvert, eſt en bon païs de bledz & vins & en eſt proprietaire le ſieur du lieu.

Chaſtelay, petite villette au pied du Mont-d'Or & les Chaires, bon païs à bledz & vins, appartient à preſent à monſieur de Birague, chancellier de France, qui l'a acquiſe, puis quelques années, ſuivant l'edict du roy, de l'archeveſque de Lyon.

Quincieu, parroiſſe ſans fort, bon païs à bled, eſtant du temporel de l'archeveſque de Lyon.

Anſe, petite ville à meſſieurs de S. Iehan, ſituée pres Azargue & la Saone, eſt un fort bon & fertile païs tant en vins, bledz, chenevieres que iardinages.

Amberieu, petite parroiſſe, meilleur païs à bledz que à vins, & eſt à meſſieurs de S. Iehan.

Lucenay, parroiſſe ſans fort, ſituée au pied d'un coutaud, aſſez pres d'Azargue, à meſſieurs de S. Jehan.

La Chaſſaigne, village & maiſon noble de la parroiſſe de S. Cybrin, ſur le hurt d'un coutaud, en païs de vignobles, à meſſieurs de S. Iehan.

S. Cibrin, parroiſſe en bon païs de vignoble, eſt poſſedée par meſſieurs de S. Jehan.

Charnay, parroiſſe en bon païs à bledz & vins, le tiers de laquelle appartient à meſſieurs de S. Jehan & les aultres deux tiers à deux gentilzhommes laiz.

Balmont, parroiſſe ſur un hault coutaud & maiſon noble appartenant à monsieur de Bothion, chevalier de l'ordre du roy & seneschal de Lyon.

Marsialie ou Marsieu sur Anse, parroisse en païs de vignoble, possedée par led. sieur seneschal de Lyon.

Marcilly d'Azargue, parroisse en bon païs à bledz & vins, appartenoit à messieurs de S. Jehan & maintenant à Guillaume Regnauld de Lyon par acquisition faicte comme dessus.

S. Jehan des Vignes, parroisse en païs de vignoble, sans bledz, à messieurs de S. Jehan.

Morancé, parroisse en bons païs à bledz & vins, qui appartenoit à l'abbé & abbaye d'Aisnay. Mais à present est possedée par le sieur Stephano Mutio, qui l'a acquis dud. abbé suivant l'edict du roy.

Civrieu, bon païs à bledz & vins, qui souloit estre à l'abbé d'Aisnay. Stephano Mutio la possede maintenant ainsi que dessus.

Lozanne, parroisse sur Azargue, païs bon à bledz & vins, est aud. sieur Stephano Mutio, ainsi que dessus.

Chazay d'Azargue, petite ville sur Azargue, bon païs & fertile à bledz & vins, fut à l'abbaye & abbé d'Aisnay, & à présent aud. Mutio comme dessus.

Dompmartin, parroisse dans un fort, sus la crouppe d'un coutaud, est au sieur Stephano Mutio, qui l'a acquis de l'abbé d'Ainay, en la forme devant dicte.

Chastillon d'Azargue, petite ville & chasteau & la Roche sus Azargue, en fort bon vignoble; mais y vient peu de bledz, appartient au general Cadmus.

Poilly le Monial, parroisse, bon païs, duquel est sieur le receveur du dommaine & taillon de Lyonnois.

Liergues, en païs de vignoble & bons vins, est aussi aud. sieur de Mont-ioly, receveur du dommaine & taillon.

Jarnolz & Ville (1), en bon païs, appartient à Guillaume Henry de Lyon.

---

(1) Ville-sous-Jarnioux, commune du canton du Bois-d'Oingt (Rhône).

S. Laurens d'Yoin, parroisse en païs de vignoble, appartient au sieur Baron d'Yoin.

Yoin, parroisse, bourg, chasteau & baronnie, situé en païs montueux de vignoble & assez maigre.

Le Bois d'Yoin, vignoble & païs montueux.

Moiry, parroisse en vignoble & païs montueux.

Saincte Paule, parroisse en païs de montaigne & de vignoble. Les cinq parroisses sus nommées sont & dependent de la baronnie d'Yoin.

Thezé, l'eglise dans un fort sur une montaigne, aux heritiers de feu Humbert Faure.

S. Clement de Valsoanne, parroisse dans un fort, païs à seigle, est à messieurs de S. Just.

Valsoanne, parroisse dans un fort, païs à seigle, appartient à messieurs de S. Just.

S. Appollinar, parroisse en la montaigne, maigre païs à seigle, à messieurs de S. Just.

Fleury sus la Bresle, païs pauvre & maigre, appartient à l'abbé de Savigny.

Euveux, annexe de Fleury, est aussi pauvre & maigre, sus hault païs, estant à l'abbé de Savigny.

Sarzey, parroisse & chasteau fort, sus hault païs à bledz, au mesme abbé de Savigny.

Bully, parroisse, bourg, sus un hault païs à bledz, appartient à l'abbé de Savigny.

Tarare, chasteau fort, gros bourg & parroisse sus la Tourdine & le grand chemin de Lyon à Paris, auquel lieu y a poste assize & bon païs à bledz & prairies, est à l'abbé de Savigny.

Frontenaz, païs de vignoble, à l'abbé de Savigny.

Cheissy, petite ville & parroisse en bon terroir de vignoble, appartient à l'abbé de Ailnay.

Leigny, parroisse en montaigne, pleine de vignobles, appartient audict abbé de Savigny.

Le Brueil, parroisse dans un fort, en bon païs de bledz & vins, appartient au sieur du lieu.

Sainct Forgeulx, parroisse & chasteau fort, terroir à bledz, est au sieur Baron de S. Forgeulx.

Les Ormes, parroisse sans fort, en païs à bledz, appartient aud. abbé de Savigny.

S. Germain sus la Bresle, est bonne parroisse de grandz vignobles, aud. abbé de Savigny.

La Bresle, ville & chasteau située en une vallée entre les deux torrens de Brevenne & Tourdenne, sur le grand chemin de Lyon à Paris, en bon païs à bledz, vins & prairies, y a poste assise, le chasteau est edifié à l'un des boutz de la ville sus un rocher & est fort ruiné ainsi que le temple qui est dedans, encores qu'il soit de bon revenu & appartient à l'abbé de Savigny.

Noelles, petit village en païs de vignoble.

Ternant, petite ville ou fort, cloz de muraille fort caduque, situé en bon païs à bledz & à vins, sus la montaigne, il appartient à l'archevesque de Lyon.

S. Veran, paroisse sans fort, païs à bledz & vins, à messieurs de Sainct Jehan.

Lentilly, parroisse & beau chasteau fort, assis en plaine & pauvre païs maigre.

La tour Sarvaigny, parroisse & fort ainsi que Lentilly, du maigre terroir.

Baignolz, parroisse & chasteau en païs de vignoble, appartenant au general Cadmus de Lyon.

Sainct Loup Vindry, parroisse sans fort, appartient aud. general Cadmus.

Dareyzieu, paroisse en terroir à bledz, appartient au general sus nommé.

Longefaigne est en païs à seigle & quelques fromens & y croist force pins, le sieur de Chamosset en est possesseur.

S. Clement des Places, parroisse & eglise au descouvert est en païs mediocre sans vignes, & est aud. sieur de Chamosset.

Sainct Laurens de Chamosset, eglise sans fort, en assez bon païs, sans vignes, audit sieur de Chamosset.

Bruilloles, paroisse en bon païs à bledz & à vins, eglise dans un fort, audict sieur de Chamosset.

Brussieu, parroisse & eglise sans fort, est en bon païs de bledz & vins & appartient aud. sieur de Chamosset.

Montrotier, parroisse, chasteau & prieuré dependant de l'abbaye de Savigny, bon païs à bledz, appartient au sieur Prieur du lieu.

Saulzy, parroisse & eglise sans fort, bon païs à bledz & vins, est au prieur de Montrotier.

La Mure, parroisse en pauvre païs, produisant quelques fois bledz & point de vins, est à madame de l'Argentiere.

La Forest, parroisse & chasteau, en pauvre païs qui neantmoins produict de bons bledz, est au sieur dud. lieu.

S. Julien & Bisbotz, parroisse & eglise dans un fort, païs commun à bledz & bien peu de vins, estoit à l'abbé de Savigny, mais a esté vendue suivant l'edict du roy à un messire Jehan Durant.

S. Romain de Popez, parroisse & le chasteau de la Varenne d'Avauges, bon païs à bledz & sans vignes, appartient à l'abbé de Savigny.

Savigny, paroisse, gros bourg & ancienne abbaye fort ruinée, combien qu'elle soit de grand revenu, est située en païs de bon vignoble, mais peu de bledz, à l'abbé du lieu.

S. Bel, petite villotte en pente, beau & grand chasteau sur le hault, membre dependant de l'abbaye de Savigny, de laquelle il est distant demy quart de lieu, est en bon païs de bledz & vins & appartient aud. abbé de Savigny.

Surcieu, parroisse & eglise sans fort, en bon païs à bledz & vins, est aud. abbé de Savigny.

S. Pierre la Palu, parroisse & eglise à descouvert, bon païs à bledz, vins & bois, situé en fort beau lieu, est à l'abbé de Savigny.

Yzeron, parroisse & eglise dans un fort, en païs montueux & pauvre, produisant neantmoins quelques bledz & vins, est au seigneur de la Sale.

Vaulx, parroisse & chasteau vieux, païs à bledz, sans aucunes vignes, est aud. sieur de la Sale.

Vaugneray, parroiſſe & egliſe dans un fort, païs bas produiſant bledz vins & bois, eſt à meſſieurs de S. Jehan de Lyon.

Turins, parroiſſe & egliſe dans un fort, païs bas fertile en bledz, bois & vins, eſt à l'abbé de l'Iſle Barbe.

Greyzieu, parroiſſe près Lyon, l'egliſe dans un fort, laquelle fut edifiée en l'an 913 par Guillaume Comte de Lyon, & erigée en parroiſſe à la requeſte dud. Comte par l'archeveſque Aſtere, elle eſt en bas païs bon à bledz & vins & eſt à meſſieurs de S. Jehan.

S. Genis l'Argentiere & la Fay, egliſe dans un fort, membre dependant d'Yzeron, la juſtice en appartient au ſieur de la Sale.

La Chanavatiere, membre dependant d'Yzeron, & la juſtice comme deſſus au ſieur de la Sale, païs aſſez bon.

Mont-Romain, egliſe dans un fort, païs froid & montueux produiſant aſſez bledz, membre d'Yzeron, la juſtice au ſieur de la Sale.

Duerne, egliſe ſans fort, meſme païs, membre & juſtice que deſſus.

Beſſenay, l'egliſe dans un fort, bon païs à bledz, vins & prairies, appartient au ſieur du lieu.

Poillenay, parroiſſe & chaſteau fort, en bas païs qui produit aſſez bledz & peu de vins, eſt au ſieur du lieu.

Saincte Conforce & Marcy, petite chappelle appartenant à meſſieurs de S. Jehan.

La Chappelle hors Foreſt, pauvre païs montueux, où ne croiſt que ſeigle & avoine, ſans vignes, à meſſieurs de S. Jehan.

S. Symphorien le Chaſtel, eſt belle petite ville, ſituée en bon & bas païs fertile en blez, vins & prairies & appartient à meſſieurs de S. Jehan.

Courzieu, bourg, parroiſſe, prieuré & chaſteau ruiné entre trois montaignes, ſur la Brevenne, qui la rend pauvre à cauſe des eſlavoirs d'eaux qui y decoulent & ravagent tout en temps de pluye, vray eſt qu'il y croiſt quelques vins, mais non d'eſtime, appartient au prieur dudict lieu.

Pomeis, parroiſſe ſans fort, en païs montueux & pauvre ne produiſant que ſeigle, eſt à meſſieurs de S. Jehan.

Aveifes, parroiffe & eglize fans fort, fitué en païs de montaignes ne produifant que feigle & charbon de pierre, appartient à meffieurs de S. Jehan.

Greizieu le Marché, l'eglife dans un beau fort, en pauvre païs à feigle & appartenant au fieur de Chevrieres.

S. Eftienne de Coife eft en affez bon païs, & comme le precedant eft au fieur de Chevrieres.

Francheville, paroiffe, petit fort & l'eglife dehors, fitué fur le torrent de Doullins, païs moyennant bon, eft à l'archevefque de Lyon.

Chaponoz, parroiffe à demy ruinée, membre dependant du prieuré du S. Hyrenée & vault du moins mil livres par an.

Breignais, petite ville en païs bas fur la riviere Garon, en bon & fertille païs, ladicte ville memorable pour la bataille qu'y fut donnée par les Anglois (1), foubz leur roy Edoüard, en l'an 1361, en laquelle bataille fut tué Jacques de Bourbon, chef de l'armée françoife, avec fon filz & aucuns princes, & y fut auffi tué le comte de Foreft; meffire Robert de Beau-jeu & Loys de Châlon furent pris prifonniers. Cette ville appartient à meffieurs de S. Juft.

Vourles, parroiffe & fort, eft en bon païs, eftant à meffieurs de S. Juft.

Yrigniz, parroiffe fituée en bon païs, appartient à l'archevefque de Lyon.

S. Genis Laval, petite ville clofe fus un haut païs de vignoble tres fertile, & le chafteau ruiné de Laye, le tout eftoit de monfieur l'archevefque de Lyon, mais fuivant l'edict du roy, monfieur de Beauregard a achepté la plufpart de la juftice.

Millery, bonne parroiffe, l'eglife au defcouvert, en laquelle croiffent les meilleurs vins de tout le païs du Lyonnois, appartient au fieur de Montaigny.

Givors & Bans, petite ville, chafteau, bourg & parroiffe fus le

---

(1) La bataille de Brignais fut livrée par le connétable Jacques de Bourbon, non pas contre les Anglais, mais contre *les Grandes Compagnies*, ou Tard-Venus.

Rhosne, est située en fort bon païs & appartient à messieurs de S. Jehan.

Grigny, parroisse, bourg & chasteau fort sur le Rhosne, située en bon païs à bledz, vins & foins, appartient à messieurs le comte de Vantadour.

Longes & Treves, maigre, sterile & pauvre païs, mesmes Treves qui est en montaigne, sans aucun fort, appartient à messieurs de S. Jehan.

Tartaraz, petit village, en rochers, en assez maigre païs, sans aucun fort, il s'y tire ordinairement grande quantité de charbon de pierre, est à messieurs de S. Jehan.

S. Jehan à Trusla, petite parroisse & assez pauvre, comme Tartaraz, sans fort, est à messieurs de S. Jehan.

Dargoire, fort cloz & parroisse, située dans le fond d'un vignoble pres la riviere de Giers, en bon & fertile païs, est à messieurs de S. Jehan.

S. Anduel, petite ville en fort bon païs, appartient à messieurs de S. Jehan.

Chassaigny & Cornaz, petite parroisse sans fort, appartient à messieurs de S. Jehan.

Montaigny la Tour, c'est un grand fort sus une montaigne, païs de vignoble, au sieur du lieu.

Mornand, paroisse, chasteau fort & prieuré, en bon païs, le sieur du lieu en est prieur.

S. Didier soubz Riverie, en païs maigre en bledz & vins, est à messieurs de S. Jehan.

La Rayasse, église au descouvert, en bon païs à bledz & sans vins est à messieurs de S. Iehan.

S. Martin en hault, situé sur montaigne, sans fort, est bon païs à bledz, estant à messieurs de S. Iehan.

Rochefort, chasteau fort sus montaigne en bon païs à bledz sans vignes à messieurs de S. Jehan.

Soucieu, eglise en fort païs à bleds & vins, à messieurs de S. Jehan.

S. Genis terre noire, parroisse dans un grand fort fus la montaigne, pauvre païs, sauf qu'il y a une mine de charbon de pierre, est à messieurs de S. Jehan.

S. André la Coste, parroisse sans fort & pauvre, où il croit quelque peu de bledz, à messieurs de S. Jehan.

Riverie, petite ville & baronnie sur le hault d'une montaigne, païs assez maigre & froid, appartenant puis peu d'années au tresorier Cadmus (1).

Rontalon, château fort, au sieur de Poillenay.

S. Laurens & S. Vincent d'Aigniz, pauvre & petite parroisse en païs de montaigne, à descouvert, appartenant à messieurs de Sainct Jehan.

Briandaz, parroisse & chasteau fort, païs appartient à messieurs de S. Jehan.

Meissimieu, parroisse dans un fort, bon vignoble, ausd. sieurs de S. Jehan.

Orliennaz, parroisse dans un fort, en bon païs vignoble, est à l'abbé d'Ainay.

Charly, chasteau fort, & Vernaison, parroisse, l'eglise à descouvert en bon païs, appartient au sieur de Beauregard & de Champ-roux, & Vernaison à l'abbé d'Aisnay.

S. Maurice sur Dargoire, petite parroisse sur montaigne & rochers, sans fort, au prieur de Talluyers.

S. Jehan de Chauffan, petite parroisse sur montaignes, sans fort, au prieur de Talluyers.

Talluyers, c'est un fort & bon prieuré en bon païs à bledz & vins, appartenant au prieur dudict lieu.

S. Romain & Eschallatz, bon païs sans fort, appartenant audict prieur de Talluyers.

Rive de Giers, petite ville & chasteau sus Giers, close de l'un des costez de la riviere & de l'autre de bons fauxbourgs, est à messieurs de S. Jehan.

---

(1) Antoine Camus, président des trésoriers de France, à Lyon, qui joua un certain rôle pendant les troubles de la Ligue, où il se distingua par sa fidélité à la cause du roi Henri IV.

Chasteau neuf, petit fort & parroisse sus Giers, bon païs, à messieurs de S. Jehan.

S. Paul en Jarestz, fort, en païs moyen & sans vignes, est à messieurs de S. Jehan.

Farnay, parroisse en païs moyen comme S. Paul, à messieurs de S. Jehan.

S. Martin à Crallieu, païs assez commun en bledz, sans vins, est à monsieur de S. Chamond.

S. Chamond, petite ville & grande bourgade, bien habitée, chasteau fort & baronnie, sur la riviere de Giers, qui passe à travers, en tres bon païs, au sieur dud. lieu.

S. Priest de S. Chamond, païs de haultes montaignes & assez maigre, à monsieur de S. Chamond.

Yzieu, parroisse en païs montueux & maigre & de peu de bledz, aud. sieur de St. Chamond.

Doyzieu, en païs montueux où y a assez bois, mais peu de bledz, est du fief du sieur de Saint Chamond, & appartient à monsieur de Cuzieu.

S. Julien soubz S. Chamond, paroisse estroite, plaine de forgerons de grand travail mais de peu d'estime, appartenant comme dessus aud. sieur de S. Chamond.

S. Martin la plaigne, partie en montaigne, en assez maigre lieu, est à messieurs de S. Jehan.

Chaignon & S. Christo, sus montaignes, fort entre les bois, maigre païs. Chaignon appartient au sieur de Cuzieu & S. Christo à monsieur de S. Chamond.

Cellieu, pauvre parroisse en montaigne, audiɫ seigneur de S. Chamond.

Paveyfins & Jurieu, aussi païs de montaignes, petit & maigre villaige, audit sieur de S. Chamond.

*Ce qui costoye le Viennois.*

La ville & chasteau de Coindrieu sur le Rhosne, bon païs, mesme à raison du commerce du sel qui s'y faict, est à messieurs de S. Jehan.

S. Michel soubz Coindrieu, participe de Coindrieu & est à messieurs de S. Jehan.

Verlieu & Chevenay, parroisse en bon païs à messieurs de S. Jehan.

Tuppins, parroisse & chasteau à monsieur de Maugeron.

Pellussieres, parroisse en païs montueux & assez maigre, est à messieurs de S. Jehan.

Chuye, parroisse assize en païs si pauvre montueux & qu'il n'y croist que bien peu de bled & force pins & est le païs si apre que l'on y ramasse les personnes ainsi qu'aux Alpes, il est à messieurs de S. Jehan.

Ampuis, parroisse & beau chasteau sur le Rhosne, bon païs à bledz, vins & prairies, c'est la maison paternelle de monsieur de Maugeron susd.

Loire, parroisse en bon païs, aud. sieur de Maugeron.

La ville de S. Colombe les Vienne, en bon païs de vignoble & y a chastellenie royalle, à present aud. sieur de Maugeron qui l'a acquise du roy.

S. Cire, près S. Colombe, païs montueux & assez bon, aud. sieur de Maugeron qui l'a acquis du roy.

S. Romain en Galles, assez bon païs aud. sieur de Maugeron qui l'a acquis du roy.

Les Hayes & la Chappelle, païs de montaignes, où il croist quelques bledz & chastaignes.

*Ce qui est oultre Loire costoyant le Roannois.*

Ambierle, bon pays & bon prieuré, dépendant de Cluny, situé sur le hurt d'une montaigne & le chasteau Rolliere, le tout appartenant au prieuré dud. Ambierle,

Brienon, assez bon païs & le chasteau Brienon, au prieuré dud. Ambierle.

Mellay, bon païs, Baignars & le chasteau Maulevrier, au prieur d'Ambierle.

Vivant, petite parroisse, où n'y a que huict maisons de Lyonnois, au reste assez pauvre païs & de bois où sont les chasteaux de la Curée & la Boulletiere.

Changy, gros bourg & fort chasteau du feu baron de Ponteenas, S. Bonnet des Carres & Arfon, bon païs & montueux.

---

*Le Charluois.*

Charlieu, belle petite ville bien marchande pour toilles & filletz, estant située sur la riviere de Sournay, dans icelle y a un grand & fort prieuré dont est parlé cy dessoubz. Le roy y a un chastellain pour la conservation de ses droictz, mais il est tres mal obey tant des religieux que des citoyens. Lad. ville & prieuré sont situez en fort païs à bledz & quelques vins & s'y faict & es environs grand faict & traffique de fil & toilles crues & blanches & grand nombre de nappes ouvrées & serviettes.

La seigneurie, ville & prieuré conventuel de Charlieu, de l'ordre de Cluny, est de fondation royalle; le premier fondateur fut le roy

Bozo, en l'an 876, indiction 9, & a esté tousiours telle recogneüe par les rois de France & mise en leur sauvegarde & protection. D'icelle seigneurie les prieurs, officiers & couvent se disent maistres & seigneurs temporelz & spirituelz avec toute justice, haulte, moyenne & basse, ayant les marques autant belles que l'on sçauroit treuver en Justice inferieure de France. Car les appellations du siege de Reigny, prieuré dependant de Charlieu (semblablement fondé par ledict roy Bozo, où il y a aussi toute justice) ressortissent par-devant le juge ordinaire dud. Charlieu, duquel les appellations vont nuement à Lyon, sans qu'autre que lesd. prieurs, officiers & couvent aye justice aud. Charlieu; ilz y ont juge civil & criminel, procureur d'office, sergens, notaires & tout ce qui concerne la justice.

De lad. terre & seigneurie dependent les parroisses de S. Bonnet de Cray, S. Hilaire, Chandon, S. Denis de Chabanes, Poilly soubz Charlieu, toutes es environs & distances dud. Charlieu d'une bonne lieüe & sont de la senefchaulfée & ressort de Lyonnois. Et en outre ont semblable justice es parroisses de la Chappelle soubz Dung en partie, & de S. Laurens en Briennois, Mussie, Dung le Roy, qui sont ressortissantes du bailliage de Masconnois & distantes de Charlieu d'environ trois lieües. La declaration susd. a esté trouvée en certaines panchartes anciennes en parchemin & en pappier dud. prieuré conventuel de Charlieu.

S. Hilaire, parroisse & chasteau en païs maigre à seigle.

S. Pierre de Noailly, bon païs & en icelle parroisse sont les chasteaux de la Garde & de S. Pierre.

S. Nizier soubz Charlieu & le chasteau de Genoilly, en bon païs.

S. Bonnet de Cray & le chasteau de la Mothe S. Bonnet, bon païs.

S. Julien de Cray & Jonzy, bon païs.

Mailly, parroisse en bon, moyen & maigre païs.

Reigny sus Rains, bon prieuré dans un fort, bien habité, lequel est dependant de Charlieu; le païs d'alentour est maigre & moyen & dans le fort sont tous tisserans à faire nappes de toutes sortes & serviettes ouvrées.

La Rochere & Haillant, bon païs.

S. Denis, parroisse en païs moyen.

Chandon, parroisse en païs tel que la precedente.

Villars, parroisse comme dessus en païs moyen.

Belle Roche, parroisse & chasteau, païs à seigle.

S. Germain la Montaigne, païs à seigle.

Belmont en Charluois, parroisse, partie en Lyonnois, partie en Beaujollois & partie en Masconnois, elle est en païs moyennement bon pour païs montueux.

---

### Le franc Lyonnois.

Cuyres, petit village contenant environ six maisons ioignant la Saone, à un quart de lieüe de Lyon, païs maigre.

Calluyres, village de la parroisse S. Rambert lez l'Isle Barbe, auquel y a cinq ou six maisons de franc Lyonnois, & le reste est en Bresse, païs assez maigre.

Fontaines, bonne parroisse toute du franc Lyonnois, en bon & fertile païs confinant la Bresse.

Rochetaillée, parroisse & chasteau ruiné sur Saone, partie du franc Lyonnois & partie de Bresse, est en bon païs, mais estroict & est de la jurisdiction de Fontaines.

Fleurieu, parroisse partie au franc Lyonnois, & partie en Bresse, bon païs, mais de petite estendue.

Vimy, petite ville close, contenant environ six vingtz feux, situé sur la Saone, le territoire d'alentour estant partie du franc Lyonnois & partie de Bresse, tout bon païs.

Genay, parroisse contenant environ sept vingtz feux, estant le territoire partie au franc Lyonnois, partie en Bresse & partie en Dombes.

Barnod, village d'environ sept feux, partie franc Lyonnois & partie Bresse, bon païs.

Surieu, parroisse, ne contient du franc Lyonnois que six feux, le reste de Bresse & de Dombes, en bon païs.

Massieu, petit village en bon païs.

S. Jehan de Thurignieu, parroisse dans Dombes, contenant six maisons du franc Lyonnois, & le reste de Bresse & Dombes, en bon païs.

S. Didier de Fromens, bonne parroisse toute entourée du païs de Dombes & n'y ha que trois ou quatre feux du franc Lyonnois & le reste est de Dombes, située en bon païs.

Riortiers, parroisse & vieil chasteau ruiné sur la Saone, où il y a port & contient environ trente feux, & là ne contient, en largeur, le franc Lyonnois qu'environ trois geëtz d'arc, mais il est situé en bon païs.

S. Bernard d'Anse & la Bruyere, prieuré de femmes prés la Saone en droict d'Anse, Saone entre deux, ne contiennent ces deux villages pour le franc Lyonnois, chascun d'eulx que trois ou quatre feux, mais le païs est bon & fertile.

Voila l'entier denombrement & situation des villes, bourgs, villages & parroisses du païs de Lyonnois faict le plus exactement que faire s'est peu, selon l'expres commandement de sa tres chrétienne Maiesté, comme nous avons desia dict au commencement de ce present œuvre.

FIN DU LYONNOIS.

*Vassaux appellez au Rièreban de Lyonnois.*

Monsʳ de S. Chamond, chasteau fort en toute justice.
Le sʳ Baron de Montaigny, chasteau fort en toute justice.
Le sʳ d'Yoing, chasteau fort en toute justice.
Le sʳ de S. Forgeul, chasteau fort en toute justice.
Le sʳ de Tallaru, chasteau fort en toute justice.
Le sʳ de Chastillon, chasteau fort en toute justice.
Le sʳ du Bois d'Yoing, chasteau fort en toute justice.
Le sʳ de Chamosset, chasteau fort en toute justice.
Le sʳ d'Ampuis, chasteau fort en toute justice, Monsieur de Maugeron.
Le sʳ du Mont de Greizieu, chasteau en toute justice.
Le sʳ d'Avaulges, chasteau fort en toute justice.
Le fief noble de la Grange Tafné.
Le sʳ de Lissieu, chasteau fort en toute justice.
Le sʳ de Jargnost, chasteau fort en justice.
Le sʳ d'Albigny, chasteau fort en toute justice.
Le sʳ de la Ronziere, rente noble.
Le sʳ de Genetines, rente noble.
Le sʳ de Jarnosses, chasteau fort en toute justice & rente noble.
Le sʳ du Pin, chasteau sans justice.
Le sʳ Jehant Gayant & sa femme pour une rente noble.
Le sʳ de la Mothe, rente noble.
Le sʳ de Genoilly, rente noble.
Le sʳ de S. Pierre de Noailly, rente noble.
Le sʳ de Balmont, chasteau & justice.
Le sʳ de Poillenay, chasteau fort en justice.
Le sʳ de Cyvrieu d'Azargues, maison noble sans justice.
Le sʳ de l'Herberie & Senas, rente noble.
Le sʳ de la Forest, chasteau fort en justice.

Le sr Dyvor, chasteau sans justice.

Le sr de Varenne & Reba, chasteau sans justice.

Le sr du Brueil & de Sandras, chasteau sans justice.

Le sr de la Liegue, chasteau sans justice.

Le sr de Rapetou, maison forte sans justice.

Le sr de Pravieux, chasteau sans justice.

Le sr de Chavannes, chasteau sans justice.

François l'Allemand, pour une sienne maison noble sans justice.

Le sr du Mas, pres Bessenay, chasteau & justice.

Le sr de Charnay & le sr de Beau-lieu, par ensemble chasteau & justice.

Le sr de Marze, chasteau & justice.

Le sr de Vaulx, chasteau & justice.

Le sr de la Maison Fort de Vorles, chasteau sans justice.

Le sr de la Barrollière, chasteau sans justice.

Le sr de Change & le sr de Meissimieu d'Anse, chasteau sans justice.

Monsr le comte de Ventadour, à cause de sa seigneurie de Grigny, chasteau & justice.

Le sr de la Menne, chasteau sans justice.

Les Baronnatz, à cause d'une rente noble.

Les freres Sennetons au lieu des hoirs du cappitaine Himbaud, rente noble.

Le sr de Thezé & de la Court, chasteau sans justice.

Le sr de Jonchay, chasteau sans justice.

Le sr de Poillenay, à cause de Veissieu, maison noble sans justice.

Le sr de Maugeron, à cause de la Garde, chasteau & justice.

Le sr de la Fay, rente noble.

Le sr de Genzé, chasteau sans justice.

Le sr de la Forest, le sr de la Frachiere & le sr de Verneaux, rente noble.

Le sieur de S. Chamond, rente noble.

Le sr du Chesz, chasteau sans justice.

Le sr de Senas, rente noble.

Les hoirs de noble Pierre Baudran, rente noble.

Le s‍ʳ de la Chance, maison fort & rente sans justice.

Le s‍ʳ de la Pradelle, maison noble sans justice.

Le s‍ʳ de Mouchet, rente noble.

Le s‍ʳ de Chieux, rente noble.

Les hoirs noble Humbert de Varay, rente noble.

Les hoirs noble François Chenoud, rente noble.

Noble Estienne de la Rivoire, rente noble.

Noble Anthoine de S. Marcy, heritier de noble Mondon de Fée, rente noble.

Le s‍ʳ de Baignolz, chasteau fort & rente noble sans justice.

Le s‍ʳ de Rivirie, chasteau fort en toute justice.

Le s‍ʳ de Marcilly, chasteau fort en justice.

Le s‍ʳ pour un quart de Symphorien le Chastel, s‍ʳ de la Salle & confortz, ville & chasteau en justice.

Noble François de Salornay, rente noble.

Iehan Maleisieu pour le fief qu'il tient à Oullins & S. Genis, estimé par communes années la somme de cent livres tournois, rente noble.

---

*En Lyonnois y a quatre baronnies qui ensuivent par ordre.*

La baronnie de S. Chamond.
La baronnie de Montaigny.
La baronnie d'Yoing.
La baronnie de Rivirie.

## Description generalle & particulière du païs de Beau-iollois.

LE Beau-iollois est petit païs & beaucoup plus montueux que le Lyonnois : ainsi que nous l'avons exactement remarqué en la visitation expresse, que nous en avons faicte par le commandement de sa royalle & tres-chrestienne maiesté. La description dud. païs a esté mise icy en suitte du païs de Lyonnois, dautant que nous avons visité l'un & l'autre païs en mesme année. Le Beau-iollois donques commence à demie lieue au-dessus d'Anse & finist à la Maison Blanche tirant à Mascon & peut contenir environ cinq lieues en ceste longueur; mais de sa largeur il ha pour le moins douze lieues, à le prendre du fleuve de Saone qui est à l'orient iusques à Perreux, gros bourg pres le fleuve de Loire du costé d'occident; devers le mydi il confine au Lyonnois & au Forest, & de la part de septentrion au Charluois & Masconnois.

En tout le Beau-iollois n'y a que deux plaines notables : la premiere d'icelle se peut dire des bonnes de France & se prend des limites sus nommées entre Anse & Villefranche iusques à Dracé & Lancié, qui est de trois lieues & demye de long, & de largeur elle est tres petite, à la prendre du port de Belle-ville à S. Leger (tirant à Beau-jeu), ou du port de Rivière à Salles, où il n'y a qu'une lieue & demye ou environ.

L'autre plaine qui est beaucoup moindre est le long de Loire & s'estend contre Perreux, n'ayant de largeur qu'une bien petite lieue & deux bonnes lieues de longueur, située en assez bon païs.

*Des montaignes dudict païs du Beau-iollois.*

Entre un grand nombre de montaignes qui sont en Beau-iollois, il s'en treuve deux fort remarquables, assavoir celle de Hault-ioz & de Torveon.

Hault-ioz est fort haulte montaigne, située à deux petites lieues au dessus de Beau-ieu, sur le chemin dud. Beaujeu au bois S. Marie ou à la Clayette, au port de Digoin & consequemment à Paris; consistant quasi toute en grandz bois & forestz d'haulte futaye, & la plus-part en bois de saug ou sousteaux, duquel se font plusieurs ouvrages necessaires. Et sont ces bois en divers endroictz si espais de menus bois, buissons & tailliz qu'à peine peut on appercevoir un homme le long d'une lance, & mesme en esté que les bois sont feuillez, ce qui cause qu'on y faict souvent de grandz meurdres & volleries, ioinct que le passage y est tres mauvais & fascheux pour estre tortu & montueux.

Sur le plus hault de ceste montaigne y a une chappelle du tiltre de S. Loup, duquel l'on celebre la feste sur la fin de juillet, & Dieu sçait à quelle devotion on y va; car là ne se voient que taverniers, escrimeurs & menestriers, avec infini nombre de ieunes gallans, femmes & filles; toutes personnes de bon iugements peuvent trop mieux coniecturer les dissolutions qui se commettent soubz l'espesseur de ces grandz bois. Bref, il y a beaucoup plus de scandale que d'edification & religion à toutes ces festes balladoires, ressentans plus les bacchanalles payennes que les festes chrestiennes.

Torveon ou Tolvedon est la plus eminente & descouverte montaigne de Beau-iollois, voire la plus aigue & poinctue & qui plus se decouvre de loing, car non seulement la voyent les Bressans tout à plain, mais aussi ceux de Revermont & l'appellent communement le monceau de bled pour estre à peu pres de mesme forme.

Ceste montaigne est fort deserte, sterile & sauvage & ne s'y trouve que pierres, brussailles & bruyeres, qui y sont si grandes & espaisses qu'on n'y peut cheminer aisement. Sur la sommité d'icelle se voyent encores les vestiges & fondemens d'un ancien fort & d'une cisterne bien peu ruinée & bien cimentée, ainsi que les arcz antiques de Lyon. Les païsans en content une longue fable & disent que c'estoit l'un des chasteaux de Ganelon. Mais il est plus vray semblable que ce fut un fort pour servir de guette & de garde aux Romains apres qu'ilz eurent acquis tous ces païs circonvoisins. Tant y a que, pour toute memoire, il n'en reste autre chose que ces antiques ruines. C'est à present une chastellenie qui appartient à monseigneur le duc de Montpensier.

Plusieurs autres montaignes sont en Beau-iollois, comme les montaignes des bois de Thyon & Tournessoubz, Sobran, les montaignes de Chattou conioinctes avec celles de la Sepe, les montaignes de S. Iust d'Avray, de S. Clement, Valsoanne & S. Appollinar, toutes bien esventées & maigres.

Plus y a sur le chemin de Beau-jeu à Roanne, la Grimicelle, le hault S. Bonnet de Troncy, les montaignes de Thiel & de Renchet, des plus haultes, froides & sauvaiges du Beau-iollois, aupres d'icelles sont Mardore, la Grille & Thizy, Malaval, Avenaz, Bourbois, Vauregnard & S. Jaqueme, & plusieurs autres assez difficiles, la petite consequence desquelles ne permet d'en faire autre mention.

Les collines sur Ville-franche & encores contre Anse, la petite montaigne de Brulles à Odonnaz, les coutaux de Perreux vers Roanne, ce sont bons & beaux vignobles, ensemble ceux qui sont au chemin de Masconnois.

## Des fleuves.

Il est amplement traitté cy devant en la situation du païs de Beau-iollois, comment & de quelle espace les fleuves de Saone & de Loire bornent & passent au long d'icelluy païs, qu'est la cause que nous n'en ferons autre mention pour n'estre aucunement necessaire.

---

## Des torrens & rivieres.

Comme le Beau-iollois soit plus garny de montaignes & icelles plus froides & plus haultes que le Lyonnois, aussi est-il plus abondant en sources, rivieres & torrens, de sorte que la plus part de ceux qui fluent par le Lyonnois, mesmes les plus remarquables, proviennent de Beau-iollois, comme Azargue, Sournay qui va à Charlieu, l'une & l'autre Tourdine & Valsoanne.

---

## Azargue.

Azargue, yssant des bois d'Haut-ioz & Sapinay de Pole par deux bras qui se vont assembler soubz S. Nizier d'Azargue, prend son cours droict à la Mure aux pappeteries de la Folletiere, pres d'Alliere, Chamelet, L'Estraz, & de là à Ternant où il entre en Lyonnois, ainsi qu'il est dict cy devant; en temps sec n'y a que bien peu d'eau, mais en creües & grandes pluyes encores est-il dangereux à l'endroict de Beau-iollois. Vray est-il qu'il s'y peut passer en divers endroictz sur pontz & planches.

### Rains.

Rains tumbe du haut du village de Renchet, ou mieux Rainschet, à cause que Rains en chet, s'en va soubz S. Vincent de Rains à Cublize, à Amplepuis, à Rigny, à Parigny pres de Roanne, de là soubz led. bourg de Roanne se desgorge dans Loire. Ainsi est ce torrent tout Beau-iollois, lequel est tres dangereux en ravages d'eaux. Il se peut passer aud. Amplepuis sur planches de pont rompu, à Rigny sus beau pont de pierre & à Parigny sus dangereuses planches, lesquelles sont souvent rompues. Ce torrent n'empesche point le grand chemin de Roanne à Lyon.

### Ardiere.

Ardiere ou Ardent'ire (1), yssant de la montaigne & bois d'Hautioz, vient aux Ardillaz par deux bras, en prend un autre soubz la pappeterie sus Beau-ieu, venant de S. Didier passe à Beau-ieu, où en temps de creües d'eaux est augmentée si soudainement de quatre

(1) Var: Argentière (Ms. de la bibliothèque de la Diana).

ruisseaux ou petitz torrens, que c'est chose espouvantable de voir le piteux mesnaige qu'elle y faict maintes fois, emportant maisons, molins, pontz & planches & a comblé d'eau, sable & gravier une grande partie du bourg, à peu pres du premier estage de Beau-ieu. Prend son cours à S. Jehan d'Ardiere, pres Belle-ville, & peu plus bas se gette en Saone. L'on la passe sus plusieurs pontz de pierre tant à Beau-ieu qu'auprés, & aud. S. Iehan d'Ardiere sus un autre pont servant au grand chemin de Lyon à Mascon.

### Grosne.

Grosne, qui se faict bien cognoistre entre Tornuz & Chalon, prend sa source en deux lieux en Beau-iollois, assavoir es bois de Havenaz & montaigne d'Haut-ioz, s'en va à Cluny & S. Gengoul, & de là à l'abbaye de la Ferté, où il la faut passer au bac auprés de son arrivée en Saone.

### Vausonne.

Vausonne tumbe des montaignes de la Sepe & vient aval la parroisse de Vaulx par telle impetuosité en tems pluvieux, que puis environ quinze ou vingt ans en çà, elle a despouillé les lieux montueux de ce village (s'y assemblant de divers lieux) à peu pres de toute sa terre, se passe souvent a gué sus le chemin de Ville-franche à Beau-ieu, s'en va à Roigneins où elle se passe à pont de pierre, descend en Saone au port de Rivière.

## Morgon.

Morgon, qui paſſe à Villefranche, s'aſſemble peu au-deſſus de deux coſtez d'un bras venant de contre Lacennaz & Glaizé, & d'un autre tumbant des montaignes de Chattou, ſe gette en Saone pres Beau-regard, & là ſe paſſe à pont de pierre. On a veu ceſte riviere de noſtre temps tant ſoudainement déborder ſans grandes pluyes, que l'on ne ſe pouvoit ſauver devant & venir de tel front & haulteur qu'elle occupoit les autelz meſmes des egliſes de Villefranche.

---

## Mauvaiſe.

Mauvaiſe, qui porte bien ſon nom, part des montaignes d'Havenaz & contre Oroux par deux bras & à contre poil de la Groſne, car allant contre la bize elle ſe gette de matin & mydi par les parroiſſes de Vaux-regnard, Eſmeringes, & tournoye le chaſteau du Fuyer, ayant laiſſé à coſté & plus hault Jullié & Cheynaz, laiſſant donques le ſuſd. Fuyer & Iullienaz, vient au port Iehan gras, auquel elle entre en la Saône. C'eſt un torrent impetueux en temps de pluyes & creües d'eaux, l'on le paſſe aud. port ſus un pont & eſt ſus le grand chemin de Maſcon à Lyon.

*Trembozo.*

Trembozo ou Trembozant, qui passe soubz le bourg de Thizy, vient du hault du village de Cours, & s'en va getter en Rains un peu par dessus Rigny. Ceste riviere est fort grosse parfois & bien dangereuse à gué du temps de pluye, mais pour n'estre sus grand chemin n'est de grande consequence. On la passe aud. lieu de Thizy sus deux ponts de pierre.

Plusieurs autres petitz ruisseaux & torrens sont au païs de Beau-iollois qui ne sont dignes d'estre icy mentionnez comme les precedens.

---

*Des mines ou minieres estans dans le païs de Beau-iollois.*

La mine de Vaulterre en la parroisse de Claveysolles, à demie lieüe de Beau-ieu, tient argent, plomb, cuivre, soulfre & force victriol. On a commencé d'y travailler puis dix ou douze ans. Il y a environ cent ans & plus que les ducz de Bourbonnois y prenoient certain droict comme barons du païs.

La mine de Champ-ryon, en la parroisse de Pole, tient une once & demie d'argent pour cent de plomb.

La mine de Propieres est grandement digne de noter. On trouve en icelle avoir faict travailler un Jehan Maignin de Beau-ieu & y faisant travailler sur la fin de l'an 1458 & le commencement de l'an 1459, il fut tiré de ladicte mine en l'espace de six mois & moins, Argent 7 marcz, 16 onces & demie & 3 deniers, plomb 113 quintaulx & 70 livres.

La mine d'Odenaz, pres la montaigne de Breulles, fus le chemin dud. Beau-ieu à Charentay, payoit & fatisfaifoit en plomb à toutes mifes & fraiz, reftant de gaing l'argent, felon le commun dire de chafcun, & y faifoit auffi iadis travailler led. Maignin.

La mine S. Paule en la montaigne de Chattou outre Chamboftz, L'Eftraz & Yoing, eft de charbon bon à chauffer & faire chaulx, mais ne vaut rien à forger.

---

*Declaration & eftat de la iuftice, & officiers d'icelle au bailliage de Beau-iollois.*

En la ville de Ville-franche, capitalle du Beau-iollois, eft l'exercice de la iuftice du bailliage royal dud. païs, les iours du lundy & mardy, led. iour du lundy eftant iour de marché en icelle ville. Il y a un bailly de robbe courte, fes lieutenans general & particulier, advocat & procureur du roy, greffier & autres officiers. Plus, y a un prevoft créé par monfeigneur de Montpenfier, feigneur domainal dud. païs, lequel prevoft ha auffi fon greffier & cognoift iufques à la fomme de foixante folz.

Plus un prevoft des marefchaux,

Quatre efleuz,

Un contreroolleur,

Deux receveurs des tailles alternatifz,

Deux receveurs du taillon, dont fera parlé féparément cy apres.

Et pardeffus led. bailly y a encore de prefent un iuge d'appel, inftitué d'ancienneté par les feigneurs de Bourbon, auxquelz iadis le Beau-Jollois appartenoit en tiltre de baronnie, depuis faifie fous la main du roy, par la mort de feu, de bonne memoire, Charles de Bourbon, & dés lors fut erigé bailliage royal.

Auquel bailliage y a de tout unze chaftellenies ou prevoftez, cy apres declarées.

Affavoir le prevofté de Villefranche & Limas,

La prevofté de Belleville, Drace & Amorges,

La prevofté de Beau-jeu & Varennes,

La prevofté de Claveifolles,

La chaftellenie de Jullié & Jullienas,

La chaftellenie de Lay,

La chaftellenie de Chamelet,

La chaftellenie d'Amplepuis,

La chaftellenie de Thizy,

La chaftellenie de Perreux,

La chaftellenie d'Oroux, Coux & Allognet, où il y a toute juftice pour la dame dud. lieu, qui l'a acquis du roy.

Les unze prevoftez & chaftellenies fufdictes contiennent enclofes foubz foy plufieurs autres juftices fubalternes & non royalles, reffortiffans par appel pardevant ledict bailly ou pardevant led. juge d'appel, ainfi qu'elles font icy nombrées.

Premierement la chaftellenie & juftice haulte, moyenne & baffe de Montmelas.

La juftice haulte, moyenne & baffe de la chaftellenie de Roigneins.

La chaftellenie & juftice haulte, moyenne & baffe d'Argigny.

La chaftellenie & juftice haulte, moyenne & baffe de S. Lagier.

La chaftellenie & juftice haulte, moyenne & baffe des Tours.

La chaftellenie & juftice haulte, moyenne & baffe de Vauregnard.

La chaftellenie & juftice haulte, moyenne & baffe de Avenaz.

La chaftellenie & juftice de Cenve.

La chaftellenie & juftice de Dompierre.

La chaftellenie & juftice de Fauleins.

La chaftellenie & juftice haulte, moyenne & baffe de **Chavagny le Lombard.**

La chaſtellenie & juſtice haulte, moyenne & baſſe de Joux ſus Tarare.

La chaſtellenie & iuſtice haulte, moyenne & baſſe de Chamboſt pres Longue faigne.

La prevoſté en baſſe iuſtice de Chamboſt, pres Chamelet.

La prevoſté en baſſe iuſtice de Salles.

La juſtice haulte, moyenne & baſſe de Pramenou.

La juſtice du ſieur de Reſſis à Chiraſſimon & partie de Machefard.

La juſtice du ſieur de L'Eſpinace, de l'autre partie de Machefard & S. Cire de Favieres (1).

La juſtice du ſieur de Croiſel.

La iuſtice d'Arfingues & Eſcoches.

La juſtice de Vaulx.

Le iuſtice de Reſſins.

La declaration ſuſdicte nous a eſté delivrée par Me Jehan Gaſpard, lieutenant general au bailliage de Beau-iollois, ſignée de ſa main & du greffier dud. bailliage.

---

### De l'eſlection du païs de Beau-iollois.

Les eſleuz pour le roy notre ſire, ſur le faict de ſes aydes, tailles, munitions, eſtappes & empruntz au païs & eſlection de Beau-iollois nous ont certifié qu'en la ville de Ville-franche, capitalle d'icelluy païs, y a ſiege d'eſlection avec une chambre de conſeil, dans le cloz des priſons royaux de la ville, dans laquelle chambre l'on tient les

---

(1) Nicolay commet ici une erreur. Il faut lire : *St-Cyr-de-l'alorges*, au lieu de St-Cyr-de-Favières.

affiettes des tailles, lettres patentes, en vertu defquelles fe font lefd. affiettes & impofitions, baulx à ferme des aydes & fubfides, actes de receptions de cautions, roolles à chartreaux des tailles & autres actes & regiftres concernans le fervice de fa maiefté & du public. Et en lad. chambre de confeil, iceux efleuz, procureur du roy & greffier en lad. election s'affemblent de iour à autre, tant pour vuider & iuger les proces par efcript, que proceder au departement des tailles, audiance & examen des comptes du faict des aydes, munitions & eftappes, inftruction des proces criminelz & autres affaires qui fe prefentent.

En lad. election il y a de prefent quatre efleuz, un advocat & procureur du roy & un greffier.

Il y a auffi un contreroolleur, deux receveurs des aydes & tailles, & deux receveurs du taillon ou folde de la gendarmerie, qui font alternatifz, & un commiffaire ou fergent des tailles.

Lefditz efleuz tiennent les plaidz, pour l'adminiftration & expedition de iuftice, en l'auditoire royal du bailliage dud. païs aud. Villefranche, le iour de lundy apres mydi, attendu que le fiege & audiance eft occupée le matin dud. iour par le bailly dud. païs, où affifte le procureur du roy en l'election.

Auquel lieu font pareillement proclamées & delivrées par lefdictz efleuz & contreroolleur, les fermes des aydes, fubfides & impofitions mifes fus le vin entrant à Ville-franche & autres villes d'icelluy païs.

La cognoiffance & jurifdiction defd. efleuz eft du faict des aydes, gabelles, fubfides, tailles, impofitions, empruntz, munitions, eftappes, folde de cinquante mil hommes de pied & autres affaires defpendans du faict des guerres & extraordinaire en première inftance, reffortiffans les appellations qui font interiectées d'eulx en la court des aydes à Paris.

Et procedant iceux efleuz au mefpart & coctifation des tailles par capitations, & fur les chefz tenans maifons & non par feu, eftans les tailles perfonnelles & non réelles, & pour icelles font impofez les perfonnes es lieux & parroiffes de leurs demeures, pour tous les biens qu'ilz tiennent quelque part qu'ilz foient fituez & affiz, ou pour les prouffictz qu'ilz peuvent faire, foit en fermes, cenfes ou autres negotiations.

Par lettres patentes du roy données à Orleans, le 9 iour de iuillet l'an 1569, addreffées aufdictz elleuz, leur a efté mandé affeoir & impofer fur les manans & habitans de l'election & païs de Beauiollois pour l'année 1570.

Affavoir pour le principal de la taille de quatre millions de livres, la fomme de vingt un mil deux cens cinquante une livre, deux folz, deux deniers tournois.

Pour l'exemption des habitans du vicomté de Thureine, la fomme de cinquante livres.

Pour l'equivallent ayant cours au lieu des aydes, la fomme de douze cens livres.

Pour les fraiz tant de l'affiette, gaiges d'officiers, la fomme de feize cens vingt livres.

Pour les gaiges du lieutenant criminel & prevoft des marefchaux, fes lieutenant, greffier & archers, la fomme de cinq cent foixantehuict livres tournois.

Pour la creüe de fix cens mil livres, qui revient à trois folz pour livre du principal de la taille, la fomme de trois mil deux livres quatre folz, deux deniers.

Et pour les fraiz la fomme de quatre vingtz dix neuf livres, un folz, quatre deniers.

Pour la reparation & fortification de la ville de Lyon, la fomme de dix-neuf cens dix huict livres, trois folz, quatre deniers.

Pour les fraiz de l'affiette & levée, foixante livres, dix folz, quatre deniers tournois.

Pour l'augmentation de la folde de la gendarmerie, au lieu des fournitures, uftenfilles & logis que l'on fouloit fournir en argent, la fomme de fept mil neuf cens quinze livres, dix fept folz, fept deniers tournois.

Et pour les fraiz de l'affiette & levée, la fomme de deux cens cinquante fix livres.

Item, par lettres de commiſſion de monſeigneur le général des finances en la province & generalité de Lyonnois du 6 iour de fevrier 1570, a eſté mandé auſd. eſleuz, aſſeoir & impoſer ſur les habitans dud. Beau-iollois, la ſomme de quatre mil deux cens cinquante livres, quatre ſolz, cinq deniers tournois. A quoy ſe monte la creüe de quatre ſolz pour livre à raiſon du principal de la taille. Et c'eſt pour la levée & entretenement d'un grand nombre de chevaux & mulletz, employez à la conduicte de l'artillerie & des vivres des camps & armées de ſa maieſté, ſuyvant les lettres patentes de ſa maieſté, addreſſées aud. ſieur general pour en faire le departement ſur les eſlections de la generalité, données à Angers, le 15 de janvier 1569.

Plus par deux autres commiſſions dud. ſieur general des 7 fevrier & 8 juillet au ſuſd., a eſté mandé auſdictz eſleuz impoſer ſur les habitans d'icelluy païs la ſomme de deux mil ſept cens dix livres tournois, pour leur part & rate de la ſolde de deux cens hommes de guerre, à pied, Suiſſes, entretenuz en garniſon en la ville de Lyon.

Et pour les fraiz de l'aſſiette & levée de la ſuſd. ſomme, la ſomme de ſept vingt dix livres, dix ſept ſols, ſix deniers tournois.

Leſquelles ſommes cy deſſus deſclarées montent quarante quatre mil neuf cens ſoixante douze livres, dix huict ſolz, deux deniers tournois, & ont eſté impoſées par leſd. eſleuz & contreroolleur, & levées ſur les habitans des villes, villages, bourgs & parroiſſes dud. païs de Beau-iollois, qui ſont cy apres declarées par ordre, oultre leſquelles tailles led. pauvre païs a ſouffert de ſi grandes & frequentes ſurcharges & oppreſſions qu'à grand peine peult il vivre, s'il ne plaict à ſa maieſté de les traitter de ſa naturelle benignité & clemence, daultant que l'iniure du temps n'a permis qu'on aye peu obvier & pourvoir aux inenarrables exces qu'ont faictz les gendarmeries aud. païs.

*Enfuivent les villes, bourgs, villages & parroisses du païs de Beau-jollois, qui sont en nombre de vingt-cinq.*

### PREMIÈREMENT QUATRE VILLES CLOSES, ASSAVOIR :

Ville-franche, capitalle dud. païs, laquelle fut commencée à ceindre de murailles par Humbert 4 du nom, sieur de Beau-jeu, qui encores la doüa de plusieurs franchises, privileges & libertez ; elle est située pres la Saone sur le torrent de Morgon, en belle & fertile campaigne à bledz & prairies, avoisinée de coutaudz & collines produisans quantité de tres bons vins.

Belle-ville, qui fut demantelée par les troubles, est située sur la riviere d'Ardiere, non loing de Saone, en bon païs à bledz, foins & quelques vins ; dans icelle y a une abbaye d'hommes du tiltre de Nostre Dame, qui fut fondée par Humbert 2 du nom, sieur de Beau-jeu, environ l'an 1158. Il a y aussi une commanderie de S. Iehan de Hierusalem ; à Belleville se faict grande traffique de filletz & toilles.

Chamelet, petite villette, & le chasteau de Vauxrion, & les maisons nobles basses de Chameire & la Bruilla, en bon païs à bledz.

Lay, autre petite villette & située sus la montaigne pres St. Symphorien de Lay, sus le grand chemin de Lyon à Paris, païs assez maigre, où croissent bledz & avoines quelque peu, mais y a grand nourriture de bestail.

*Gros bourgs.*

Beau-Jeu, assis en vallée fort estroicte entre haultes montaignes, sus la riviere d'Ardiere, estant de forme fort longue mais subiect au débordement des eaux qui ruinent & emmenent tout, mesmes lad. riviere d'Ardiere en temps de grandes pluyes ou quand les neges fondent, qui faict de grandz maulx aud. bourg, emmenant iusques aux maisons. Du costé de mydi, sur le hurt d'une haulte montaigne est l'ancien & fort chasteau de Beau-ieu, iadis capitale du païs de Beau-iollois, auquel païs led. chasteau a donné le nom, il est à present ruiné & n'y a qu'un college de douze chanoines & un doyen, fondé par Beraud, sieur de Beau-ieu, environ l'an 1032, le païs d'autour de Beau-ieu produict quelques bledz & petitz vins, il s'y faict grand commerce & traffique de filletz & toilles crues & blanches, qui se conduisent & transportent en divers païs & iusques en Levant.

Thizy, gros bourg en bon païs à bledz & foins, vray est que les bourgeois dud. Thizy ont dans le bourg neuf granges & mestairies, il fut bruslé aux derniers troubles par ceux de la nouvelle religion. Les chasteaux Trazette, la Vicomté & la Forest, maisons basses & le prieuré de Clirlay.

S. Symphorien de Lay, sus la montaigne & grand chemin de Lyon à Paris, gros bourg, poste assize, & le chasteau du cloistre, Pesselay, les maisons nobles basses de Fornillon, la Verpilliere, Buttery, Montgallant & l'Espinace, païs à bledz & à garennes.

Ouroux, bon bourg en fond de vallée, sus un petit torrent & en païs à seigle, où sont les quatre chasteaux ruinés de Alloignet, qui fut de la maison de Beau-ieu, à present à la dame de Digeiz en Bourgoigne & ha toute iustice, Arcises, Coux, à la susdicte dame, aussi en toute iustice, & la Tour Bourdon.

Perreux, bon bourg & chasteau pres Loire, qui fut iadis de l'ancien dommaine de Beau-ieu, les maisons nobles de Cerbue, de Cherne & de Montermas, bon païs à bledz & vins.

---

*Chasteaux, villages & parroisses.*

Belligny, petite parroisse en bon païs.

Limans & Chervinges, bon païs, le chasteau de Limans qui est ruiné estoit iadis à la maison de Beau-ieu.

Pomiers, parroisse en bon vignoble.

Glaizé, paroisse en païs fertile.

Lacennaz & le chasteau de Treizy, le Sou, en bon païs.

Coigny, bon païs.

Montmelaz, paroisse & vieil fort ruiné, en lieu fertile en bledz & vins, il souloit estre de l'ancienne maison des seigneurs de Beau-ieu.

S. Sorlin, sus haulte montaigne, en maigre païs & petit prieuré.

Dencée, parroisse & prieuré de bon terroir.

Poilly le chastel, païs fertile, le chasteau ruiné, il fut iadis des principales maisons des barons de Beau-iollois.

Ougly, parroisse fertile en plaine.

Arnaz, parroisse & prieuré en plaine, païs tres fertile.

S. Julien, bon vignoble.

Blacé, bon vignoble.

Salles, paroisse & le prieuré & monastere de femmes en païs mediocre.

Arbuissonnas, païs assez maigre & monachal prieuré.

Vaulx, pauvre parroisse subiecte au ravage des eaux & le chasteau de Vaulx.

S. Estienne la Varenne, païs sablonneux & maigre, & le prieuré monachal de Narte, avec le chasteau des Tours iadis de la maison de Beau-ieu.

Odonnaz, païs sablonneux & maigre, & là est le vignoble des bons vins de Brusses, en petite montaigne, le chasteau la Douze & Milly, maison basse.

Charentonnay, parroisse en fort bon païs à bledz & vins, où sont les chasteaux d'Argigny, Urilz & Armand & Montermont, maisons basses.

Roigneins, tres bon païs gras & fertile avec les maisons nobles & basses de Brameloup, Marzy & Busti.

Dracé, surnommé le Panous, pour raison de l'abondance du pain qu'il produict, c'est un tres bon païs. Il y a la maison forte & basse de La Plaine.

S. Jehan d'Ardiere, parroisse en fort bon païs, en laquelle y a un prieuré & les chasteaux de l'Escluze & Pizeiz.

Tapponaz, parroisse, en tres bon païs, & le chasteau de Lay.

S. Leger, bon païs, les chasteaux de S. Leger & la Pillonniere, & la Bastie maison basse.

Corcelles, parroisse & chasteau fort, en bon païs.

Cercié, parroisse, & le chasteau de la Terriere, St. Annemond, depend de Cerciere, qui est bon païs.

Lencié, parroisse en fort bon païs, limitrophe du Masconnois.

Fleurie, païs sablonneux & maigre, il y a un doyenné monachal, Arpayé, qui est un membre dependant de Cluny.

Vau regnard, païs montueux & maigre pour raison des essavoirs, il y a les chasteaux du Thil & les Chezaux.

Chirobles, parroisse en la montaigne, en fort maigre & pauvre païs.

Villié, païs sablonneux, de bois & maretlz, assez pauvre, & le chasteau de Foncreine.

Lentigné, assez pauvre païs & maigre.

Cheynay & le chasteau de Fuyer, bon vignoble.

Esmeringues, pauvre païs, La Court maison basse.

Iullié, parroisse en la montaigne, bon païs à seigle, il y a la Roche maison basse.

Iullienas, parroisse en païs moyen, le chasteau de la Sale, ruiné.

Cenve, païs de bois & assez maigre, le chasteau de Cenve, ruiné, estoit anciennement de la maison de Beau-Jeu.

S. Jaqueme des Ares, païs à seigle.

Avenaz, pauvre païs fort montueux & de bois.

S. Mamel, pauvre païs, il y a un prieuré monachal.

Trades, assez bon païs, partie en Masconnois.

La Chaise & Bussie, parroisse partie en Masconnois, païs à seigle.

Brunessis est un bon village de la paroisse de Cenve, païs à seigle, partie en Masconnois.

Germoles, bon païs, les chasteaux de Combres, Nayz & la Roziere qui est ruiné.

S. Christophle la Montaigne, bon païs à bledz.

S. Pierre le Vieil, bon païs à bledz.

Monsolz, bon païs & les grandz bois d'Haut-Joz.

S. Bonnet des Bruyeres, païs de bois & montaignes, bon à bledz, où sont les chasteaux d'Aigueperse, college & doyenné champestres de chanoines, Chevaignes le Lombard ruiné, qui fut iadis de Beau-ieu, Vauzelles & la Bruyere.

Matour, parroisse & le chasteau Tiers, bon païs à froment & à seigle.

Dompierre, bon païs à froment & à seigle.

Santignis, païs à bledz & bois.

Propieres, païs montueux & le terroir assez pauvre, où est le chasteau de Propieres ruiné.

Les Estoux, bon païs à bledz & à vins.

Quincié, païs moyen à bledz & à vins; là sont les chasteaux & maisons basses de la Palu, la Roche & Montmay.

Marchamp, païs assez pauvre, où croist quelque peu de bled & vin, le chasteau de la Varennes.

Durette, fort petite paroisse & maison noble basse, en maigre païs & ne contient que deux ou trois maisons.

Rignié, parroisse en mediocre païs.

Les Ardillaz, païs assez bon à bledz, où sont les chasteaux des Prez & de la Roche.

S. Didier, païs assez bon à bledz.

Vernay, païs bon à bledz, où est la maison du Pignon.

Chanellettes, païs à seigle, en la montaigne de Torveon & l'antique chasteau de Torveon ruiné.

Polle, parroisse & chasteau fort, assez bon païs à bledz.

Belmont, parroisse partie Beau-iollois & partie Lyonnois & Masconnois, dont est faicte mention cy devant en Lyonnois.

Claveisolles, parroisse d'assez longue estendue, mais en païs assez maigre.

La Mure, parroisse, & la maison noble de Bardon, bon païs à froment & seigle.

S. Nizier d'Azargue, pauvre païs de haultes montaignes & fugieres, les chasteaux de Fugieres, de Pramenou, de Bousse & d'Orval, & y a des beaux bois de sapins.

L'Estraz, parroisse & chasteau, bon païs à bledz & quelque peu de vignes.

Chamboz, parroisse & chasteau pres Chamellet, assez bon païs à bledz.

S. Apollinard, pauvre païs de montaignes.

S. Iust d'Avray, païs à seigle.

Grand-riz & le chasteau de la Gardette, assez pauvre païs à bledz.

S. Bonnet de Troncy, païs à seigle & bien froid.

Amplepuis, bourg & chasteau ruiné, qui fut iadis de la maison de Beau-ieu, la Goutte, Rhebé, Rochefort & Montcharvet, maisons basses, le païs est sablonneux mais bon à bledz & à garennes.

Rouno, paroisse en païs montueux & quelque peu de vignoble, & les chasteaux de Pierrefiéte, Champ-rond, Ornaison & Montaigny.

Le Saulvage, païs froid sus les montaignes de Tarare, & neantmoins produict des bledz.

Ioux sus Tarare, le chasteau long autresfois des appanages de Beau-ieu, la Noerie, Gaultier & Crozet, maisons nobles & basses.

Affoz & Rozerettes, païs de montaignes & à bledz.

S. Marcel & Esclairé, païs à bledz, le chasteau de Buxiere & Treschin, maison basse.

Chamboz, pres Longe Saigne, assez bon païs, tant à produire froment que seigle.

Noaux, païs à bledz.

Vendranges, païs à bledz.

Nullize, bon païs à froment & à bledz.

Croisel, païs à bledz.

S. Cire de Valorge, païs à bledz, les chasteaux de l'Espinasse, Ressie & L'Aubespin (1).

S. Iust L'appenduc, païs à bledz, le chasteau de Valencienne & Villars, maison basse.

S. Colombe, parroisse & chasteau, en païs à bledz & vignoble de petite estendue.

Chirassimont & Machesard, païs à bledz, l'eglise est un fort (2), le chasteau de Vareilles.

Fourneaux, païs à bledz, les chasteaux de l'Aubespin & les Forges.

Marnant, païs à bledz & garennes.

Mardore, parroisse, & la Chapelle & les chasteaux de Corcenay & l'Arbresle, Chalatosray, Martoray & Parrond, maisons basses, le païs est assez bon à bledz.

Thel, pauvre païs & fort froid, sur les plus haultes montaignes de Beau-iollois.

Renchel, de mesme que la precedente, lesquelles dependent de la seigneurie de Thizy.

S. Vincent de Rains, païs a bledz.

Cublize, païs à bledz & quelques foins, l'eglise est un fort, les chasteaux de la Raffiniere & Maigny & Maire, maison basse.

---

(1) L'Aubépin dépendait de la paroisse de Fourneaux, comme Nicolay nous l'apprend lui-même quelques lignes plus bas.

(2) Nicolay veut parler ici seulement de l'église de Chirassimont, qui fut fortifiée au commencement du XVIe siècle, en vertu d'une autorisation donnée, au mois de juillet 1500, par Louis, duc de Bourbon, comte de Forez & seigneur de Beaujeu (*Archives du châlteau de l'Aubépin*).

S. Victor, l'eglife dans un fort, bon païs à bledz.

S. Jehan la Buxiere, le fort en l'eglife & le chafteau Chameire, pauvre païs, maigre & fablonneux.

Combres, païs à bledz, la Farge, maifon baffe.

Montaigny, bon païs à bledz, la Pra, maifon noble & baffe, fans fort.

Cours, païs à bledz & le chafteau d'Eftiegues.

Sevelinges, païs à bledz.

La Grille, parroiffe & le chafteau de la Place, païs à bledz.

Jarnoffe & Boit, chafteau fort & riche, bon païs à bledz.

Arcinges & Efcoches & le chafteau d'Arcinges, païs à bledz.

Noftre Dame du Boiffet, parroiffe & le chafteau de Buxieres, bon païs à vignoble.

S. Vincent du Boiffet & les chafteaux de la Mothe & la Court, Laye, maifon baffe, le païs moyennement bon en vignoble.

Parigny, parroiffe & le chafteau d'Ailly, affez bon païs.

S. Cire de Favieres & le chafteau de Cucurieu, bon païs à bledz.

Pardines, parroiffe, & le chafteau de Valorges & les Plaines, bon païs.

Coutouvre, bon païs à bledz, le chafteau de la tour de Morlant & la Varne maifon baffe.

Nandaz & les chafteaux de Reiffins & le Poyet, en bon païs.

Aguilly, parroiffe & les chafteaux Tallonnieres & Lanches, maifons baffes, en bon païs fus Loire.

Vougy, parroiffe & chafteau fus Loire & le chafteau des Forges, bon païs à bledz.

Poilly, bon païs à bledz, port fus Loire, les chafteaux de Montregnard, le Poyet & Tigny de la maifon d'Apchon.

Audict païs de Beau-iollois y a deux abbayes, affavoir:

L'abbaye de Ioux-Dieu près la Saone, à un quart de lieue au dela Ville-franche; fondée par Guichard, premier du nom, fieur de Beau-ieu.

Noftre Dame de Belleville, dont a efté parlé cy devant & de la commanderie de S. Iehan de Hierufalem.

Il y a trois doyennez, fçavoir eft :

Le doyenné de Beau-ieu fondé par Beraud fieur de Beau-ieu.

Le doyenné d'Aigueperfe.

Le doyenné de Limaz, auquel n'y a aulcuns chanoines & a efté reuny à l'abbaye de Cluny.

---

## Les Prieurez.

Le prieuré de Salles, où il y a religieufes de l'ordre de S. Benoift,
Le prieuré de Gleizé,
Le prieuré d'Arnas,
Le prieuré de Pomiers,
Le prieuré de Cercié,
Le prieuré de Gramon,
Le prieuré de S. Nizier Leftra,
Le prieuré de S. Nizier d'Azargues,
Le prieuré d'Aujouz,
Le prieuré de S. Jehan d'Ardiere,
Le prieuré de Thizy,
Le prieuré Denicé,
Le prieuré S. Sorlin fus la montaigne,
Le prieuré de S. Mamel,
Le prieuré de Neyte.

En tous lefquelz prieurez n'y a aulcuns religieux, fors au prieuré de Thizy, & de Salles où il y a des religieufes.

*Les nobles vaſſaux ſubietlz au ban & rierreban du païs de Beau-iollois.*

Et premierement :

Le ſeigneur de Beau-Jeu, Varennes, Quincié, Marchamp, Perreux, Lay, Chamellet, Iullienaz, Claveiſolles, Torveon & Poilly le Chaſtel. C'eſt monſeigneur le duc de Mont-penſier.

Le ſieur d'Amplepuis, c'eſt monſeigneur le duc de Nevers.

Le ſieur de Thizy, Theil, Ranchel & Chavaigny le Lombard. C'eſt led. ſeigneur duc de Nevers.

Le ſieur de Montmelaz & Serfaure,

Le ſieur de Ioz ſus Tarare,

Le ſieur de S. Lagier,

Le ſieur de Vaulx,

Le ſieur de Sennes,

Le ſieur d'Argigny,

Le ſieur de Pole & Proprieres,

Le ſieur de Vaulgié & Nagut,

Le ſieur du Thil, la Roche fus Beau-ieu, Milly, Armans & Sallagny,

Le ſieur de Mont-regnard,

Le ſieur de Reſſins, Pierrefictc & la tour d'Eſtertines,

Le ſieur de Corſonnay & Morlant,

Le ſieur de Chamboz pres Longue Saigne,

Le ſieur de l'Eſpinaſſe & Valorges,

Le ſieur de Foncraine,

Le ſieur de Meiré & L'eſtroicte,

Le ſieur de S. Colombe,

Le ſieur de Pramenou,

Le ſieur d'Ailly,

Le ſieur de Magny,

Le ſieur d'Arbin,

Le sieur de Coquerieu & Rosne,

Le sieur de Ressis,

Le sieur du Deaux, beau chasteau en Dombes, pour une grange qu'il tient en Beau-iollois,

Le sieur d'Arcinges,

Le sieur du Poyet,

Le sieur de Corcelles, d'Arcizes, de Mont-may, de la Roche & Iullié,

Le sieur de Pardines,

Le sieur de Rhebé,

La dame de Marzé & Belle-roche,

Le sieur de Chamboz pres Chamellet,

Le sieur de Vaulxrion,

Le sieur du Bost pres Pramenou,

Le sieur de Varennes, Laye & Arnaz,

Le sieur de la Roche soubz Montmellaz,

Le sieur de l'Aubespin,

Le sieur ou dame de la Douze, maison basse avec deux grosses tours,

Le sieur d'Estiegues,

Le sieur du Montet,

Le sieur de Trezettes,

Le sieur ou dame de la Gardette,

La dame de Taney,

La dame de Longe-val,

Le sieur de la Rassiniere,

Le sieur des Forges & Cornillon,

Le sieur de la Court pres Perreux,

Le sieur de Pesselay,

Le sieur de la Charretonniere,

Le sieur de l'Escluze,

Le sieur de la Mothe S. Vincent,

Le sieur de Laye pres Belleville,

Le sieur de Pizey & des Deneux,

Le sieur de Champ-Regnard,
Le sieur de Marzé à Roigneins,
La dame de Vuril,
La dame de la Buxiere à Tarare, rente noble,
Le sieur de la Farge & de Combres, chasteau & rente,
Le sieur de la Buxiere Crochon, rente,
Le sieur de Monternot,
Le sieur de la Varenne à Coutouvre, rente,
Le sieur de la Bruyere,
Le sieur de Cerbue,
Le sieur de Chalatosrey en Rochesort, rente,
Le sieur de Vareilles, rente,
Le sieur de Forges Sarron, rente & chasteau,
Le sieur du Fiesz, rente,
Le sieur des Prez sus Beau-Jeu,
Le sieur de Martorey & la Colonge,
Le sieur de Bussi & du Moulin au Comte,
Le sieur de la Pra,
Le sieur de Colonge & la Riviere,
Le sieur de Corcelles pres l'Estours & des Loges,
Le sieur de Vauzelles,
Le sieur d'Assoz & de Torville, rente,
Le sieur de la Terriere,
Le sieur de la Bastie & la Pillonniere,
Le sieur de Verpre,
Le sieur d'Ornaizon, rente,
Le sieur de Butery & Espinace,
Le sieur du Cloistre & Fornillon,
Le sieur de la Noyerie,
Le sieur du Crozet,
Le sieur de Forges avec la dame de Vinzelles & pour la Rouziere à Germolles,
Le sieur de Montaigny,
Le sieur d'Avenas & la Palu, rente en toute justice,

Le sieur de l'Estoille & Fougieres,
La dame du Soubz,
Le sieur de Brameloup & Roigneins,
Le sieur de la Forest Namy,
Le sieur des Plaines & Montarchier,
Le sieur de la Pleigne,
Le sieur de Valenciennes,
Le sieur & baron de Bohan en Bresse, maison basse en rente pres L'Estraz,
Le sieur de la Verpilliere,
Le sieur d'Orval & moictié des Curtieux, rente,
Le sieur Curtieux,
Le sieur de la Roche & Jullié,
Le sieur de la Roche à Quincié,
Le sieur de la Court à Esmeranges, rente,
Le sieur de Treschin, rente,
Le sieur de Bressoles & Pravieux,
Le sieur de Laye,
Le sieur de Montgaland,
Le sieur de Reibloux,
La dame d'Arbigny & Laval,
Le sieur de S. Priest en Roannois,
Le sieur de Foreilles,
Le sieur de Bouvers Frouver,
Le sieur de Boye,
Le sieur de Naily,
Le sieur de Rapatou,
Le sieur de Cherno,
Le sieur de la Mote,
La dame de Montenette,
Noble Claude de Bruliat,
Noble Jehan de Sable, conseigneur de Bruliat,
Noble Loys de S. Sorlin,
Le sieur de Cran,

Noble Iuſt de Bayaz,
Le ſieur de Salornay,
Le ſieur de Durette,
Damoiſelle Catherine Baronnat,
Le ſieur de Broſſes à Charentay,
Le ſieur de Serrieres,
Le ſieur de Goteilaz & Boye,
Le ſieur de Mont-Friot,
Le ſieur de Buyſante,
Le ſieur de S. Pons en Chalis,
Le ſieur de Villiette,
Noble Jehan Tarey,
Le ſieur de Chameire,
Jehan de Brienne,
La dame Dige, dame de Cony & Allognet.

### FIN DU BEAU-JOLLOIS.

# TABLES

# Table des Chapitres contenuz en la Description de la ville de Lyon.

|  | Pages |
|---|---|
| DISCOURS (en vers) à la Royne, mere du Roy, à la loüange de l'autheur de la presente description, par A. Mathé de Laval, Forésien . . . . . . . . . . . . . . . | 1 |
| A LA ROYNE, mere du roy (dedicace en profe) . . . . . . . . . . . | 7 |
| PREFACE de l'autheur. . . . . . . . . . . . . . . . . . . . . | 11 |
| CHAPITRE I. — De la fituation de la ville de Lyon felon l'art de Geographie & de la temperature de l'air dud. lieu . . . . . . . . . . . . . . . | 15 |
| CHAPITRE II. — De l'antique fondation de la ville de Lyon . . . . . . . | 19 |
| CHAPITRE III. — De l'antique eftat de la cité de Lyon. . . . . . . . . | 25 |
| CHAPITRE IV. — De l'etymologie de *Lugdunum* & comme les lettres y floriffoient . . | 31 |
| CHAPITRE V. — De l'antique regime, gouvernement & adminiftration de Lyon . . . | 34 |
| CHAPITRE VI. — D'un arreft ou fenatus-confulte du Senat romain faiét en la faveur des Gaulois, à la fuafion de l'empereur Claude Cefar . . . . . . . . | 38 |
| CHAPITRE VII. — De deux conflagrations de la cité de Lyon, la premiere advenue foubz Neron & l'autre foubz Severe. . . . . . . . . . . . . | 44 |
| CHAPITRE VIII. — De deux prodigieufes inondations & débordemens du Rhofne & de la Saone & de plufieurs monftres & prodiges veuz es mefmes années defd. inondations. . . . . . . . . . . . . . . . . . . . . . | 48 |
| CHAPITRE IX. — Qui ha de tout temps commandé à Lyon . . . . . . . . | 53 |
| CHAPITRE X. — De l'Eglife de Lyon, des archevefques qui l'ont regie & de leur primauté. . . . . . . . . . . . . . . . . . . . . . | 55 |

| | Pages |
|---|---|
| Chapitre XI. — De l'auctorité & jurifdiction fpirituelle & temporelle qu'avoit l'Eglife en la ville de Lyon. | 70 |
| Chapitre XII. — Des fiefz & hommages lieges deubz à l'Eglife de Lyon | 73 |
| Chapitre XIII. — De la permutation de la juftice fpirituelle faicte entre Philippe le Bel, roy de France, & Loys de Villars, archevefque de Lyon, & encores entre led. Roy & Pierre de Savoye, auffi archevefque. | 78 |
| Chapitre XIV. — De l'eftat & difpofition hierarchique de l'Eglife de Lyon, avec le cathalogue des eglifes collegialles, chapitres, abbayes & prieurez eftans du diocefe d'icelle Eglife. | 80 |
| Chapitre XV. — Forme & eftat de la juftice ancienne & moderne tant fpirituelle que temporelle de Lyon. | 117 |
| Chapitre XVI. — L'ordre, eftat & police de la communauté de la ville de Lyon. | 141 |
| Chapitre XVII. — De l'inftitution de l'aumofne ordinaire de Lyon & des officiers créez pour l'execution & entretenement d'icelle. | 145 |
| Chapitre XVIII. — Des privileges des foires de Lyon & de la court de confervation eftablie à caufe d'icelles. | 147 |
| Chapitre XIX. — Des changes qui ordinairement, aux quatre foires de Lyon, font practiquez, avec un traicté de toute efpece de change en general. | 150 |
| Chapitre XX. — Des marchandifes qui font de la manifacture ordinaire de la ville de Lyon & autres pas de la France, debitées en icelle ville. | 159 |
| Chapitre XXI. — De l'ellection du pas de Lyonnois. | 195 |
| Chapitre XXII. — Eftat & jurifdiction de la maiftrife des ports de la ville & feneschaulfée de Lyon & bailliage de Mafcon. | 201 |
| Chapitre XXIII. — Du dommaine de Lyon & pas de Lyonnois | 204 |

VOILA TOUT CE QUI MERITOIT ESTRE REDUICT
PAR FORME DE CHAPITRES

*Ce qui enfuit n'a efté redigé par chapitres ains par articles feparez qui fe pourront trouver par cefte table.*

| | |
|---|---|
| Defcription generalle du pas de Lyonnois. | 207 |
| Des quatre plaines du Lyonnois. | 207 |
| Du franc Lyonnois & de fa franchife. | 208 |

|  | Pages. |
|---|---|
| Montaignes remarquables au païs de Lyonnois . . . . . . . . . . . . . . . . . . . . . . . . | 209 |
| Des mines du païs de Lyonnois . . . . . . . . . . . . . . . . . . . . . . . . . . . . . . . | 210 |
| Choses notables aud. païs. . . . . . . . . . . . . . . . . . . . . . . . . . . . . . . . . | 211 |
| Fleuves, ruisseaux & torrens . . . . . . . . . . . . . . . . . . . . . . . . . . . . . . . | 212 |
| Du Rhosne, fleuve . . . . . . . . . . . . . . . . . . . . . . . . . . . . . . . . . . . . | 213 |
| Du fleuve Arar, dict à present la Saone . . . . . . . . . . . . . . . . . . . . . . . . . | 214 |
| De Loire, fleuve. . . . . . . . . . . . . . . . . . . . . . . . . . . . . . . . . . . . . | 215 |
| De Giers. . . . . . . . . . . . . . . . . . . . . . . . . . . . . . . . . . . . . . . . . | 215 |
| D'Azargue . . . . . . . . . . . . . . . . . . . . . . . . . . . . . . . . . . . . . . . . | 216 |
| De Brevenne . . . . . . . . . . . . . . . . . . . . . . . . . . . . . . . . . . . . . . . | 216 |
| De Sornnay. . . . . . . . . . . . . . . . . . . . . . . . . . . . . . . . . . . . . . . . | 217 |
| Les noms & situations des villes, bourgs & paroisses du Lyonnois, suivant l'ordre des roolles de l'ellection. . . . . . . . . . . . . . . . . . . . . . . . . . . . . . . . . . . | 217 |
| Ce qui costoye le Viennois . . . . . . . . . . . . . . . . . . . . . . . . . . . . . . . . | 230 |
| Ce qui est oultre Loyre costoyant le Roannois . . . . . . . . . . . . . . . . . . . . . . | 231 |
| Le Chalnois . . . . . . . . . . . . . . . . . . . . . . . . . . . . . . . . . . . . . . . | 231 |
| Le franc Lyonnois . . . . . . . . . . . . . . . . . . . . . . . . . . . . . . . . . . . . | 233 |
| Vassaux appellez au riereban du Lyonnois. . . . . . . . . . . . . . . . . . . . . . . . . | 235 |

II

# Autre Table des choses plus notables contenues en la Description de la ville de Lyon.

| | Pages |
|---|---|
| L'air semble estre temperé à Lyon. | 15 |
| L'air de Lyon froid & humide | 16 |
| Montz Cevennes ou *Cemmenii Montes*, d'un fleuve ou ruisseau dict Cevenne | 16 |
| *Durionum*, ou comme aucuns lisent *Turionum*, Tournon | 16 |
| Choses fabuleuses de Pylate | 16 |
| Conciliation des contrarietez des autheurs sur la fondation de Lyon | 20 |
| Antiquité notable | 20 |
| Les Romains faisoient battre monnoye d'or & d'argent à Lyon | 25 |
| Academie lyonnoise | 26 |
| Traduction de deux vers de la première satyre de Juvenal: *Palleat ut nudis*, etc. | 26 |
| Antiquité monstrant la fondation des Sacerdotz, nommez Iuulvirи *Augustales* | 29 |
| Trois centz augures à Lyon | 30 |
| Antiquité desd. augures | 30 |
| *Dunen*, ancien mot gaulois & sa signification | 31 |
| Notable antiquité servant à plusieurs poincts de la presente Description, signamment pour la maistrise des portz | 32 |
| La celebrité de Lyon procedoit des lettres | 32 |
| Soixante senateurs establis à Lyon | 34 |
| Antiquité notable desd. senateurs | 34 |
| Antiquité où se void la ceremonie antique des charpentiers & bucherons qui estoient à Feurs en Forest | 35 |
| Chambre des comptes à Lyon | 36 |

|  | Pages |
|---|---|
| Antiquité de la chambre des comptes à Lyon. | 36 |
| Grands conservateurs dictz anciennement *Summi Curatores*. | 36 |
| Antiquité desd. conservateurs. | 36 |
| Maistre des portz estably du temps des Romains. | 36 |
| Antiquitez de la maistrise des portz. | 37 |
| Antiquité gravée en une table d'airain, estant en l'hostel de la ville de Lyon, tres digne de voir & noter. | 40 |
| Suitte de la precedente antiquité, estant en l'hostel de la ville de Lyon, en une autre table d'airain. | 41 |
| Chose admirable. | 44 |
| Le second embrasement de Lyon & quand il advint. | 46 |
| Sentence notable. | 46 |
| Presage d'Annibal veritable. | 46 |
| Metamorphose du naturel de Neron. | 46 |
| Guerres civiles, famines & mortalitez furent comme predictes par les inondations advenues à Lyon. | 49 |
| Orleans bruslé. | 49 |
| Tremblement de terre à Bourdeaux. | 49 |
| Villages endommagez de feu fatal. | 49 |
| Cas admirables advenuz aux montz Pirenées. | 49 |
| Seconde & recente inondation de Lyon en l'an 1570. | 49 |
| Monsieur de Mandelot, sage & provident gouverneur de Lyon, & comme il en fait apparoir. | 50 |
| L'autheur assista à Monsieur de Mandelot. | 50 |
| Chose estrange. | 50 |
| Vraye raison de l'inondation. | 51 |
| Monstres naiz les années 1569 & 1570. | 51 |
| Signe au ciel veu en Lyonnois. | 51 |
| Monsieur Dorat, poete grec & latin du roy, a faict un poëme sur l'interpretation de l'Androgyn nay à Paris. | 51 |
| Tremblement de terre estrange advenu à Ferrare & inondation du Pau. | 52 |
| Les Bourguignons tenoient Lyon & en chasserent les Huns. | 53 |
| Arles chef du nouveau royaume de Bourgoigne. | 53 |
| Lyon n'a changé son regime de droict escrit pour ce qu'elle est des colonies romaines. | 54 |
| Origine & commencement de l'Eglise de Lyon, primatialle des Gaules. | 54 |
| Photin, Grec, premier archevesque de Lyon. | 56 |

|  | Pages. |
|---|---|
| Hirenée, martir | 56 |
| Euchere le Grand, vrayment digne archevefque | 57 |
| De l'eflection d'Euchere le Grand | 58 |
| De Patient, archevefque & de fes faicts | 58 |
| St. Nicier, archevefque de Lyon | 59 |
| Abbaye d'Aifnay, fondée ou reparée par Brunichilde, royne de France | 60 |
| Erreur de Fœlix, evefque d'Orleans | 61 |
| Leydrade, archevefque, fe faict moine | 61 |
| Agobard, digne archevefque | 62 |
| Le pont de Saone edifié de pierre aux defpens de Humbert, archevefque de Lyon | 63 |
| Hugues, archevefque, edifia le chœur de la grande eglife de St. Jehan | 63 |
| Gauceran, tres-digne prelat | 63 |
| Philippe de Savoye, archevefque de Lyon & depuis comte de Savoye | 65 |
| Loys de Villars, archevefque de Lyon, fut reprins d'avoir ufurpé fur la jurifdiction du roy. | 66 |
| Guy de Boloigne, comte d'Auvergne, archevefque de Lyon & depuis cardinal | 66 |
| Charles de Bourbon, archevefque de Lyon | 67 |
| Hyppolite d'Eft, cardinal de Ferrare, fut archevefque de Lyon | 68 |
| François, cardinal de Tournon, fut archevefque par refignation du cardinal de Ferrare | 68 |
| Le cardinal de Ferrare encore une fois impetre du pape l'archevefché de Lyon | 68 |
| Anthoine d'Albon, archevefque, dernier decedé | 68 |
| Bulle du pape Pafchal 2, confirmant la primauté de l'Eglife de Lyon | 69 |
| Bulles dorées | 70 |
| Le roy Philippe le Bel remet toute la jurifdiction à l'Eglife de Lyon | 71 |
| D'où font procedez les comtes St. Iehan de Lyon | 71 |
| D'un arreft notable de la court de Parlement de Paris au prouffict du roy contre l'archevefque de Lyon | 71 |
| Grande indignité | 71 |
| Humanité & douceur du roy Philippe le Bel | 72 |
| Me Pierre de Belleperche, homme de grande doctrine, moyenne accord entre le roy & l'Eglife de Lyon | 78 |
| La Philippine | 78 |
| Iehan, roy de Bourgoigne, inftitua douze preftres en l'Eglife de Lyon & un treziefme | 80 |
| Forme des criées que l'on fouloit faire à Lyon | 125 |
| Iurifdiction du glaive | 126 |
| Iurifdiction limitée | 126 |
| Officiers de l'archevefque | 126 |

|  | Pages. |
|---|---|
| Chose remarquable. | 126 |
| Droit de l'archevesque sur le grain | 127 |
| Ban d'aoust de l'archevesque. | 128 |
| Coustume ancienne observée par l'archevesque | 128 |
| Lyon l'une des plus anciennes villes & de reputation du royaume | 129 |
| Le roy François I faict saisir la justice ordinaire de Lyon & pourquoy | 129 |
| Senefchauffée de Lyon. | 129 |
| Lyon l'une des villes franches du royaume. | 132 |
| Advertiffement notable. | 133 |
| Monfieur de Chaftillon, prefident prefidial à Lyon. | 133 |
| Monfieur l'Archer sur-intendant au faict de la juftice en l'an 1570. | 133 |
| Monfieur de Langes, lieutenant general | 133 |
| Affeffeurs & coadiuteurs aux officiers ordinaires creez par le roy François I | 134 |
| Eftabliffement du fiege prefidial à Lyon. | 134 |
| Maifon de Rohanne. | 135 |
| Parlement de Dombes tenu à Lyon. | 135 |
| Eftendue de l'archevefché de Lyon. | 136 |
| Grand vicaire general en fpirituel & temporel. | 136 |
| Official ordinaire & metropolitain. | 137 |
| Official de la court commune. | 137 |
| Court de fiege primatial. | 137 |
| Monfieur de Chambery, gouverneur de la citadelle, decedé | 139 |
| Monfieur de la Mante, à prefent gouverneur de la citadelle | 140 |
| A l'eflection des confuls de Lyon fe faict une harangue latine & françoife | 142 |
| Les confulz & efchevins de Lyon font nobles & toute leur pofterité. | 143 |
| Rebellion de ceux de Geneve contre leur feigneur | 147 |
| Conservateur des privileges des foires. | 148 |
| L'ordre des foires. | 150 |
| L'ufage des changes licite & comment | 153 |
| Change fec. | 154 |
| Argent baillé en depoft. | Ibid |
| L'intereft de l'intereft. | 155 |
| Calcul à 4 pour 100 pour quartier | 156 |
| A 5 pour 100 pour quartier. | 157 |
| Autre maniere d'ufure occultement practiquée & grandement pernicieufe | Ibid |
| De l'imprimerie à Lyon. | 162 |

|  | Pages. |
|---|---|
| Marchandifes de la manufacture de France menées aux foires de Lyon | 164 |
| Marchandises amenées des païs eftrangers en ce royaume | 174 |
| Avertiffement neceffaire | 193 |
| Corruption du fiecle | 194 |
| Droiɛtz d'entrée & doüanne à Lyon | Ibid |
| Advertiffement | 195 |
| Maiftre des portz à Lyon | 201 |

III

# Table de ce qui eſt en la deſcription du païs de Beau-Iollois.

|  | Pages. |
|---|---|
| Deſcription du païs de Beau-iollois | 239 |
| Plaines de Beau-iollois | 239 |
| Des montaignes de Beau-iollois | 240 |
| Des fleuves | 242 |
| Des torrens & rivieres | 242 |
| Azargue | 242 |
| Rains | 243 |
| Ardiere | 243 |
| Groſne | 244 |
| Vauſonne | 244 |
| Morgon | 245 |
| Mauvaiſe | 245 |
| Trembozo | 246 |
| Des mines ou minieres du Beau-iollois | 246 |
| Declaration de la juſtice de Beau-iollois | 247 |
| De l'eſlection de Beau-iollois | 249 |
| Denombrement des villes, bourgs, parroiſſes & villages du païs de Beau-iollois | 253 |
| Quatre villes cloſes | 253 |
| Gros bourgs de Beau-iollois | 254 |
| Chaſteaux, villages & parroiſſes | 255 |
| Les prieurez du Beau-iollois | 261 |
| Les nobles vaſſaux ſubieſtz au Riereban du Beau-iollois | 262 |

# APPENDICE

## I

*Lettres-Patentes du Roi, Charles IX, chargeant N. de Nicolay de dresser la description des villes & provinces du Royaume.*[1]

(22 JANVIER 1570).

---

Charles, par la grâce de Dieu, roy de France, à tous noz lieutenants généraulx, gouverneurs, gens tenans nos cours souveraines & chambres des comptes de nostre royaulme, admiraulx, vis admiraulx, bailly, senefchaulx, prevôts, chatelains, cappitaines & gardes des villes, citez, chasteaux, forteresses, esleuz sur le faict de nos aydes & tailles, recepveurs des dixmes & domaynes, maires, consuls & echevins, manans & habitans des villes, villaiges, bourgs, paroisses, maistres & gardes des ports, ponts, passaiges & jurisdictions & destroict., & à tous nos autres & chascungs officiers, vassaux & subiects, & à chascun d'eulx en droit soy & comme à luy appartient, salut. D'aultant que par la connoissance & asseurance que nous avons dès longtemps au bon sens, preudhomie, fidélité & diligence de nostre cher & bien aimé Nicolas de Nicolay, sieur d'Arfeuille, nostre geographe & valet de chambre ordinayre, & de l'experience qu'il a en l'art de geographie, ainsi qu'heureusement il nous a faict apparoir par plusieurs dignes & notables cartes & descriptions cosmographiques & geographiques par lui faictes tant du vivant des feuz roys, nos tres honorés seigneurs, ayeul, père & frère que depuis, ou esmement par les provinces des païs & duchez de Berry, Bourbonnois & aultres qu'il nous a ja faictes & présentées pour bonnes, justes & très considérables causes, Nous luy avons commandé & donné charge expresse de veoir, visiter, mesurer, désigner & descripre généralement & particulierement par les provinces, principautez, duchez, comtez, baronies, dioceses, bailliages, senechaulcées, prévotez & chastelenyes de nostre royaulme, toutes les villes, citez, chasteaulx, forteresses, bourgs, paroisses, villaiges, abbayes, prieurez, mo-

---

[1] Il nous a paru intéressant de donner, en tête de l'œuvre de Nicolay, le texte des Lettres patentes qui lui ont conféré la mission officielle de dresser le plan descriptif de la France. Ce document a été transcrit sur un des registres de la Sénéchaussée de Lyon qui ont pour titre : « Papiers du Roy. » C'est un recueil de toutes les lettres, etc., etc., adressées par le Roy à la Sénéchaussée de Lyon. Le premier acte y inséré porte la date du 22 mars 1560; ce sont des lettres écrites à Fontainebleau par le Roi pour demander le nom de huit à dix notables du ressort de la Sénéchaussée, afin de les consulter sur le temps présent & le remède à chercher. »

C. B.

naftaires & aultres lieux, fituez & affiz en icelluy. A ces caufes & aultres à ce Vous mouvans pour le défir que nous avons qu'il puiffe diligeamment & fidèlement fatisfaire à ce que nous luy avons commandé pour le bien & utilité du public & très grand follaigement à l'advenir de tous nos fubiectz, vous mandons & très expreffément enjoignons & ordonnons & à chafcun de vous en droit foy & comme à luy appartiendra que pour ceft effect vous le laiffiez entrer en toutes lefdites villes, chafteaulx & forterefles, abbayes, prieurez, monaftaires, tours, clochiers, lieux environnants & aultres endroictz de noftre royaulme dont il vous requerra & aura befoing pour plus aifément confidérer l'affiette des païs, mefurer & defcripre les diftances des lieux & faire aultres chofes requifes & néceffaires pour l'exécution de fadite commiffion, le faifant feurement mener, conduyre & accompaigner efditz lieux fi befoing eft & lui bailhant & faifant bailher & delivrer à fa première requifition & demande fans aulcun délay, difficulté ou retardement tous extraicts deuement collationnez aux originaulx de tous régiftres, roolles ou aultres extraictz que luy feront neceffaires & qu'il demandera pour avoir l'entiere congnoiffance des païs, villes, chafteaulx, forterefles, abbaies, prieurez, commanderies, & aultres lieux de marque qui font fituez & affiz en leurs deftroicts, jurifdictions & diocéfes refpectifs pour fur ce dreffer fa dite carte & defcription, hiftoricelles en forme de regiftres & generalement luy donner pour l'effect fufdict tout le fecours, ayde, faveur, fupport & moyen dont il aura befoing & vous requerra de forte qu'il puiffe plus véritablement & fidèlement defcripre & defigner tout noftre royaulme ainfy que nous luy avons commandé, & à luy ouvrir lefdites villes, chafteaux, forterefles, abbayes, prieurez, monaftères, tours, clochers & aultres lieux neceffaires & luy bailler & deflivrer comme dit eft tous lefd. extraictz & copies dont il aura affaire, vous mefd. juges & officiers & chafcun de vous fur ce premier requis contraignez & faites contraindre par toutes voies & manières deues, requifes & accouftumées, comme pour nos propres & très expreffes affaires, nonobftant oppofitions ou appellations quelconques pour lefquelles & fans préjudice d'icelles ne voulons eftre différé. Mandons auffi & très expreffément enjoignons à tous arcevefques, evefques, abbez, prieurz, abbez, religieux, couvents, monaftaires, commanderies, chapitres & tous aultres gens d'Eglife en ceftuy noftre royaulme & terres de noftre obeyffance que pour led. regard & en ce qui le toufchera ils ayent à faire & bailher lefd. mefures, ouvertures & entrées en leurs maifons & monaftaires en luy bailhant & faifant bailher par veritable declaration lefd. noms des places, juftices, terres & lieux à eulx appartenant pour plus aifément actaindre à l'efclairciffement & perfection de l'œuvre que nous luy avons commandé, car tel eft noftre plaifir. Donné à Angers le 22ᵉ jour de janvier, l'an de grace mil cinq cent foixante dix & de noftre regne le dixiefme. Ainfi figné par le roy en fon confeil. DE LAUBEPINE.

II

## Au Roy mon souverain Seigneur [1]

Il ne se trouvera, SIRE, que depuis que ce globe terrien iouyt de la providence qu'il plaist à ce souverain recteur & monarque luy impartir, iamais Monarchie, Empire, Royaume, Province, Republique, Cité ou Ville, tant petite soit elle, ait peu estre deuement regie & administrée si avant que subir charge si importante & onéreuse on ne s'est amplement informé des particularités qui s'y retreuvent, estant bien requis de sonder par le menu les lieux desquelz on ha le maniment & la clef en main, ce que n'ignorant Votre Maiesté a bien daigné en propre personne entreprendre la visitation de la pluspart des pays de son obeissance, s'acheminant pour cest effect es plus signallés & remarquables lieux qu'elle registe. Mais daultant, SIRE, que d'une part les continuels & importants affaires qui se traittent & decident par l'autorité de V. M. & d'ailleurs la frequence des disgraces suruenues vous ont causé tant de soucy de faire reüssir bon effect voz prudens conseilz & ceux dont (loué soit Dieu) vous estes ordinairement assisté, il est impossible que votre esprit (ores que divinement subtil & industrieux) se puisse aisément ramentevoir ce que l'œil y estant avoit peu soigneusement remarquer : Sçachant trop mieux V. M. le grand bien & utilité qui peut resulter tant au prince qu'aux subiectz de la curieuse recherche & diligence dont il use à la visitation des lieux dont l'heur ne depend (apres Dieu) que de sa providente administration. De sorte que Dieu ayant dès Votre advenement à la couronne iusques à present tousiours heureusement secondé le succés de vos entreprises & actes genereux, il semble, SIRE, qu'il vous ait tout à propos suppedité un moyen pour ne perdre à faute d'icelluy la souvenance & vraye representation de l'assiette & estat de Votre France à laquelle vous estes long-temps à destiné legitime & souverain chef, moderateur & Roy. C'est la Geographie pour exercer laquelle tant en general qu'en particulier en ce Votre Royaume, V. M. m'a daigné commettre. Et pour ce, SIRE, que Vous seul, sans autre suasion, pouvez trop mieux sçavoir combien est utile la charge dont soubz le nom & expres commandement de V. M. ie fais profession. Je ne veuls & n'est besoing discourir comme à l'advenir mon registre historial de ce faict suivant ma commission pourra servir d'advertissement des particulieres assiettes & de tout ce qui est notable en toutes les places de Votre obeissance. Chose certes digne de la cognoissance d'un prince zelateur du bien des siens, pour par mesme moien cognoistre la portée desdictz lieux & places. J'obmetray comme ce pourra estre un memorial ordinaire pour le denombrement des debvoirs de la Coronne, avec une infinité d'autres utilitez qui en resultent, en consideration desquelles V. M. a voulu eriger ceste mienne charge, ayant desia veuz de bon œil les premiers fruicts qui en sont yssus en la description des pays & duchez de Berry & Bourbonnois. Laissant tout ce que dessus ie me suis ramenteu que V. M. ne s'est meue à l'erection de lad. charge tant par suasion qu'on luy en ait peu faire, qu'à l'imitation des anciens & signamment des celebres Monarques & Empereurs comme ce grand Auguste, Cæsar, Adrian & un infiny nombre d'autres que la prolixité ne permet d'estre icy inserez, ainsi qu'en font foy les escritures sacrées & prophanes, tellement, SIRE, que l'experience que i'ay de combien les sacrées Maiestez de Voz feuz trez honnorez sei-

---

(1) Cette dédicace au roi Charles IX se trouve en tête de l'exemplaire de la *Description de Lyon, du Lyonnois & Beaujollois*, que possède la bibliothèque de la Diana, à Montbrison.

gneurs ayeul, pere, frere & la Votre fe font delectées de tout ce qui concerne le bien de Votre troupeau, me ftimule & faict plus hardiment & avec plus d'affeurance pourfuivre & continuer l'effect de ma charge en la prefente defcription topographique & chorographique de Votre fameufe & celebre cité de Lyon & pays de Lyonnois, ou je ne fache avoir obmis chofe fignalée & remarquable qui caufe la celebrité & fplendeur de lad. cité, foit à la diligente recherche des veftiges antiques ou à l'exacte declaration de l'eftat auquel elle eft maintenant reduite & entretenue foubz la dition & puiffance de V. M. où je me fuis auffi enervé de colliger les lieux des graves autheurs qui en ont efcript & defquels je me fuis confirmée lopinion par la diligente inquifition que j'ay faicte dud. lieu pour concilier les antinomies & contrarietez qui fembloient eftre entre les autheurs antiques & modernes qui de leurs efcriptz l'ont illuftrée. Afin donques, SIRE, que V. M. ne fe dedaigne s'il luy plaift de fpeculer l'oeuvre par le menu, je me fuis advifé de tenir la methode qui eft requife en toute verité hiftorique, laquelle j'ay enfuivy le mieux & au plus pres de ce qui c'eft peu faire. Me propofant pour premier fubject la fituation de lad. ville, felon la qualité du climat & temperature de l'air, defcendant apres à fon antique origine & antiquité, à fon eftat & adminiftration & ainfi de poinct en autre jufques à ce qui nous en coufte aujourdhuy & la V. M. pourra veoir quelle y a efté & eft de prefent la fur-intendance de l'eglife avec le denombrement de fes dependances, d'avantage vous y eft fidellement defcript l'ordre de la Juftice ainfi que le fçaura trop mieux remarquer V. M. comme en ayant plus grand foing que de toute autre chofe. De façon que j'ay à bon droict occafion d'efperer tel accueil qu'ont de couftume ceux qui s'employent au fervice de V. Royalle & tres chreftienne Maiefté, à laquelle je me fuis voué avec tout ce qui pourra jamais reuffir de mon labeur. La fuppliant trez humblement l'accepter auffi benignement comme je fais humble requefte au grand moderateur de cet univers, qu'il luy plaife continuer en vous, SIRE, les benedictions & graces qu'il vous a importées au foulagement de vos fubjectz avec l'heureufe profperité de V. Royalle grandeur.

# TABLE GÉNÉRALE

|  | Pages |
|---|---|
| TITRE.................................... | |
| AVANT-PROPOS........................... | V à IX |
| NOTICE SUR NICOLAY...................... | XI à XVIII |
| BIBLIOGRAPHIE DE NICOLAY................. | XIX |
| FRONTISPICE DE L'OUVRAGE................. | XXI |
| DISCOURS A LA ROYNE MÈRE DU ROY........ | 1 à 5 |
| A LA ROYNE MÈRE DU ROY................. | 7 à 9 |
| DESCRIPTION DU LYONNOIS & DU BEAUJOLLOIS. | 11 à 266 |
| TABLES................................... | 267 à 277 |
| APPENDICE. — Lettres patentes de Charles IX.. | 279 à 280 |
| — Dédicace au Roi............. | 281 à 282 |

## PLANCHES

| | |
|---|---|
| PLAN TERRIER DE LYON EN 1352, dressé par M. Vermorel........ | 40 |
| TABLE DE CLAUDE............................. | 42 |

## ERRATUM & RECTIFICATION

PAGES 28. A la note, 4ᵉ alinéa, lignes 3 & 7, au lieu de : ATHANATOR & ATHANATON, lire : ΑΘΑΝΑΤΟΙ & ΑΘΑΝΑΤΩΝ.

PAGES 40. Note 2, lignes 3 & suivantes, au lieu de : novembre de la même année etc., lire : novembre de l'année 1527 (nouveau style). Que l'on adopte le nouveau ou l'ancien style pour indiquer la date de la délibération consulaire, c'est donc toujours en l'année 1527 que se place la découverte de ce précieux monument.

www.ingramcontent.com/pod-product-compliance
Lightning Source LLC
Chambersburg PA
CBHW071124160426
43196CB00011B/1795